Helga Heuschkel | C´est la vie

AF193899

Helga Heuschkel

C'est la vie

Lebenserinnerungen

Die Bibliografische Information der Deutschen Nationalbibliothek

Die Deutsche Nationalbibliothek verzeichnet diese Publikation in der Deutschen Nationalbibliogra fie; d etaillierte b ibliografische Da ten sind im Internet über www.d-nb.de abrufbar.

Einbandabbildung: © Vincent Lekabel, stock.adobe.com
Herstellung und Verlag: BoD - Books on Demand, Norderstedt
ISBN 978-3-7534-2511-5

Einführung

Auf einer Urlaubsreise traf ich zufällig eine ehemalige Schulkameradin. Sie erzählte mir, dass sich einige aus unserer alten Grundschulklasse jedes Jahr einmal treffen. Das fand ich toll und versprach, beim nächsten Mal dabei zu sein. Seit unserer Schulentlassung waren immerhin 55 Jahre vergangen. Nicht zu fassen!

Wir waren damals nur Mädchen in unserer Klasse, da zu dieser Zeit Jungen und Mädchen in separaten Klassen unterrichtet wurden. Die Grundschulpflicht betrug acht Jahre, sodass die meisten Mädchen mit vierzehn Jahren die Schule verließen und eine Lehre begannen. Ich musste allerdings zur Oberschule gehen, was dem heutigen Gymnasium entsprach. Ich hätte zwar lieber damals einen Beruf gelernt, um möglichst bald Geld zu verdienen, aber als Arbeiterkind mit den entsprechenden schulischen Leistungen musste ich eben die Oberschule besuchen. Schließlich lebte ich ja in einem Arbeiterund-Bauernstaat!

Das nächste Klassentreffen stand bevor und ich freute mich, nach so vielen Jahren meine ehemaligen Mitschülerinnen zu treffen. Es war unheimlich spannend, wer überhaupt kommen und wen ich wiedererkennen würde – und ob jemand *mich* erkennen würde.

Die meisten habe ich sofort erkannt, zwei erst nach dem zweiten Hinsehen; einige hatten mich sofort, andere gar nicht erkannt.

Letztlich waren wir zehn alte Mädchen, die sich wiedergefunden hatten und nun in einer Kneipe in der Nähe unserer alten Schule von alten Zeiten plauderten.

Die Wiedersehensfreude war groß und zu erzählen gab es jede Menge. Einige hatten alte Fotos dabei; allein über die Klamotten und die Frisuren haben wir uns köstlich amüsiert. Viele Erinnerungen gab es aufzufrischen, denn nach all den Jahren hat man doch etliches vergessen.

Über die Macken der Lehrer und einige Streiche haben wir viel gelacht. Aber auch über unser jetziges Leben haben wir uns ausgetauscht. Da vergingen die Stunden wie im Flug.

Obwohl es eine sehr schwere Zeit gewesen war, nach dem Krieg, in den Vierzigern und Fünfzigern im Osten Deutschlands, fühlten wir uns unbeschwert, froh und glücklich.

Einige Klassenkameradinnen sind im Laufe der Jahre verstorben, andere haben wir nicht mehr auffinden können, da die meisten inzwischen geheiratet und somit den Namen geändert haben. Wer weiß, wo einige alte Schulfreundinnen inzwischen leben, es gibt ja schließlich tausend Gründe, seinen Wohnsitz zu ändern. Aber es ist schön, dass wir zehn alten Damen uns wiedergefunden haben! Die einen sind noch verheiratet, einige sind verwitwet und andere wiederum geschieden; die einen haben Kinder und Enkel, andere eben nicht.

Die Lebensumstände und Interessen sind natürlich sehr verschieden, aber eines verbindet uns: eine gemeinsame und unbeschwerte Schulzeit. Nun wollen wir uns jedes Jahr zur selben Zeit treffen, um zusammen zu essen, zu trinken und vor allem zu schwatzen.

Auf der Reise meiner Gedanken in die Kindheit fällt mir ein, dass ich mir schon lange vorgenommen hatte, ein Buch zu schreiben. Nicht zuletzt wegen der vielen neuen Eindrücke meines nach der Wende total veränderten Lebens. So entschloss ich mich, an der Axel-Andersson-Akademie in Hamburg, der Schule des Schreibens, ein Fernstudium zu absolvieren. Der Buch-Club finanzierte mir als Mitglied die Hälfte der Studiengebühren. Sonst hätte ich mir zum damaligen Zeitpunkt dieses Studium gar nicht leisten können.

Es hat mir sehr viel Spaß gemacht, und ich glaube, ich habe eine ganze Menge gelernt, um etwas professioneller schreiben zu können.

TEIL I

Mein Leben in der DDR

I.

Als ich eines schönen Julitages das Licht der Welt erblickte, war mein Vater im Krieg an der Westfront, in Frankreich und Belgien. Vermutlich war ich das Produkt der Verabschiedung meines Vaters ins »Feld«.

Sooft er nach Hause auf Heimaturlaub kam, verkroch ich mich ängstlich unter dem Tisch. Auch die mitgebrachten Geschenke, wie ein wunderschöner weißer Plüsch-Ziegenbock, konnten mich nicht hervorlocken. Ich hatte jahrelang eine Abwehrhaltung gegenüber meinem Vater.

Am liebsten hatte ich Kontakt mit meiner fast zehn Jahre älteren Schwester, eigentlich mehr als zu meiner Mutter. Für meine Schwester Luise war ich das »Rehlein«, sie hat mich stets umsorgt und behütet; keine fremden Leute hat sie auch nur in die Nähe meines Kinderwagens gelassen.

An meine ersten Lebensjahre während des Krieges habe ich nur sehr wenige Erinnerungen. Die Lärmsirenen, die losheulten, wenn Bombenflieger im Anflug über der Stadt waren, um ihre Tod und Verderben bringende Last abzuwerfen, haben sich mir als schauerlich ins Gedächtnis gegraben. Alle Hausbewohner flüchteten dann schnell in den Luftschutzkeller. Ich hatte sogar mein Gitterbett im Keller stehen; aber Angst hatte ich nur, dass eine eklige Spinne an meinem Bett hochklettern könnte. Für echte Angst vor Gefahren hatte ich als Kleinkind noch kein Verständnis. Später fand ich es interessant, abends in der Dunkelheit auf der Straße unterwegs zu sein und die Scheinwerfer, die nach eventuell sich nahenden Fliegerstaffeln suchten, am Nachthimmel hin und her huschen zu sehen. Wenn nach den Angriffen meine Mutter mit mir und meiner

Schwester auf die Straße ging, hing oft ein furchtbarer Qualm und Brandgeruch in der Luft. Es war ekelhaft.

Als wir eines Tages wieder durch die Straßen gingen, sah ich ein totes Pferd vor einer Garage liegen. Ein totes Pferd in der Stadt war ohnehin ein seltener Anblick und dazu hatte es einen total aufgequollenen Bauch. Ich wollte es natürlich möglichst aus der Nähe sehen, aber meine Mutter zog mich weg. Das Tier tat mir unendlich leid, aber meine Neugier war riesengroß. Ich machte mir noch lange danach Gedanken darüber, wie das Pferd dorthin und wie es zu Tode gekommen war. Vom eigentlichen Leid und Elend des Krieges bekam ich als kleines Kind zum Glück nicht viel mit.

An den Hof unserer Häuserzeile grenzte ein Gartenverein, zu dem ein Vereinshaus mit Kantine gehörte. Eine Zeit lang waren dort Kriegsgefangene, Soldaten aus England, untergebracht. Sie durften einmal täglich an der frischen Luft einen Rundgang um die große Wiese machen, wurden dabei aber streng von bis an die Zähne bewaffneten Nazis bewacht. Sie begegneten uns bei einem Spaziergang, wobei mir ein junger Soldat eine Tafel Schokolade hinhielt. Ich war damals viel zu schüchtern, um sie anzunehmen. Er sah meine Verlegenheit und legte die Schokolade ins Gras unter einen Baum. Als der Trupp vorüber war, holte ich mir die süße Köstlichkeit aus dem Versteck.

Später unterhielten sich die Leute im Luftschutzkeller darüber, dass die britischen Gefangenen abmarschiert und irgendwo vor der Stadt erschossen worden seien. Ich fand das ganz schrecklich, obwohl ich noch keine richtige Vorstellung vom Tod hatte.

Eines Tages marschierten die Amis in Ostdeutschland ein – der Krieg ging zu Ende! Alles, was Beine hatte, ging zur Hauptstraße, um die Befreier zu sehen und zu bejubeln. Zum ersten Mal in meinem Leben hatte ich einen richtigen Schwarzen gesehen. Er saß lachend in einem Jeep und warf den Kindern Kaugummis zu. Ich fand ihn toll und interessant.

Es dauerte nicht lange, bis mein Vater wohlbehalten aus französischer Gefangenschaft heimkam. Darüber freute ich mich nicht besonders; nur mit meiner Mutter und meiner Schwester fand ich es schöner und ruhiger. Es war ständig Streit zwischen meinen Eltern, was ich peinlich und fürchterlich fand. Worum es dabei wirklich ging, verstand ich nie.

Zu essen gab es an manchen Tagen überhaupt oder so gut wie nichts, aber das hat mich nicht besonders gestört, ich war mit sehr wenig zufrieden.

An einem Vormittag ging ich mit meiner Mutter und meiner großen Schwester die Straße entlang, als ein Bäckerjunge auf einem Fahrrad mit Anhänger unmittelbar vor uns um die Ecke fuhr. Dabei ging die Tür des Anhängers auf und ein schönes, großes, weißes, rundes Brötchen fiel auf die Straße. Plötzlich kamen, was weiß ich woher, viele Leute herbeigestürzt. Meine Schwester schubste mich und rief: »Schnell, renne!« Ich kam als Erste zum Ziel und als Lohn der Mühe hielt ich das Brötchen fest in der Hand. Ich war überaus glücklich über diesen damals sehr kostbaren Besitz! Wir drei haben uns diesen Leckerbissen geteilt und sofort verspeist. So gut hat mir nie wieder ein trockenes Brötchen geschmeckt.

Endlich wurde ich eingeschult und bekam natürlich auch eine Zuckertüte. Diese wurde, aus Mangel an Süßigkeiten, zur Hälfte mit zerknülltem Zeitungspapier ausgestopft. Ein Päckchen Kekse, einige Bonbons – diese wurden lose aus großen Gläsern bei der »Schokoladentante« auf Zuckermarken gekauft – und eine runde Dose Fliegerschokolade (welch ein Luxus) waren der Inhalt meiner Schultüte.

Im ersten Schuljahr hatten wir eine Lehrerin wie aus dem Bilderbuch. Fräulein Hertel war groß und hager, sehr altmodisch angezogen, dazu trug sie einen streng wirkenden schwarzen Hut, unter dem ein altmodischer Kauz hervorlugte. Sie war aber sehr liebenswürdig zu uns kleinen schüchternen Mädchen.

Im Winter fand der Unterricht aus Mangel an Heizmaterial zeitweise in einer Kellerkneipe oder auch in einer anderen Schule statt. In den Nachkriegsjahren fehlte es an allen möglichen Dingen, so auch an Schulmaterial wie Stiften und Papier. Da mein Vater Schriftsetzer war und in einer Druckerei arbeitete, brachte er öfter Papierverschnitt unterschiedlicher Abmessungen mit, den ich mit zur Schule nahm, wo er gern als Schreibpapier verwendet wurde.

Im zweiten Schuljahr durften wir sogar mit Tinte schreiben. Diese befand sich in Tintenfässchen, die in der Schulbank eingelassen waren. Damit konnte man auch fabelhaft Unfug treiben, wie die Zopfenden der vor einem sitzenden Mitschülerin in die Tinte tauchen. Überall gab es Tintenkleckse, im Heft, auf der Kleidung, an den Händen sowieso; der Kugelschreiber war noch nicht erfunden und Füllfederhalter gab es auch noch nicht.

Später hatten wir das Fach »Handarbeiten«, bei einer etwas eigenartigen Lehrerin. Immer wenn die Klasse unaufmerksam und laut wurde, griff sie zum Klassenbuch, in dem über jede Schülerin eigentlich alles drinstand, wie Noten für Leistungen und Disziplin, Vorkommnisse und vieles mehr, um der gesamten Klasse, einer oder mehreren Schülerinnen einen »Eintrag« zu verpassen. Eine Schulfreundin und ich hatten das besagte Buch mit einem langen Bindfaden um den Einband versehen und den Faden unter allen Bänken der Mittelreihe durchgeführt; damit verharrten wir unter der letzten Bank in Hab-Acht-Stellung. Die anderen Mädchen machten Lärm und Unfug, um die Lehrerin zu reizen, bis sie aufgeregt zum Klassenbuch griff. In diesem Moment zogen wir an dem Bindfaden das Buch weg. Riesengejohle in der Klasse, aber leider ging der Einband dabei flöten! Nach dem Motto »Die Strafe folgt auf dem Fuß« musste ich das defekte Buch mit nach Hause nehmen und von meinem Vater wieder einbinden lassen. Der Schuss ist sozusagen nach hinten losgegangen.

Ich ging immer gern zur Schule – na ja, meistens. Da war mehr los und es war nicht so langweilig wie zu Hause, wo ich eigentlich gar nichts durfte. Meine Mutter war immer zu Hause und auch meine große Schwester passte ständig auf mich auf. Schrecklich! So war ich froh, dass meine Schwester Luise mit knapp sechzehn Jahren ihren späteren Ehemann, den Lehrling meines Vaters, kennenlernte und ich somit aus ihrem Blickfeld verschwand.

Als ich sechs Jahre alt war, bekam ich eine kleine Schwester, Regina. Ich hatte sie sehr lieb. Ein Jahr später zog ich mir einen heftigen Keuchhusten zu und steckte meine kleine Schwester an. Es war ein bitterkalter Winter, es gab keine richtigen Medikamente und das zarte Mädchen bekam dazu noch eine Lungenentzündung. Sie starb, als sie gerade etwa ein Jahr alt war. Ich war maßlos traurig und durfte nicht einmal mit zur Beerdigung, da ich selbst noch sehr krank das Bett hüten musste.

Meine Schwester Luise war ein überaus anhängliches, braves »Mamakind«, im Gegensatz zu mir. Sie bekam als Kind unter anderem einen Roller, damit hat sie einen Sturz gebaut und sich verletzt – der Roller wurde an irgendjemand verschenkt und ich habe deshalb nie einen bekommen, obwohl ich mir sehnlichst einen wünschte. Zu meinem Glück wohnte am anderen Ende der Straße ein Junge namens Bernd, vier oder fünf Jahre alt, der einen Roller mit einem kleinen Sitz auf dem Gepäckträger besaß. Wir beide haben »geheiratet«, als Brautschleier diente eine alte Gardine. Dafür musste er mich mit seinem Roller durch die Gegend fahren. Da meine Mutter und Luise mich ständig mit der Bemerkung ärgerten, ich sei verliebt, wurde ich wütend und spielte überhaupt nicht mehr mit dem Bernd. Somit war es auch aus mit dem Rollerfahren.

Später bekam mein Schwesterlein ein Paar Rollschuhe – das

ungeschickte brave Mädchen legte sich damit aufs Pflaster. Es passierte das Gleiche wie mit dem Roller, für mich war Rollschuhlaufen somit passé. Alles Betteln und Flehen half nicht. Aufgeschlagene Knie hatte ich trotzdem, aber ohne zu jammern.

Was dann später mit einem Fahrrad passierte, kann ich mir sparen zu erzählen.

Die Situation zu Hause wurde immer angespannter, ständig gab es Zank und Streit zwischen meinen Eltern. Meine große Schwester heiratete mit siebzehn Jahren und zog aus. Das Positivste für mich: Ich bekam anlässlich der Hochzeit ein wunderschönes hellblaues Seidenkleid und hellblaue Schleifen in die zu »Affenschaukeln« gebundenen Zöpfe. Auf dem Standesamt im Stadthaus bekam ich plötzlich heftiges Nasenbluten. Ich musste deshalb im Vorraum auf einer Bank liegen, während meine Schwester getraut wurde.

Luise wurde schwanger und bekam ein reizendes Töchterchen, Barbara. Meine Mutter bekam als Ersatz für meine kleine verstorbene Schwester fast zur selben Zeit einen kleinen Jungen, meinen Bruder Wolfgang.

Die Stimmung bei uns zu Hause wurde immer unerträglicher, sodass meine Mutter sich schließlich scheiden ließ. Bald danach zog mein Vater aus. Meine Mutter fand eine Arbeitsstelle im Kinderkrankenhaus als Stationshilfe in der Frühgeborenen-Station. Ich musste mich von da an um meinen kleinen Bruder kümmern. Zu meinem Leidwesen natürlich!

Als mein Bruder dann in den Kindergarten gehen konnte, waren meine Freiheiten stark eingeschränkt. Meine Mutter ging frühmorgens zur Arbeit und ich musste mein »Wölfchen« wecken, anziehen und zum Kindergarten bringen, bevor ich zur Schule ging. Der kleine Schlingel parierte nicht immer und es gab Zoff, da ich ja nicht zu spät zur Schule kommen wollte.

Zu dieser Zeit lernte ich von meiner Mutter und meiner

Schwester, Babysachen zu stricken. Als Erstes strickte ich für meine Babypuppe ein Jäckchen und ein Mützchen, danach für die echten Babys.

Etwa ein Jahr nach Barbara kam meine zweite Nichte, Christine, ein weiteres Jahr später meine dritte Nichte, Sonja, zur Welt. Ich wurde langsam zum professionellen Babysitter! Ich strickte gern und oft in der Schule, so zwischendurch. Meistens fiel es gar nicht auf, da ich in der letzten Reihe saß. Leider ist mir einmal im Russisch-Unterricht der Wollknäuel vom Schoß gefallen, den Gang nach vorn gerollt und dem Lehrer, Dr. Bauer, genannt »Krestjanin«, genau vor die Füße!

»Bei mir im Unterricht könn's machen, was's wolln, aber wenn's stricken wolln, gehn's ins Kaffeehaus!«, tobte der gute Mann mit seinem harten russischen Akzent zur allgemeinen Belustigung aller Mitschülerinnen.

Meine Schwester bekam nach den drei Mädchen noch einen Jungen, Henry. Somit musste ich oft Kindermädchen für die nicht immer lieben fünf »Wänster« machen. Ich hatte sie alle sehr gern, wir spielten gemeinsam auf dem Spielplatz in unserem Hof, während meine Mutter zusammen mit meiner Schwester in der City spazieren gingen. Das passte mir natürlich nicht immer, ich wäre dann doch lieber mit Gleichaltrigen herumgetobt.

Hinter dem Spielplatz auf dem Hof meines Elternhauses befand sich ein Gartenverein. Meine lieben Kleinen warfen aus Übermut ihre Sandalen, Sandeimerchen und anderes Spielzeug einfach über den Zaun! Die liebe Helga musste über den Zaun klettern, bevor der Gartenbesitzer kam, und das ganze Zeug wieder zurückholen. Dazu kam natürlich noch die illegale Beschaffung von Obst wie Sauerkirschen, Aprikosen, Pfirsichen und Brombeeren. Zu dieser Zeit gab es nur selten etwas Leckeres zu kaufen und außerdem schmeckt geklautes Obst ohnehin viel besser! Man durfte sich nur nicht erwischen lassen.

So lernte ich früh den Umgang und die Pflege von Kleinkindern. Später, als ich einmal krank wurde, fälschlicherweise Verdacht auf Gelbsucht, musste ich im Bett liegen. Meine Kleinen, Bruder, Nichten und Neffe, machten es sich auf meinen angewinkelten Knien und um mich herum im Bett bequem und lauschten andächtig den Märchen, die ich ihnen vorlas. Daneben musste ich aber auch meine Schulaufgaben erledigen und außerdem war ich Mitglied in einem Kultur-Ensemble.

Nach der 6. Klasse bekam ich mit vielen anderen Kindern aus dem Ensemble einen sechswöchigen Erholungsurlaub an der Ostsee. Das war etwas ganz Großartiges für mich, denn bisher war ich noch nie verreist und auch noch nie von zu Hause weg gewesen. Endlich mal richtige Ferien verbringen! Vorher musste ich meine Wäsche und Sachen mit Kennzeichen versehen, sodass ich etliche Nachmittage sticken musste.

Endlich kam der Tag der Abreise. Ich hatte keinerlei Probleme, mich von meiner Familie zu verabschieden, zu groß war die Neugier auf die Ostsee. Die Reise war alles andere als bequem, aber ich fand es toll und fühlte mich glücklich. Das Ziel war ein altes Schloss in einem kleinen Fischerdorf am Bodden auf der Insel Rügen. Wir wurden auf Zimmer mit meist sechs Betten verteilt, das war ganz toll, mit Freundinnen zusammen zu schlafen. Im Laufe der sechs Wochen lernten wir die gesamte wunderschöne Insel kennen und unternahmen sehr viel. Es war ein großartiges Erlebnis. Heimweh hatte ich keine Sekunde!

Aber wie alles andere gingen auch diese die schönen Ferien an der Ostsee zu Ende. Der Abschied fiel mir schwer. Ein fürchterlicher Regen prasselte herab. Unsere gepackten Koffer wurden auf einem Pferdewagen gestapelt und zur Bahnstation gebracht. Die meisten Koffer damals waren aus vulkanisierter Pappe hergestellt, so auch meiner, und der Regen hatte die Pappe bald völlig durchweicht. Als wir in Dresden auf dem Hauptbahnhof unser Gepäck in Empfang nahmen, hatte ich leider nur den Griff in der Hand, der Koffer selbst stand noch am Boden! Und kein Mensch war zu sehen, der mich abholte. Ich war stinksauer, denn der Tag war ausgerechnet mein 12. Geburtstag und zu allem Überfluss bekam ich auch noch zum allerersten Mal meine Regel. So war von meiner stets guten Laune absolut nichts mehr übrig.

Die nächsten zwei Schuljahre gingen langsam vorüber, und die meisten Mädchen kümmerten sich bereits um Lehrstellen. Meine beste Freundin zog zu meinem größten Kummer mit ihrer Mutter in die Bundesrepublik nach Gelsenkirchen. Ich musste weiter zur Oberschule, zusammen mit sechs anderen Klassenkameradinnen. Wie an Oberschulen üblich, wurden die Klassen gemischt, das heißt, wir hatten Jungen in der Klasse. Es dauerte gar nicht lange und ich verliebte mich zum ersten Mal im Leben in einen Jungen aus meiner Klasse. Dazumal selbstverständlich platonisch – das größte erotische Erlebnis war ein Kuss, ein Zungenkuss natürlich. Wie frivol!

Er hatte am selben Tag wie ich Geburtstag, war aber ein Jahr älter als ich. Natürlich war er der schönste Junge aus der Klasse, groß, schlank, schwarzhaarig – ich war total hingerissen. Er saß in der Klasse genau vor mir und zwar meistens auf der vordersten Kante des Stuhles und kippelte dabei auf den vorderen Stuhlbeinen. Ich rückte dann sacht nach vorn, schob beide Füße unter seine hinteren Stuhlbeine – ein kurzer Ruck und er saß mit lautem Poltern auf dem Boden und bekam dazu noch die Lehne seines Stuhles an den Kopf. Auch so zeckten wir uns oft im Unterricht, bis wir schließlich auseinandergesetzt wurden.

Irgendwann ging die Klasse auf Klassenfahrt, leider ohne mich, da meine Mutter das erforderliche Geld nicht aufbringen konnte. Ich hatte dann nicht etwa frei, sondern musste währenddessen in eine 11. Klasse gehen, eine Sprachklasse, während ich sonst eine Mathe-Klasse besuchte. Allein, als Einzige – das war ganz schön hart. Gleich am ersten Tag schrieb die Klasse eine Lateinarbeit und ich sollte dem Jungen neben und dem vor mir helfen. Von beiden hatte ich Spickzettel unter der Bank und versorgte sie so mit den entsprechenden Vokabeln. Das klappte bestens und ich hatte dadurch einen guten Stand und ein besseres Leben in der fremden Klasse.

Jedes Jahr hatten wir einen Schülerball zusammen mit dem Patenbetrieb unserer Oberschule. Das Fest begann um 19 Uhr und endete um Mitternacht. Der Saal war etwa eine halbe Stunde Fußmarsch von zu Hause entfernt. Meine Freundin Moni holte mich stets ab, damit wir gemeinsam gehen konnten. Sie war natürlich komplett in Schale, während ich noch im Unterrock dasaß und mit meiner Mutter diskutierte. Sie war der Meinung, dass ich spätestens um 22 Uhr zu Hause zu sein hätte, ich war jedoch der Meinung, dass es sich da gar nicht lohne, überhaupt zu gehen. Moni wurde dann ungeduldig und sagte: »Sag einfach, du kommst um zehn, und dann kommst du einfach später!«

»Nein, ich schwindle nicht, da bleibe ich eben zu Hause!«, erwiderte ich.

Das ging dann zehn Minuten so hin und her, bis meine Mutter schließlich sagte: »Na, hau schon ab!«

Wenn wir dann circa eine halbe Stunde nach Mitternacht bei mir zu Hause um die Ecke bogen, hing stets der Kopf meiner Frau Mama aus dem Fenster. Das habe ich gehasst und mir damals geschworen, meinen Kindern später so eine Peinlichkeit zu ersparen.

In der Oberschule erhielten bedürftige Schüler ein kleines Stipendium. Ich erhielt 45 Mark pro Monat, was für mich eine große Summe war. Endlich konnte ich mir selbst etwas kaufen! Als Erstes kaufte ich mir Dekorationsstoff für eine Übergardine und eine passende Bettdecke, um mein Zimmer etwas aufzupeppen. Nähen konnte ich ja glücklicherweise. Als Nächstes kaufte ich mir Kleiderstoff für ein schönes hellblau-weiß gestreiftes Sommerkleid. Ich war 14 Jahre, als ich mein erstes Kleid genäht habe, und es ist mir tadellos gelungen. Ich habe sehr gern genäht, wollte Schneiderin lernen und später Modistin werden. Meine Eltern waren allerdings der Meinung, dass Schneiderin kein »richtiger« Beruf für mich sei. Das Gleiche war es mit dem Beruf als Friseuse beziehungsweise Kosmetikerin. So habe ich nach Abschluss der Schule den »besseren« Beruf einer Technischen Zeichnerin gelernt.

Im selben Jahr, als ich mit der Oberschule begonnen hatte, bekam das Ensemble eine Einladung von der KPD Frankfurt/Main. Eine Gruppe von über 14-jährigen Mitgliedern wurde schnell zusammengestellt und so fuhren wir zu Auftritten bei Wahlkampfveranstaltungen in Hessen. Das war eine Aufregung – zu den »bösen« Kapitalisten! Allein die Busfahrt war schon ein Erlebnis. Es war nicht nur meine erste Reise in den Westen, sondern auch meine längste Busreise überhaupt. Unter anderem unternahmen wir einen Ausflug auf die Loreley mit einem herrlichen Blick auf den wunderschönen Rhein. Es war unglaublich! Wir sangen lauthals: »*Ami, go home …*« und kamen uns dabei wie patriotische Weltverbesserer vor.

Alles war hier so total anders als bei uns im Osten. Es gab Dinge, von denen wir nicht einmal geträumt hatten. Wir bekamen auch ein wenig Taschengeld, von dem wir uns ein paar Kleinigkeiten kaufen konnten, die es bei uns nicht gab. Ich erstand unter anderem einen sehr schicken Pulli und eine tolle kleine Handtasche aus schwarzen Lack.

Wenn wir einen Auftritt mit dem Ensemble hatten, war anschließend meistens Tanz. Die »Großen« durften dann bleiben, die »Kleinen« fuhren nach Hause. Eigentlich gehörte ich schon zu den Großen, aber meine Mutter sah das anders. Sie kontrollierte mein Köfferchen, das nichts als Ensemble-Kleidung enthielt. Wir wohnten Parterre und vor dem Fenster war eine Wiese mit einer Blumenrabatte entlang der Hauswand.

Ich besaß ein schönes rotes Kleid mit schwarzem Spitzenoberteil, das ich natürlich auch genäht hatte, zusammen mit meiner Mutter. Es war mein Jugendweihekleid. Das Kleid ließ sich problemlos zusammenfalten und in die besagte schwarze Tasche stecken. Ich habe die Tasche dann einfach sanft aus dem Fenster gleiten lassen und im Vorbeigehen aufgehoben und mitgenommen. Gemäß dem Motto: »Dumm kann man sein, man muss sich nur zu helfen wissen!« So konnte ich unbehelligt zum Tanz bleiben.

Irgendwann wurde ich endlich 18 Jahre, aber meine Mutter machte weiterhin Theater, wenn ich mit einer Freundin tanzen gehen wollte. Das fand ich ziemlich ungerecht, da meine Schwester schon mit siebzehn Jahren heiraten durfte. Ich fühlte mich stets gegängelt.

Ich beendete die Schule und es begann die Lehrzeit, der nächste Schritt zum Erwachsenwerden. Ich lernte technisches Zeichnen im Schwermaschinen- und Stahlbau. Wir lernten nicht nur Zeichnen, sondern mussten alle Metall verarbeitenden Abteilungen durchlaufen. Als Erstes ging es in die Schlosserei. Es war ziemlich schwierig, eine absolut glatte Fläche zu feilen. Das war eine ungewohnte Belastung, die mir eine schmerzhafte Sehnenscheidenentzündung im rechten Handgelenk einbrachte.

Des Weiteren lernten wir schweißen, fräsen, bohren, Gewinde schneiden, drehen und vieles mehr. An zwei oder drei Tagen pro Woche ging es zur Berufsschule. Es boten sich reichlich Gelegenheiten für Unsinn und böse Scherze. Es war keine leichte, aber eine sehr schöne und unbeschwerte Zeit, die ich nicht missen möchte.

Nachdem die praktische Seite der Ausbildung beendet war, ging es wieder ans Zeichenbrett und somit an den künftigen Arbeitsplatz. Ich hatte das Glück, in einer Außenstelle eines Großbetriebes zu arbeiten, abseits von den kontrollierenden

Blicken der Betriebsleitung. Bei uns herrschte eine zwanglose Atmosphäre.

Inzwischen hatte ich auch die ersten Erfahrungen mit dem anderen Geschlecht gemacht. So richtig ernst habe ich das nicht genommen; die längste Beziehung dauerte knapp ein halbes Jahr. Ich konnte und wollte mir nicht vorstellen, ständig ein männliches Wesen um mich herum zu haben; ich wollte frei sein und allein bestimmen, was ich mache und was nicht. Das passte meiner Mutter gar nicht, für sie war ich schon ein sitzengebliebenes altes Mädchen. Das stimmte auch, im Verhältnis zu meiner Schwester. Meine Mutter hörte einfach nicht auf, mich zu gängeln, und so nahm ich die einzige Möglichkeit wahr, aus ihrer Fuchtel zu entfliehen, indem ich heiratete.

Und das kam so …

II.

An einem wunderschönen Frühlingstag im Wonnemonat Mai ging ich mit meiner Mutter in der City spazieren. Als Höhepunkt gingen wir in ein Café, in welchem an dem Nachmittag ab 17 Uhr Tanztee auf dem Programm stand. Wir tranken Kaffee und da es so schön war, leisteten wir uns noch ein Gläschen Wein von unserem wenigen Geld.

Ein sehr gut aussehender junger Mann forderte mich zum Tanzen auf. Er verstand es, mich und auch meine Mutter nett zu unterhalten und zu beeindrucken. Er war ganz offensichtlich kein Leipziger und überhaupt kein Sachse. Nennen wir ihn einfach Charly.

Wie er später erzählte, kam er fast direkt aus dem Knast; er war republikflüchtig und hatte einige Jahre in der Bundesrepublik gelebt. Als er eines Tages in die DDR kam, um seine Eltern und Schwestern zu besuchen, wurde er festgenommen. Man klagte ihn wegen Republikflucht an und sperrte ihn einige Jahre ein. Seit wenigen Tagen war er wieder auf freiem Fuß und wohnte bei seinen Eltern in einem Dorf in der Umgebung von Leipzig. In der nächsten Zeit wollte er sich Arbeit und eine Bleibe suchen, am liebsten gleich eine Familie gründen. So besuchte er mich jedes Wochenende und zwischendurch schrieb er mir die schönsten Liebesbriefe. An jedem Wochenende gingen wir tanzen, es war eine sehr schöne Zeit. An einem Wochenende nahm er mich mit zu seinen Eltern, um mich ihnen und seinen beiden Schwestern als seine Braut vorzustellen. Er hatte es sehr eilig damit, er war ja auch »schon« sechsundzwanzig Jahre alt. Charlys Eltern waren sehr nette Leute und sie nahmen mich sehr herzlich auf. Die jüngere Schwester, Lilo, war fünfzehn Jahre alt. Sie war eifersüchtig auf mich, sie hatte Angst, dass ich ihr den gerade erst zurückgekehrten Bruder wegnehmen würde. Die ältere der beiden Schwestern, Monika, war 25 Jahre und gerade im Begriff, ihr Medizinstudium abzuschließen. Sie war mir sofort sehr sympathisch, obwohl sie mir zu bedenken gab, ob ich nicht noch viel zu jung sei; wir sollten doch vielleicht lieber noch ein wenig warten und uns besser kennenlernen. Ihr Bruder war da ganz anderer Ansicht, er wollte so bald wie möglich heiraten und Kinder haben. Ich war ja schon fast zwanzig Jahre alt!

Auch meine Mutter gab zu bedenken, dass wir uns noch gar nicht richtig kennen. Aber jung und unerfahren wie ich war, wollte ich beweisen, dass alle Bedenken grundlos waren und sicher alles gut gehen würde. Außerdem war es für mich die beste Gelegenheit, aus dem Machtbereich meiner Mutter zu entkommen. So planten wir, Ende August zu heiraten, den frühestmöglichen Termin auf dem Standesamt. Wir wollten keine große Feier veranstalten, sondern allein, das heißt mit einem Freund als Trauzeugen, zum Standesamt gehen. Es waren noch ein paar Wochen Zeit bis dahin.

Monika hatte eine Studienfreundin aus Nigeria, Morea. Diese war mit einem Nigerianer namens Yamen verheiratet. Das Ehepaar wohnte zu der Zeit in einem Ausländerinternat in Dresden, einer schönen großen Villa in der Südvorstadt. Sie hatten eine Tochter, die bei meinen künftigen Schwiegereltern lebte, damit ihre Mutter reibungslos ihr Studium absolvieren konnte. Die Kleine, sie war so drei oder vier Jahre alt, befand sich gerade mit ihrer Mutter auf dem Weg nach Nigeria, um künftig bei ihrer Großmutter zu leben. Ich habe sie deshalb nie persönlich kennen gelernt und Morea erst nach ihrer Rückkehr aus ihrer Heimat. Das kleine dunkelhäutige Mädchen war natürlich damals eine Sensation im Dorf, in dem meine Schwiegereltern wohnten. Sie stand immer im Mittelpunkt und wurde von allen geliebt und verwöhnt.

Charly und ich haben viele Nachmittage und Abende mit der afrikanischen Familie verbracht und maßlos viel Spaß gehabt. Die exotische Atmosphäre und der zwanglose, kameradschaftliche Umgang der Mitbewohner des Internats aus unterschiedlichen Herkunftsländern haben mich fasziniert. Es gab eine offene Gemeinschaftsküche, sodass es schon auf dem Gang immer nach exotischen Gewürzen roch. Wir hatten uns noch mit einem Ehepaar aus Sierra Leone angefreundet, mit dem wir uns manchmal fast die ganze Nacht unterhalten haben. Die jungen Menschen, die ohne Sprachkenntnisse hierher kamen, um zu studieren und später in ihre Heimat zurückzukehren, habe ich immer bewundert. Sie lernten innerhalb von einem halben Jahr die deutsche Sprache, um anschließend die Vorlesungen ihres Studienfaches zu absolvieren. In der DDR wurden sie von den meisten Leuten entweder mit unverhohlener Neugier oder mit Feindseligkeit bedacht. Dabei brachten sie dem Staat eine Menge Devisen in Form von Studiengebühren ein, in Valuta, versteht sich.

Inzwischen hatte sich das Verhältnis meiner Mutter zu Charly ziemlich eingetrübt. Sie sprach sich sehr gegen unsere bevorstehende Hochzeit aus, zumal wir keine Feier wollten.

Charlys Schwester Monika machte ihr Staatsexamen und anschließend ein Praktikum in einem Krankenhaus in Zschopau. Wir besuchten sie ein paar Tage und sie bedauerte, nicht zu unserer Hochzeit anwesend sein zu können. Sie schenkte mir einen wunderschönen cremefarbenen Brokat, aus dem ich mir ein schickes Hochzeitskleid schneiderte. Bei einem Juwelier erstanden wir ein Paar sehr schöne, breite, goldene Trauringe. Nun stand der Hochzeit und damit dem Glück nichts mehr im Wege. Glaubte ich zumindest.

Wie geplant fuhren wir nur mit einem Trauzeugen, dem nigerianischen Freund Yamen, im Taxi zum Standesamt. Meine Mutter konnte es nach wie vor nicht fassen, dass wir ohne unsere Familienangehörigen zur Trauung gingen.

Die Standesbeamtin erklärte uns mit dem üblichen »*bis dass der Tod ...*« für Mann und Frau. In diesem Moment wurde mir plötzlich klar, worauf ich mich eingelassen hatte. Es gab plötzlich kein Zurück mehr, zumindest nicht gleich und ohne Weiteres. Ich glaube, es war das erste Mal, dass mir Zweifel über mein überstürztes Handeln kamen. Bis dahin war alles so schön und leicht gewesen. Auf den Hochzeitsfotos sieht man mir das auch an; ich ziehe ein Gesicht wie vierzehn Tage Regenwetter, nicht wie eine glückliche Braut.

Anschließend ging es nach Hause umziehen, um zusammen mit meiner Mutter und meinem kleinen Bruder zum Essen in den traditionellen Altmarktkeller zu fahren. Den späten Abend bis in die Nacht verbrachten mein Ehemann und ich mit Yamen in einer Tanzbar.

Obwohl es meiner Mutter nicht recht war, wohnten wir die erste Zeit mit bei ihr in meinem Mädchenzimmer. Charly hatte inzwischen eine Anstellung in einer großen Schlosserei gefunden. Wohnungen waren mehr als rar zu dieser Zeit in ostdeutschen Großstädten. Wenig später hatten wir großes Glück, meine Kollegin bekam mit ihrer Familie eine größere Wohnung, sodass wir ihren bisherigen Wohnraum beziehen konnten. Es handelte sich um zwei Zimmer mit Bad- und Küchenbenutzung als Teilhauptmieter in einer 4-Raum-Wohnung, zusammen mit einer alleinstehenden älteren Dame. Das Klo befand sich auf der halben Treppe, wie es in älteren Wohnungen eben üblich war. Zwei Parteien in einer Wohnung, wo man das Klo, das Bad und die Küche gemeinsam nutzen musste, da ging es nicht immer harmonisch zu. Aber irgendwie arrangierte man sich, um erträglich miteinander zu leben.

Es dauerte nicht lange, da meldete sich unser erstes Kind an, zur großen Freude von Charly. Da ich durch den ständigen Umgang mit meinen Nichten, Neffen und meinen Bruder kleine Kinder ohnehin gern mochte, freute ich mich natürlich auch sehr auf mein eigenes Kind.

Es war eine unglaublich spannende und interessante Zeit – die erste Schwangerschaft. Ich bekam langsam einen kleinen »Spitzkühler«. Alle meinten, dass es auf jeden Fall eine Junge werde. So war ich total auf meinen Sohn eingestellt.

Inzwischen war es wieder Sommer geworden und ich reiste mit meinem Mann und meinem ungeborenen Sohn nach Mecklenburg. Wir besuchten zum ersten Mal Charlys Großmutter und Tante nebst Familie. Sie lebten in einem winzigen Dorf, in dem alle Einwohner familiär verbunden waren und denselben Nachnamen hatten. Abends waren wir in der verräucherten Dorfkneipe, wo ich von der Unterhaltung kein Sterbenswörtchen verstand, da sie natürlich alle plattdeutsch sprachen. Dazu klotzten mich alle an, ausnahmslos Männer, als wäre ich von einem anderen Stern. Ich kam mir total deplaziert vor.

Wir wohnten bei Charlys Verwanden, die es nach dem Krieg hierher verschlagen hatte. Im Haus gab es eine große Küche, deren Hälfte zur Aufzucht von Kücken genutzt wurde. Diese hatten Hühnerflöhe, die sich ausschließlich bei mir wohlfühlten. Schrecklich, ich hatte total zerbissene und dadurch zerkratzte Beine. Ich konnte nachts nicht schlafen, es war echt nicht auszuhalten, sodass wir nach zwei Tagen wieder abreisen mussten. Es wurde eine Heimreise mit Hindernissen, wobei es mir sehr schlecht ging, die üblichen Schwangerschaftsbeschwerden mit Übelkeit und Erbrechen.

Wieder zu Hause angekommen, gingen wir eines Abends ins Kino, *Das Haus der Lady Alquist*. Der Film war nur für Personen über 18, was damals konsequent kontrolliert wurde. Mein Mann war schon am Einlass vorbei, als mich die »Tante« fragte, ob ich 18 sei. Das fand ich angesichts meiner nicht zu übersehenden Schwangerschaft unangemessen und blöd, sodass ich natürlich »nein« sagte. Außerdem war ich fast 21 Jahre! Einen Ausweis hatte ich nicht bei mir, da ich ja gegenüber wohnte, nur so eben über die Straße. Charly beobachtete die

Szene aus unmittelbarer Nähe und lachte sich halbtot, während ich stinksauer war. Schließlich klärte er die Sache und wir gingen zusammen in den Kinosaal. Das Ganze passierte am Abend vor meiner Niederkunft.

Die Fruchtblase platzte am folgenden Nachmittag und die Wehen setzten ein. In der Nacht, so gegen 1 Uhr, wurde ich in die Frauenklinik gebracht – aber die Wehen waren wieder verschwunden. Im Kreissaal bekam ich ein ziemlich heißes Bad, dann lief ich auf dem Korridor hin und her, aber die Wehen setzten nicht wieder ein. Inzwischen waren sechzehn Stunden vergangen und ich war total geschafft. Endlich ging es wieder vorwärts, Presswehen kamen und gingen. Eine Hebamme und eine Schwester halfen mir schließlich, indem sie mit einem zusammengedrehten Handtuch meinen Sohn, der allerdings eine Tochter war, aus dem Bauch drückten. Es war das süßeste dunkelblonde Mädchen der Welt! Ein unglaubliches Gefühl, das kleine, vollkommene Wesen nackt, mit Blut und Fruchtwasser verschmiert, auf die Brust gelegt zu bekommen. Sie war 48 Zentimeter groß und wog fünf Pfund und 300 Gramm. Ich war unbeschreiblich glücklich.

Dass nach der Prozedur eine Dammnaht erforderlich wurde, war mir ziemlich egal, ich war viel zu müde und erschöpft. Eine sehr kleine, zarte Inderin mit langen, bis zum Gesäß reichenden Haaren stellte sich als Ärztin vor und verrichtete ihr Werk – ohne Narkose.

Am nächsten Morgen erschien Morea, die zu dieser Zeit Assistenzärztin in der Frauenklinik war, mit einem Blumenstrauß und schimpfte, dass niemand ihr Bescheid gesagt hatte. Sie hatte unser erstes Kind auf die Welt holen wollen, aber in den Sechzigern gab es noch keine Handys, und ein Telefon hatten bei uns nur wenige Privilegierte. So war eine Kommunikation kaum möglich.

Den ersten Schock bekam ich, als mein stets »fein« wirkender Ehemann nach der damals offiziellen Besuchszeit, noch im dunklen Ausgeh-Anzug, mit viel zu wenig Blut im Alkohol in der Klinik aufkreuzte. Der Teufel wollte es, dass zwei Eintrittskarten einer Nachtbar aus seiner Jackentasche zum Vorschein kamen. Er hatte, seit er mich in der Klinik abgeliefert hatte, gewissermaßen durchgefeiert. Ich war maßlos enttäuscht und wollte mich scheiden lassen. Leider habe ich mich von seiner Familie beschwatzen lassen und der Kleinen zuliebe seinen Versprechen Glauben geschenkt.

Die Kleine, wir haben sie Heidi genannt, entwickelte sich prächtig. Sie war sehr pflegeleicht, schlief nachts durch und wir hatten viel Freude mit ihr. Heidi war das erste Enkelkind meiner Schwiegereltern und wurde entsprechend verwöhnt.

Allerdings war das Geld bei uns ziemlich knapp. Meinen Beruf musste ich erst einmal an den Nagel hängen und mich um mein süßes Baby kümmern. Das hat mir allerdings sehr viel Freude gemacht – es gibt ja auch kein größeres Glück für eine Frau, als ein Kind zur Welt zu bringen und zu umsorgen. Nach ein paar Monaten suchte ich mir einen Job und einen Krippenplatz und ging wieder arbeiten.

Beides, den Job und den Krippenplatz, hatte ich von einem Projektierungsbüro für Industriebau bekommen. Das war allerdings ein anderes Betätigungsfeld, aber ich arbeitete mich schnell in das neue Metier ein.

Charly besuchte die Abendschule, um einen Abschluss als Techniker zu bekommen. Nach dem Unterricht ging er stets mit einem Kumpel in die Kneipe, und ich machte für die »Herren« die Hausaufgaben. Das schaute ich mir eine Weile an, dann ließ ich die Herren mit ihren Aufgaben allein. Somit ging ihr Abendstudium in die Brüche.

Meine Schwägerin Monika begleitete als Ärztin einen Kindertransport von Düsseldorf in ein Ferienlager in der DDR und wieder zurück, wobei sie ihren späteren Ehemann kennenlernte. Wenige Monate danach heiratete sie in Dresden und zog anschließend zu ihrem Ehemann nach Düsseldorf. Ich bedauerte das sehr, da ich mich sehr gut mit ihr verstanden hatte.

Charlys Alkoholkonsum war recht erheblich. Nach einer Betriebsfeier blieb mein Gatte die ganze Nacht weg. Ich konnte natürlich nicht schlafen und hatte Angst, dass ihm etwas zugestoßen sei. Am nächsten Morgen, ich war total »durch den Wind«, musste ich zur Arbeit. Irgendwann gegen Mittag tauchte Charly bei mir im Büro auf und versprach, dass so etwas nie wieder vorkommen würde. Dies war allerdings ein leeres Versprechen. Unser Verhältnis bekam langsam eine mächtige Schieflage. Es wurde meinem Mann zur Gewohnheit, Zigaretten zu holen und dabei tagelang wegzubleiben, natürlich auch von der Arbeit. Ich wollte mich jetzt endlich scheiden lassen, ließ mich aber aus Rücksicht auf Heidi beschwatzen.

Es war Winter und draußen war es eiskalt. Mein Gatte war wieder einmal seit ein paar Tagen verschwunden. Plötzlich wurde ich ins Büro ans Telefon gerufen. Damals hatten wir noch nicht an jedem Arbeitsplatz ein Telefon, sondern nur einen Telefonapparat für das gesamte Projektierungsbüro.

Am anderen Ende meldete sich ein Herr Doktor aus der psychiatrischen Klinik. Ich wurde natürlich von meinen Kollegen mit eigenartigen Blicken und Hänseleien konfrontiert. Der Arzt fragte mich, ob ich die Ehefrau eines gewissen Charly B. sei. Als ich dies bejahte, meinte er, ich solle doch bis 18 Uhr meinen Mann abholen und ihm etwas Warmes zum Anziehen mitbringen, da er nur einen Anzug dabeihabe. Er nannte mir noch die Station, die allerdings geschlossen sei, weshalb ich klingeln müsse.

Na prima! Ich war völlig perplex und wurde verständlicherweise sehr wütend, aber schließlich blieb mir nichts anderes übrig, als hinzufahren. Am liebsten hätte ich ihn dort gelassen. Als ich dann spät nachmittags in der Psychiatrie an der geschlossenen Abteilung ankam und klingelte, wurde ich von der mir öffnenden Schwester mit einem belustigenden Blick empfangen. Ich kam mir so blöd vor wie nie zuvor im Leben. Sie brachte mich in einen Warteraum und bat um einen Augenblick Geduld. Die Tür ging auf. Es erschien ein ziemlich junger, gut aussehender Mann, der sich als der Doktor, der mich angerufen hatte, vorstellte.

»Sie, Sie sind wirklich die Ehefrau?«, sagte er und lächelte mich an. Das war mir entsetzlich peinlich, aber er erklärte mir, dass man meinen »Göttergatten« vor fast vier Tagen bewusstlos und ohne Papiere in einem Durchgang – Hinterhof einer Tanzbar – auf einer Feuerleiter mit einer Platzwunde am Hinterkopf gefunden hatte. Die Feuerwehr habe ihn in eine chirurgische Klinik gebracht, um die Wunde zu nähen. Da er danach immer noch bewusstlos war, brachten sie ihn in die psychiatrische Klinik. Die Diagnose lautete: *Delirium tremens.*

Nachdem Charly an diesem Vormittag wieder zu sich gekommen war, wurde er untersucht und die Personalien konnten endlich festgestellt werden. So war ich dann benachrichtigt worden und konnte meinen feinen Herrn Gemahl in Empfang nehmen. Ich kam mir vor, als wäre ich in einem schlechten Film. Diese Peinlichkeit!

Wir fuhren zusammen nach Hause; ich konnte unterwegs kein Wort sprechen, am liebsten hätte ich ihn erwürgt.

Unsere Ehe war nicht gerade das, was man glücklich nennt, aber bekanntlich hofft der Mensch, solange er lebt! ›Es kann eigentlich nur besser werden‹, dachte ich und ließ mich auf seine Versprechen ein. Zu meiner Entschuldigung muss ich sagen, dass ich damals noch sehr jung war, gerade mal 21 Jahre. Das Fazit: Die nächste Schwangerschaft kündigte sich an.

›Vielleicht wird ja doch noch alles gut und wir bekommen den so sehr gewünschten Jungen‹, dachte ich. Aber Pustekuchen, auch dieses Mal war es wieder ein Mädchen – Simone, 48 Zentimeter klein und 2600 Gramm, ein süßes, sehr zierliches Püppchen. Sie hatte wie ihr Vater fast schwarzes Haar.

Heidi war inzwischen ein Jahr und vier Monate alt und konnte schon sehr schön sprechen. Als ich aus der Klinik kam, freute sie sich sehr, dass ihre Mama wieder da war. Das Bündel, das Mama mitgebracht und aufs Sofa gelegt hatte, interessierte Heidi überhaupt nicht. Doch auf einmal fing es an sich zu bewegen und sogar zu weinen, da machte Heidi Augen! Als dann ihre Mama das Püppchen auszog, um es zu windeln, und sogar noch stillte, stand sie im Laufgitter, sah mit großen Augen zu und fand es vermutlich unerhört.

Dann holte ich Heidi aus dem Gitter und sie durfte ihr Schwesterchen anfassen und streicheln, aber das wollte sie absolut nicht. Sie fing an, alles Mögliche nach Simonchen zu werfen, ich konnte die beiden nicht unbeaufsichtigt in einem Zimmer allein lassen. Auch später waren die beiden stets eifersüchtig aufeinander und bis heute haben sie nie ein Verhältnis zueinander, wie es Schwestern eigentlich haben sollten.

Da die Finanzlage mehr als bescheiden war, ging Charly nunmehr auf Montage. Damit begann das große Desaster. Der Teufel Alkohol packte meinen Gatten beim Schopf und ließ ihn nie mehr los, bis zu seinem recht frühzeitigem Ende. Dazu kamen ständig andere Frauen, die er, wie er mir allen Ernstes erklärte, befriedigen konnte, ohne mich zu vernachlässigen!

Weihnachten stand vor der Tür und wir fuhren mit Sack und Pack zu Charlys Eltern aufs Dorf. Es war bitterkalt und die Reise – nicht einmal 80 Kilometer – sehr strapaziös. Wir fuhren zuerst mit einem Personenzug, dann mit der Kleinbahn und schließlich noch mit dem Bus. Zurück natürlich noch einmal das Gleiche.

Es wurden sehr schöne und harmonische Tage. Meine Schwägerin Monika kam mit ihrem Mann, und auch das nigerianische Ehepaar war angereist. Charly kam ausnahmsweise fast ohne Alkohol aus und wir hatten alle miteinander sehr viel Spaß. Alle Anwesenden dachten, unsere Ehe verliefe ganz normal und glücklich, keiner konnte von Charlys Eskapaden ahnen. Ich habe immer alles verschwiegen und mit keinem über meine Probleme gesprochen, nur meine Mutter merkte immer, wenn etwas nicht in Ordnung war. Sie sah es mir an den Augen an, ihr konnte ich nichts vormachen.

Gleich nach Neujahr gingen die Saufereien wieder los. Es war ganz schrecklich, ich fühlte mich alleingelassen und unglücklich, aber ich wollte mir von niemandem helfen lassen. Wie auch?

Kein Mensch hatte mir gesagt, dass Charly schon länger ein Alkoholproblem hatte und er auch in punkto Frauen nichts ausließ, was nicht bei drei auf dem Baum war. Sicher hatten alle geglaubt, dass er als Familienvater ein anderer Mensch würde.

Nach dem zweiten Kind konnte ich auch meinen Beruf nicht mehr ausüben. Ich war gewissermaßen zu Hause durch meine Babys festgenagelt, während Charly mal eben Zigaretten holen ging und tagelang wegblieb. Manchmal war er sogar einige Wochen weg, und ich musste wieder einmal zur Polizei, um eine Vermisstenanzeige aufzugeben. Einmal waren es mehr als vier Monate, während der er natürlich auch nicht zur Arbeit ging und ich nicht wusste, wovon ich meine Kinder ernähren sollte. Meine Mutter versorgte uns dann mit ihrem wenigen Verdienst mit. Ich war manchmal kurz vor dem Verzweifeln. Meine Schwägerin Monika unterstützte uns zwar auch, indem sie Sachen, Bananen, Schokolade schickte, eben die Dinge, die damals hauptsächlich in den Westpaketen waren; aber die Miete und die üblichen monatlichen Festkosten mussten ja auch aufgebracht werden. Nur wie?

Irgendwann tauchte Charly plötzlich wieder auf, brachte ein Kuchenpaket mit, gerade so, als wäre er vor einer halben Stunde weggegangen. Er konnte so gar nicht begreifen, dass ich mich nicht über sein Kommen freute. Wir kamen nun beide, ausnahmsweise recht friedlich, zu dem Entschluss, zum Gericht zu gehen und uns in beiderseitigem Einvernehmen scheiden zu lassen. Leider ging das aufgrund der kleinen Kinder nicht so einfach, wie wir dachten. Es müsste einer der Ehepartner eine Klage einreichen mit allen entsprechenden Anträgen und das Ganze natürlich kostenpflichtig. Der Kinder wegen sollten wir uns das alles noch einmal überlegen und es noch einmal miteinander versuchen. Das klappte ein paar wenige Wochen, dann begann das Dilemma von vorn. Eines Tages kam Charly heim mit einer ziemlichen Fahne und wollte mit mir schlafen. Ich konnte seine körperliche Nähe nicht mehr ertragen und wehrte mich natürlich. Er war allerdings der Meinung, dass er dazu das Recht hätte, solange wir verheiratet waren.

Danach sprachen wir ein paar Wochen kein Wort miteinander. Später verhielt er sich dann einigermaßen normal, ging auch wieder arbeiten, allerdings wieder auf Montage.

Ich wartete vergebens auf meine Regel, mit anderen Worten, ich war wieder schwanger! Es war ein schweres Leben mit ständiger Existenzangst, weil Charly aufgrund seines Alkoholkonsums öfter von der Arbeit fernblieb. Ich war durch die Kinder an zu Hause gebunden, zwei Krippenplätze zu bekommen war für eine verheiratete Frau unmöglich.

Eine richtige Wohnung hatten wir auch noch nicht, obwohl ich jede Woche zum Wohnungsamt ging. Wir lebten nach wie vor in zwei Zimmern, ohne richtige Küche, mit einer fremden Frau in derselben Wohnung.

Ich hatte niemanden, mit dem ich mich hätte aussprechen können oder vielleicht auch wollen. Meiner Mutter gegenüber habe ich stets versucht, alles Negative zu vertuschen und zu beschönigen. Ich wollte eben immer allein mit allen Situationen fertig werden.

Knapp 1 ¼ Jahr nach der Geburt von Simone erwartete ich meine dritte Niederkunft. Dieses Mal war ich erheblich dicker als bei den beiden Mädchen, sodass ich Angst hatte, Zwillinge zu bekommen, zumal meine Schwester ein Vierteljahr zuvor ein Zwillingspärchen zur Welt gebracht hatte. Eines späten Abends setzten die Wehen ein, und zwar sehr heftig und in kurzen Abständen. Ich rief vom nächsten Münzer aus meine Schwester an, die dann meine Mutter benachrichtigte und mir einen Krankenwagen bestellte. Charly war nicht nur auf Montage, er war einfach nicht aufzufinden.

Meine Mutter blieb bei den beiden Mädchen und ich fuhr mit Blaulicht in die Städtische Frauenklinik. Die Wehen kamen ununterbrochen und so stark, dass der Fahrer unterwegs anhalten musste und mich dann schnell in die Klinik brachte. Mit Mühe schaffte ich es noch in den Fahrstuhl und in den Kreissaal; die Fruchtblase war noch nicht geplatzt, da kam schon das Baby. Ich war noch total angezogen, die Schwestern streiften mir schnell und mühsam die Strumpfhosen herunter, da war mein Söhnchen auch schon da! »Unter der Glückshaube« geboren, meinten die Schwestern. Der dritte Versuch war ein Junge, stolze 49 Zentimeter und knapp 6 Pfund. Ganz im Gegensatz zu seinen Schwestern hatte der kleine Kerl jede Menge blonde Haare. Wir nannten ihn Axel.

Charly freute sich besonders, jetzt hatte er einen kleinen »Lord«. Bald ging er wieder auf Montage und ich hatte ganz schön zu tun mit meinem Baby und den beiden kleinen Mädchen.

Die Wohnung war nun wirklich viel zu klein und ich ging weiterhin ständig zum Wohnungsamt. Der zuständige Beamte meinte, ich dürfte mir eben keine Kinder anschaffen, wenn ich keine Wohnung hätte! Ich war entsetzt und schrieb einen bitterbösen Beschwerdebrief, aber eine Wohnung bekam ich trotzdem nicht. Ich sollte mich selbst nach einer leerstehenden Wohnung umsehen, wenn ich dringend eine brauchte.

Eines Nachmittags, die Mädchen schliefen, ich hatte in der Küche zu tun und Charly sollte den kleinen Klettermaxe Axel, der inzwischen etwas über ein Jahr alt war, beaufsichtigen, hörte ich plötzlich ein Kinderstimmchen sehr laut »Wau wau« rufen. Das kam mir irgendwie spanisch vor, so ging ich ins Zimmer nachsehen. Mir blieb vor Schreck fast das Herz stehen! Axel kniete auf dem Fensterbrett, das Fenster natürlich offen. Mit seinen Händchen stützte er sich draußen auf das Fensterblech und rief die Hunde, die auf der Straße vorübergingen. Sein Vater lag auf dem Sofa und schlief! Ich schlich mich ganz leise ans Fenster, packte den kleinen Kerl von hinten und zog ihn vom Fensterbrett. Danach schloss ich das Fenster und verpasste dem Trottel von Vater rechts und links eine schallende Ohrfeige und beschimpfte ihn wüst. Er war mächtig erschrocken und ich unglaublich wütend über so viel Nachlässigkeit. Nicht auszudenken, wenn der Kleine aus dem Fenster gestürzt wäre!

Axel hatte von klein auf stets den Drang, etwas zu untersuchen oder auszuprobieren, er war ein ungemein ideenreiches, experimentierfreudiges Kind.

Eines Nachmittags, im Herbst 1965, waren wir alle vier auf Besuch bei meiner Mutter. Axel saß auf einem Sessel neben einem Schränkchen, auf dem der Fernseher stand. Heidi und Simone spielten mit kleinen Plastikbärchen, die sie von ihrer Oma geschenkt bekommen hatten. Plötzlich warf Heidi ihr Bärchen ziemlich schwungvoll zu Axel. Um es nicht an den Kopf zu bekommen, duckte er sich schnell zur Seite, verlor dabei das Gleichgewicht und fiel vom Sessel. Mit dem Kopf knallte er an die Glasschiebetür des Schränkchens. Diese ging lautstark zu Bruch – ich wagte nicht hinzusehen! Axel saß auf dem Boden und die obere Hälfte der Glastür fiel auf seinen Kopf. Ich fürchtete das Schlimmste, aber er lebte noch und schrie wie am Spieß. Er blutete wahnsinnig stark, kein Verbandszeug und kein Telefon in der Nähe. Ich hob ihn auf, drückte ein Handtuch auf die große Schnittwunde und rannte mit ihm zum Polizeirevier, das sich glücklicherweise in der nächsten Querstraße befand. Dort legte man ihm einen Notverband an und organisierte einen Krankentransport zur Kinderchirurgie. Die Wunde wurde sofort genäht; die Narbe sieht man heute noch.

Das war der erste von vielen Besuchen in der chirurgischen Kinderklinik, wo Axel bald so bekannt war, dass die Schwestern ihn schon am Eingang mit Namen begrüßten.

Ein paar Wochen nach diesem Unfall folgte schon der nächste, nicht minder schwere.

Axel wollte eine Tür öffnen – die Verbindung zwischen Wohn- und Kinderzimmer –, aber er war zu klein, um an die Klinke zu reichen. Natürlich wusste er sich zu helfen und holte sich einen Hocker an die Tür. Dieser hatte lange, runde Beine. Mein Söhnchen kletterte hinauf, erfasste die Klinke, wobei der Hocker umfiel, und Axel knallte mit dem Kinn zuerst auf ein Hockerbein. Gepolter und Geschrei! Ich kam aus der Küche gestürzt – und hatte das Gefühl mein, Herz bleibe stehen. Auf dem Fußboden eine Blutpfütze und mittendrin einer von seinen gerade mal vier Zähnchen, die er hatte. Sein Unterkiefer war dick und blutig, er hatte sehr starke Schmerzen.

Außer diesen beiden verheerenden gab es noch einige etwas weniger schlimme Unfälle und damit Krankenhausbesuche.

Inzwischen war ich 25 Jahre alt und meine Ehe die absolute Hölle. Ich hatte die Hoffnung aufgegeben, dass sich mein Gatte je ändern würde. So hatte ich die Scheidungsklage eingereicht, mit dem Antrag auf das Sorgerecht für alle drei Kinder. Sie waren zu dieser Zeit fünf, vier und zwei Jahre alt. Gerechterweise muss ich zugeben, dass Charly seine Kinder liebte, vorausgesetzt, er war zu Hause. Auch die Kinder liebten ihren Vater, sie waren gewöhnt, dass er oft nicht zu Hause war, und freuten sich, wenn er kam und mit ihnen spielte.

Nach einigen Tagen bekam mein Mann die Scheidungsklage zugestellt und sollte eine Stellungnahme abgeben. Er reagierte wie der »Stier von Toledo«, ich dachte schon, er bringt mich auf der Stelle um. Charly tobte und drohte mir laut-stark, sodass unsere Mitbewohnerin laut an unsere Zimmertür klopfte. Am nächsten Tag sprach ich mit meiner Mutter, die daraufhin zu uns kam und zu unserem Schutz dableiben woll-te. Charly sollte gefälligst dort schlafen, wo er die letzten Tage war, oder auf die Baustelle fahren, wo er eigentlich ohnehin hätte sein müssen.

Am folgenden Wochenende kam er zurück und wollte in die Wohnung, aber wir hatten die Türen abgeschlossen (im Einvernehmen mit unserer Mitbewohnerin). Die beiden Mäd-chen hatten natürlich auch große Angst und sie klammerten sich an mich, weil ihr Vater tobte. Nach einer Weile schien sich die Lage entspannt zu haben, Charly war vermutlich gegan-gen. Aber es schien eben nur so! Plötzlich ein Poltern im Bad – Charly war durchs Fenster eingestiegen, obwohl wir im ersten Obergeschoss wohnten. Ich ging auf den Flur, um nachzuse-hen, was da in der Wohnung polterte, da packte mich Charly und stieß mich in unser Wohnzimmer. Die Kinder sperrte er ins Kinderzimmer – es ging alles blitzschnell. Er warf mich auf die Couch und drückte mir mit aller Kraft ein Sofakissen aufs Gesicht. Ich wehrte mich, trat mit den Füßen um mich; die Kinder schrien. Zu meinem Glück bekam unsere Mitmiete-rin das Theater mit, kam plötzlich in unser Zimmer und zog Charly von mir herunter. Diese Frau hat mir, glaube ich, das Leben gerettet.

Am nächsten Tag ging ich zur Polizei, aber da ich noch leb-te, konnten sie angeblich nichts machen. Sie rieten mir, zum Gericht zu gehen, um eine richterliche Anordnung zu erwir-ken, die meinem Mann verbot, in meine Nähe zu kommen und die Wohnung zu betreten.

Die nächsten Tage hatte meine Mutter uns alle vier mit zu sich in die Wohnung genommen, aus Angst und Vorsicht, da sie Charly nicht traute. Irgendwann bekam ich vom Gericht die Nachricht, dass mein Ehemann ebenfalls das Sorgerecht für alle Kinder beantragt hatte, woraufhin sie das Jugendamt benachrichtigen und einschalten mussten. Ein Gerichtstermin gemeinsam mit Mitarbeitern des Jugendamtes wurde angeordnet, um den Streit bezüglich des Sorgerechts zu schlichten und die Anträge so zu stellen, dass das Wohl der Kinder berücksichtigt würde. Charly wollte die Kinder, sonst würde er nie in eine Scheidung einwilligen! Das war natürlich unrealistisch, und so wollte er wenigstens seinen Sohn. Das wurde von vornherein ausgeschlossen, da Axel noch viel zu klein war, um ohne seine Mutter auskommen zu können, er war gerade zwei Jahre alt. Als Nächstes ging es um Simone. Da sie übermäßig stark an mir hing und zeitweilig sogar Angst vor ihrem Vater hatte, konnte auch sie nicht zu ihm. So wurden wir uns dahingehend einig, dass Charly das Sorgerecht für Heidi beantragen würde, zumal sie den innigsten Kontakt zu ihrer Großmutter väterlicherseits hatte. In diesem Sinne wurden die Anträge der beiden Prozessparteien schriftlich fixiert und die Scheidungsklage formuliert. Es war die einzige Alternative, um allen gerecht zu werden.

Die folgenden Wochen kam mir mein Noch-Ehemann nicht unter die Augen. Meine Mutter unterstützte mich in jeder Hinsicht, ohne sie hätten wir gar nicht existieren können. Ich war ziemlich fertig und am Boden zerstört, aber jetzt hatte ich Hoffnung, dass wir irgendwann ein harmonischeres Leben führen konnten.

Eines Abends hatte meine Mutter einige Kolleginnen und Kollegen zu sich nach Hause eingeladen, ich war natürlich auch dabei. Ich kannte ohnehin die meisten von ihnen. Allerdings war auch ein junger Student aus Westafrika dabei, der in dieser Abteilung ein Praktikum absolvierte. Ich kannte ihn nur vom Erzählen und wusste, dass er der Schwarm vieler junger Damen im Amt war. Irgendwie waren wir uns vom ersten Blick an sehr sympathisch. Er war so ganz anders als mein Mann, er strahlte innere Ruhe und Harmonie aus, genau das, was mir während der letzten Jahre gefehlt hatte. Außerdem trank er keinen Alkohol und war ungewöhnlich intelligent.

Wir unterhielten uns alle gemeinsam, tranken ein Gläschen miteinander. Es war ein sehr netter, angenehmer, unterhaltsamer Abend. Ich musste als Erste die Gesellschaft verlassen, da ich nach Hause zu meinen Kindern musste. Unterwegs holte mich der besagte junge Mann ein und begleitete mich nach Hause. Wir trafen uns danach öfter, es entwickelte sich eine sehr tiefe Zuneigung, obwohl wir beide wussten, dass er nach Beendigung seines Studiums wieder in seine Heimat zurück musste. Unsere Liebe war leider zeitlich sehr begrenzt. Und wie konnte es auch anders sein – ich wurde schwanger!

Endlich kam der Gerichtstermin, allerdings erschien mein Gatte nicht. Im Protokoll steht Folgendes:

Im Rechtsstreit Becker gegen Becker wegen Ehescheidung

Erscheinen bei Aufruf:
1. Die Klägerin
2. Für den Verklagten niemand

Entschuldigungsschreiben des Verklagten liegt nicht vor. Die Klägerin erklärt, dass sie nicht angeben kann, wo sich der Verklagte zur Zeit aufhält. Seit dem ersten Termin sei er gestern erstmalig wieder in der ehelichen Wohnung erschienen. Im Laufe des heutigen Vormittags sei der zuständige ABV in ihrer Wohnung erschienen und habe nach dem Verklagten gefragt. Durch den ABV habe sie erfahren, dass der Verklagte seit mehreren Wochen der Arbeit ferngeblieben sei.
Beschluss: Der heutige Termin wird aufgehoben. Der Klägerin wird aufgegeben, dem Gericht unverzüglich

die ladungsfähige Anschrift des Verklagten anzuzeigen. Neuer Termin nach Eingang von Amtswegen.

(Zur Erklärung: ABV bedeutet Abschnitts-Bevollmächtigter der Volkspolizei)

Ich konnte es nicht glauben. Wie sollte ich denn Charlys Anschrift herausfinden?! Er wohnte ständig bei irgendwelchen Frauen und mir sagte er ganz bestimmt nicht, wo und bei wem! Aber da ich ja unbedingt schnell die Scheidung wollte, musste ich mir etwas einfallen lassen.

So ging ich zum zuständigen Polizeirevier, um eine Vermisstenanzeige aufzugeben. Der Beamte machte mir nicht viel Hoffnung, dass er mir schnell helfen könne, er sagte, es gebe Menschen, die jahrelang untertauchen. Na toll!

So lange dauerte es dann aber doch nicht, und der nächste Gerichtstermin war 3 ½ Monate später. Wieder war Herr Becker nicht anwesend, sodass nur Sachverhalte geklärt werden konnten, aber die eigentliche Verhandlung nicht durchgeführt wurde. Allerdings mit der Maßgabe, dass wir, falls er nächstes Mal wieder nicht erscheine, wir in seiner Abwesenheit geschieden würden.

Wieder zwei Monate später war dann die Verhandlung angesetzt, und mein Mann war sogar erschienen, und zwar in Begleitung der Frau, bei der er seit einigen Wochen lebte. Sie wurde auch als Zeugin befragt.

Endlich wurden wir geschieden, und entsprechend der Anträge und Gutachten bekam Charly das Erziehungsrecht für unsere älteste Tochter Heidi, und ich bekam das Erziehungsrecht für Simone und Axel.

Finanziell sah es bei uns mehr als trübe aus, da mein Ex-Gatte, der zur Unterhaltszahlung für uns drei verdonnert wurde, fast oder gar nicht arbeiten ging. So versorgte zur Überbrückung weiterhin meine Mutter uns aus ihrem geringen Einkommen mit.

Heidi musste nun wohl oder übel mit ihrem Vater mitgehen. Sie wohnten bei der Frau G. in Dresden, die Heidi nie so richtig als ihre Stiefmutter betrachtet hatte, zumal diese selbst eine etwas ältere Tochter hatte. Es tat mir schon sehr weh, mich von meiner ersten Tochter zu trennen. Mit Sicherheit litt auch sie unter der Trennung, sie war ja gerade mal sechs Jahre alt.

Charly und ich hatten uns geeinigt, dass an den Wochenenden Simone und Axel zu ihm kamen und Heidi dann zu mir. Dies machte das gesamte Dilemma etwas erträglicher, aber die Kinder waren dadurch fast immer getrennt.

Ich wurde immer runder und hoffte, dass sich die Frauenärztin verrechnet hatte und mein Baby doch schon früher kommen würde. Der Sommer ging bald zu Ende und ich blieb mit Axel und Simone bei meiner Mutter, um nicht allein zu sein mit den Kindern, wenn die Wehen einsetzten.

Endlich war es so weit und ich brachte eine ganz süße Tochter mit pechschwarzen Haaren und ebensolchen Augen zur Welt. Sie war 50 Zentimeter groß und über 3000 Gramm schwer; ich nannte sie Nicole.

Als wir nach ein paar Tagen endlich die Klinik verlassen durften, war natürlich zu Hause die Freude groß. Axel hüpfte vor Vergnügen, dass endlich seine Mama wieder da war und dann noch so eine süße kleine Schwester mitgebracht hatte. Von nun an war Nicole der Mittelpunkt, sie wurde von allen geliebt und verwöhnt.

Nicoles Vater hätte schon vor ihrer Geburt wieder in seine Heimat fahren müssen, deshalb war er für ein paar Monate nach Paris und Salzburg gereist. In nichtsozialistischen Ländern konnte er sich so lange aufhalten, wie er wollte, aber das sozialistische Wirtschaftsgebiet musste er nach Beendigung seines Studiums verlassen. So kam er dann für ein paar Tage zu uns, um seine Tochter wenigstens einmal zu sehen. Er hätte sie am liebsten mitgenommen, aber wir hätten sie niemals hergegeben.

Wir gingen dann noch zusammen zu seiner Hochschule, da diese die Papiere und das Flugticket für ihn besorgt hatte. Das war das Ende einer wunderschönen Romanze. Ich dachte, da ich ja inzwischen schon 27 Jahre alt war, die Jugend sei ohnehin vorbei, und als Trost hatte ich ja meine kleine süße Puppe, die mich stets an ihn erinnern würde. Von nun an wollte ich Mutter und gleichzeitig Vater für sie sein, damit sie nicht zu kurz kam. Nicole war zu der Zeit drei Monate alt – und leider hat sie ihren Vater nie richtig kennengelernt.

Eine Etage über uns wohnte ein älteres Ehepaar, das beabsichtigte auszuziehen. So hatte ich jetzt endlich eine demnächst leer stehende Wohnung, die ich zu unserer Freude auch bekam. Die Wohnung umfasste drei Zimmer, Bad, Küche und Klo auf der halben Treppe. Allerdings musste ich noch sehr viel tun, um sie brauchbar zu machen, sie war total abgewohnt. Aber es musste ja nicht alles auf einmal sein. Der Umzug war sehr praktisch, einfach eine Etage höher, das sparte natürlich die Umzugskosten. Endlich eine eigene Wohnung für mich und die Kinder! Das war ein tolles Gefühl.

Die acht Wochen Schonzeit nach der Entbindung waren vorbei und ich bekam für die kleine Nicole einen Platz in der Wochenkrippe des Fernmeldeamtes, außerdem vom Stadtbezirk zwei Kindergartenplätze für Simone und Axel. Jetzt konnte endlich ein neues Leben beginnen, ich konnte arbeiten, Geld verdienen und war nicht mehr auf die Hilfe anderer angewiesen. Die ersten paar Monate arbeitete ich in der Abrechnungsstelle für Fernmeldegebühren, da momentan keine Zeichnerinnen gebraucht wurden. Später konnte ich dann wieder in meinem Beruf arbeiten, allerdings in einem völlig anderen Sachgebiet, nämlich als Elektrozeichnerin. Am Anfang waren das für mich »böhmische Dörfer«, aber ich arbeitete mich schneller als gedacht ein. Ich fühlte mich seit Langem richtig wohl, fast wie ein neuer Mensch. Es tat mir auch gut, wieder unter anderen Menschen zu sein.

Trotzdem war es nicht so einfach. Ich musste sehr früh aufstehen, die Kinder wecken, ihnen beim Anziehen und Waschen helfen, Frühstück machen und sie dann in den Kindergarten bringen. Montags war es am schlimmsten, da musste ich nach dem Kindergarten die Kleinste in die Wochenkrippe bringen. Dort musste ich sie nackt ausziehen und der Schwester übergeben. Das war das Schlimmste überhaupt, Nicole schrie wie am Spieß und klammerte sich mit ihren kleinen Händchen an mir fest. Das zerriss mir jedes mal fast das Herz. Montags früh hatte ich dann die ersten zwei Stunden im Büro eine ganz miese Laune, sodass ich, entgegen meinen sonstigen Gewohnheiten, einfach die Türen hinter mir zugeknallt habe. Aber bald kam dann wieder meine gute Laune zum Vorschein. Ich konnte glücklicherweise schon immer schnell abschalten und mich aufs Wesentliche konzentrieren.

Der Arbeitstag ging von morgens 6.45 bis 16 Uhr. Danach ging's im Schweinstrab die Kinder einsammeln und dann, wenn nichts anderes anlag, nach Hause. Bis zum Abendessen beschäftigte ich mich mit den Kindern und brachte sie dann beizeiten ins Bett, da sie ja morgens zeitig aufstehen mussten. Wenn die Kinder schliefen, musste ich alles wegräumen und die Sachen für den nächsten Tag bereitlegen; darüber hinaus war fast jeden zweiten Tag Wäsche zu waschen – ohne komfortable Waschmaschine – und zu bügeln. Klamotten für die Kleinen waren zu nähen und zu stricken, denn fertig zu kaufen gab es nicht viel Schönes. Langeweile hatte ich nie, ich war auch für alle handwerklichen Arbeiten wie tapezieren und vieles mehr zuständig.

Heidi wohnte bei ihrem Vater, und ihre Einschulung stand unmittelbar bevor. Ich hatte ein sehr hübsches pinkfarbenes Kleid für sie erwischt. Es passte und stand ihr ausgezeichnet.

Ihr Vater hatte uns erlaubt, gemeinsam mit allen Geschwistern, meiner Mutter, meiner Schwester und deren Kindern nachmittags Kaffee zu trinken. Leider war es sehr selten, dass alle vier Geschwister zusammen sein konnten.

Die neue Partnerin von Charly erkrankte schwer und kam ins Krankenhaus. Er selbst war auf Montage oder irgendwo unterwegs, sodass Heidi vorübergehend zu uns kam. Das war zunächst ein ziemliches Problem für mich; ich hatte erst kürzlich die Arbeit aufgenommen und wusste wirklich nicht, wohin tagsüber mit Heidi. Es waren gerade Schulferien, und sie durfte mit ihren Geschwistern in den Kindergarten kommen. Dank des netten Personals!

Finanziell sah es immer noch ziemlich trübe aus, da Charly auch weiterhin oft von der Arbeit fernblieb und ich fast nie Unterhaltszahlungen bekam. Für Nicole bekam ich, da es kein Abkommen zwischen der DDR und der Heimat ihres Vaters gab, nie einen Pfennig Unterhalt. Sie war gewissermaßen mein Luxus. Gegen Charly musste ich mehrmals klagen, aber im Endeffekt bekam ich trotzdem fast nie Geld für die Kinder. Mein Ex-Gatte war und blieb ein haltloser und verantwortungsloser Mensch. Der schöne Spruch: »Viele Kinder sind ein Segen, schon der Alimente wegen!« war für mich nicht zutreffend.

Da mein Gehalt als Zeichnerin auch nicht gerade üppig war, machte ich in der Weihnachtszeit freiwillig für ein paar Mark zusätzlich, nachts oder am Wochenende Paketeinsätze. Zu Zeiten der Mauer wurden alle Pakete aus dem Ausland, sprich BRD, durchleuchtet und vom Zoll kontrolliert. Wir, die Mitarbeiter der Post, mussten die Pakete öffnen, auspacken und dann vom Zoll begutachten lassen, danach wieder einpacken. Da Weihnachten immer eine Flut von Paketen hier ankam, konnte ich einige Schichten übernehmen und so den Etat aufbessern und den Kindern Geschenke kaufen.

Ein Jahr nach Heidi kam Simone in die Schule, ein weiteres Jahr später Axel. Nicole war inzwischen drei Jahre alt und konnte in den Kindergarten gehen. Wunderbar, endlich nie mehr in die Krippe, wobei zu unserer großen Freude während der letzten Wochen die Betreuung dort nur noch tagsüber war und die Kleine jeden Tag nach Hause konnte.

Eines Tages starb Charlys schwer kranke Partnerin, sodass Heidi vorübergehend bei uns wohnen sollte. Sie kam mit einem Koffer Klamotten, hauptsächlich Unterwäsche, und zwar gebrauchte von der Tochter ihrer »Stiefmutter«, kaum Oberbekleidung. Darüber hinaus hatte Heidi Läuse mitgebracht. Sie hatte sehr starkes und langes Haar, was das Prozedere sehr erschwerte. In der Apotheke hatte ich eine große Flasche ätzendes und stinkendes Shampoo gekauft und der ganzen Familie die Haare gewaschen, aber damit war es noch nicht getan. Meine Große hatte den ganzen Kopf voll mit Nissen, die ich auch noch entfernen musste. Bei den langen Haaren war das aussichtslos, wir mussten wohl oder übel die Haare abschneiden. Heidi wehrte sich buchstäblich mit Händen und Füßen, aber es blieb keine andere Wahl. Schließlich überlistete ich sie, flocht ihr einen Zopf und schnitt diesen dann mit Hilfe meiner Mutter ab. Heidi war außer sich, sie tobte wie ein wilder Stier und lief weg. Irgendwann war es ihr auf der Straße zu kalt und sie kam zurück. Dafür hasste sie mich.

Die folgenden Wochen und Monate waren alles andere als schön, Heidi wollte sich überhaupt nicht einfügen, auch mit ihren Geschwistern hatte sie nur Streit. Es war eine schlimme Zeit, ich verlor an Kraft und Nerven, denn ich musste ja schließlich täglich zur Arbeit und auch meine anderen drei Kinder brauchten mich. Es blieb mir nichts anderes übrig, als Charly zu bitten, sie wieder zu sich zu nehmen.

Er lebte inzwischen in Halle, wo er arbeitete und eine neue Partnerin gefunden hatte. Diese hatte auch eine etwas ältere Tochter, aber Heidi fühlte sich nie richtig wohl in dieser Familie. Doch letztlich war sie durch ihr Verhalten schuld, dass sie dorthin musste.

III.

In das Kollektiv, in dem ich nun als Technische Zeichnerin arbeitete, arbeitete ich mich gut ein und freundete mich mit einigen Kolleginnen auch privat an. Bei Bedarf unterstützten sie mich, beispielsweise brachte eine Kollegin meine Nicole, als sie noch ein Baby war, in die Krippe und holte sie auch wieder ab, während ich krank zu Hause im Bett lag. Eine andere half mir bei Malerarbeiten und vieles mehr. Mit einer Kollegin machte ich zusammen mit meinen Kindern ein paar Tage Urlaub in Leipzig.

Vor unserer Abfahrt sorgte Axel wieder einmal für Aufregung. Wir standen mit Nicole am Fahrkartenschalter, um Tickets zu kaufen, während Axel sich in der Umgebung umsehen wollte. Als wir zum Bahnsteig gehen wollten, war Axel einfach verschwunden. Die Abfahrtszeit rückte näher, aber alles Suchen und Rufen war ergebnislos, Axel war einfach nicht aufzufinden. Ich bekam es schon mit der Angst zu tun, einerseits konnte ihm etwas zugestoßen sein, andererseits konnte der Zug ohne uns abfahren. Plötzlich bewegte sich etwas bei den Gepäckfächern – Axel hatte sich in einem solchen Fach versteckt und kam zwar wohlbehalten, aber völlig verdreckt herausgekrochen. Unseren Zug erreichten wir noch gerade eben.

Im Fernmeldeamt lernte ich auch meine beste Freundin Carla kennen. Wir mochten uns auf Anhieb und unsere Freundschaft dauerte über Jahrzehnte bis zu ihrem viel zu frühen Tod. Sie war eine ungewöhnliche, bemerkenswerte Frau. Carla war auch geschieden und hatte einen Sohn, etwas jünger als mein Axel. Bei ihrer Scheidung bekam ihr Mann das Erziehungsrecht, da er sich einen besseren Anwalt leisten konnte.

Nichtsdestotrotz hatte Carla mit ihrem Sohn regelmäßigen Kontakt. Der Junge hing sehr an seiner Mutter.

Carla war eine der ersten weiblichen Ingenieure im Fernmeldewesen, dazu natürlich Genossin. Zu der Zeit, als ich sie kennenlernte, absolvierte sie gerade ein zweites Hochschulstudium in den Fachrichtungen Ökonomie und Datenverarbeitung.

Während des besagten Fernstudiums lernte sie einen Mann gleichen Namens und gleichen Vornamens wie den ihres geschiedenen Mannes kennen und lieben. Kurioserweise hatten die beiden Männer am Telefon eine zum Verwechseln ähnliche Stimme, was einige Male zu lustigen Episoden führte.

Wir verstanden uns blendend, verbrachten viel Freizeit miteinander, auch mit den Kindern, und waren eigentlich immer füreinander da. Leider hatte sie ein erhebliches gesundheitliches Handicap und wurde mehrmals operiert. Sie bekam, was zu der Zeit recht selten war, künstliche Gelenke in den Knien und den Hüften eingesetzt. Doch niemals beklagte sie sich, obwohl es ihr manchmal sehr schlecht ging. Sie war eine sehr starke Frau, die auch stets frei heraus ihre Meinung sagte, weshalb sie aus der Partei geworfen wurde. Das war natürlich nicht förderlich für ihre Karriere, und aus der geplanten Promotion wurde nichts.

Bis zur Wende waren wir Kolleginnen, danach hatten wir weiterhin privaten Kontakt, der allerdings aus Zeitgründen sehr eingeschränkt war.

Auf meiner Arbeitsstelle fühlte ich mich immer sehr wohl. Irgendwann hatte ich eine Beziehung mit einem Kollegen, der mir von Anfang an versprochen hatte, sich scheiden zu lassen. Getan hat er es allerdings nie, dafür nach sechs Jahren seine Frau.

Im Sommer 1970 konnte ich mit meinen Kindern das erste Mal richtig in den Urlaub fahren. Wir hatten einen Ferienplatz in Form eines Bungalow in Binz auf der Insel Rügen bekommen. Wunderbar! Das Wetter meinte es gut mit uns, an allen vierzehn Tagen schien die Sonne. Auch wenn die lange Hin- und Rückreise mit mehrmaligem Umsteigen, dem Warten auf die Anschlüsse und dem vielen Gepäck für die Kinder und mich recht beschwerlich war, hätte ich um nichts auf der Welt auf diesen Urlaub verzichtet, vor allem der Kinder wegen. Außerdem konnten wir Nicoles Sportwagen zum Gepäcktransport nutzen, und da wir uns selbst versorgen mussten, leistete er uns auch gute Dienste beim Transport unserer Lebensmitteleinkäufe zum Campingplatz. Es waren zwei sehr schöne und erlebnisreiche Wochen für die Kinder und auch für mich.

Zum folgenden Jahreswechsel fuhr ich mit meinen drei Kindern und zwei Kolleginnen in ein Betriebsferienheim nach Thüringen. Wir schliefen allesamt in einem Schlafsaal, der im Sommer das Kinderferienlager beherbergte, in Doppelstockbetten. Es lag sehr viel Schnee und wir unternahmen schöne Wanderungen mit dem Schlitten. Axel konnte sich richtig austoben, was er auch, nicht immer zu meiner Freude, an allen Fronten tat. Dafür ging es mir nach der Silvesterparty sehr elend. Ich hatte mich zu sehr verausgabt und eine ungewohnte Menge Alkohol getrunken. Unterm Strich waren es für uns alle wunderschöne erholsame Tage. Na ja – bis auf den Neujahrstag.

Das Fernmeldewesen fand ich sehr interessant und ich hatte mich schnell in dieses Fachgebiet eingearbeitet, schneller und besser, als ich anfangs dachte. Wir beschäftigten uns sowohl mit dem Fernmeldeverkehr als auch mit der Fernmeldetechnik. Darüber hinaus musste ich EDV-Lehrgänge besuchen, ohne die es auch bei uns in der DDR nicht mehr ging. Es war sehr interessant.

Im Zuge einer Umstrukturierung wurde unser gesamtes

Kollektiv vom Institut für Post- und Fernmeldewesen übernommen. Ich besuchte einige Lehrgänge, meistens in Berlin oder auch in Dresden, während sich meine Mutter um die Kinder kümmerte. Es machte mir ungeheuren Spaß; unter anderem lernte ich, als Operator Großrechner zu bedienen.

Das Ziel war es, das Fernmeldewesen zu optimieren und zu modernisieren. Auch organisatorische Lehrgänge besuchte ich in Berlin, wo ich dann jedes Mal auf Einkaufstour ging, um bestimmte Dinge mitzubringen, die es bei uns nicht gab: beispielsweise besondere Lebensmittel, Wasch- und Spülmittel, Kosmetika und schicke Schuhe, für die ich schon immer eine große Schwäche hatte. Der erste Gang morgens aus der S-Bahn in die Markthalle am Alexanderplatz galt der Frage, ob es Bananen für die lieben Kinderchen gab.

Eines Tages, es muss im Herbst 1972 gewesen sein, kam mein Sohn bis zum späten Abend nicht nach Hause. Ein Telefon, damals Luxus, besaß ich leider nicht. So lief ich zu Axels Klassenkameraden, befragte alle möglichen Kinder und Leute, die irgendetwas über den Verbleib meines Söhnchens hätten wissen können. Zwischendurch machte ich Abendessen für die Mädchen und brachte sie ins Bett. Schließlich brachte ich in Erfahrung, dass Axel nicht allein, sondern mit einem anderen Jungen unterwegs war. Eine Klassenkameradin hatte ihnen etwas Brot mit auf den Weg gegeben und versprochen, nicht zu petzen.

Es wurde langsam Mitternacht und keine Spur oder Lebenszeichen von den Ausreißern. So ging ich zum nächsten Polizeirevier, um eine Vermisstenanzeige aufzugeben. Ich war ziemlich verzweifelt und mit meiner Kraft fast am Ende. Der Polizeibeamte versuchte mich zu beruhigen und zeigte mir eine lange Liste von am selben Tag als vermisst gemeldeten Kindern. Er meinte, ich solle mir keine Sorgen machen, die meisten tauchten stets am nächsten Tag wieder auf. Ich gab ihm noch Auskunft über die Adressen von Verwandten und Bekannten und darüber, ob sie irgendwo einen Garten hätten. Das Letztere musste ich leider verneinen. Die gleichen Auskünfte holte sich die Polizei noch von der Mutter des anderen Ausreißers. Falls die Polizei etwas herausfinden sollte, würden sie mich sofort informieren. Ich lief wieder nach Hause, machte mir einen starken Kaffee und ließ und mir alle möglichen Gedanken durch den Kopf gehen. An Schlafen war natürlich nicht zu denken.

Nachdem die Mädchen wie gewohnt in der Schule beziehungsweise im Kindergarten waren, nahm ich ein paar Beruhigungstabletten und legte mich etwas hin. Irgendwann schlief ich auch ein, aber dann kamen wieder quälende Gedanken. Da ich eine eventuelle positive Meldung nicht verschlafen wollte, brühte ich mir wieder einen starken Kaffee und wartete und grübelte.

Gegen Abend, die Mädchen waren schon schlafen gegangen, klingelte es. Zwei Beamte von der Kripo standen vor der Tür – ohne Axel. Mir fuhr ein eisiger Schreck durch den Körper. Sie berichteten, dass sie noch keine Spur hatten, und meinten, ich solle mir keine Sorgen machen, sie würden den Ausreißer schon finden.

Wieder eine Nacht mit abwechselnd starkem Kaffee und Beruhigungstabletten. Gegen Mittag des folgenden Tages klingelte es wieder, ich ging zur Tür – und ein Stein fiel mir vom Herzen! Da standen die beiden Kripo-Männer, in ihrer Mitte Axel, völlig verdreckt, und dazu stank er ganz fürchterlich nach abgestandenem Zigarettenrauch, Schweiß und was weiß ich sonst noch. Am liebsten hätte ich ihm eine gehörige Ohrfeige verpasst, aber ich war wie gelähmt. Ich war völlig neben der Spur, aber sehr glücklich, meinen »verlorenen« Sohn wieder unverletzt vor mir stehen zu sehen.

Zunächst bekam ich keinen Ton heraus, dann kehrten langsam die Lebensgeister zurück und ich konnte meinen Dreckspatz erst einmal in die Badewanne setzen. Die beiden Polizisten konnten mir jetzt berichten, wie und wo sie die beiden Ausreißer aufgegriffen hatten.

Es stellte sich heraus, dass die Großmutter des anderen Jungen irgendwo am Stadtrand einen Garten hatte. Streifenpolizisten hatten dort die Beobachtung aufgenommen. Zu dieser Jahreszeit war der Gartenverein natürlich fast ausgestorben, keine Menschenseele weit und breit. Irgendwann tauchten die beiden Kerlchen auf, sie hatten sich gerade Zigaretten und Streichhölzer sowie etwas Essbares in der nächstgelegenen Kaufhalle geklaut, da sie beide keinen Pfennig Geld hatten. Als sie in der Nähe der Laube einige Männer erblickten, rochen sie Lunte und hauten ab. Gleich darauf wurden sie eingeholt und gefasst. Die Gartenlaube hatte einen kleinen niedrigen Dachboden, dort lag etwas Stroh, auf dem sie geschlafen hatten. Da es kalt war, besonders nachts, hatten sie Zigaretten geraucht?! Nicht auszudenken, wenn die Bude abgebrannt wäre!

Axels Kommentar: »Mama, wenn ich gewusst hätte, dass du dich so sehr darüber ärgerst, hätte ich das nicht gemacht!«

Einige Jahre später kam Axel wieder einmal abends nicht nach Hause. Da ich ja jetzt seine Abenteuer- und Unternehmungslust besser kannte, machte ich mir zunächst nicht so viele Sorgen wie das erste Mal. Außerdem war er inzwischen etwas älter geworden und damit nicht mehr ganz so verletzlich. Auf der anderen Seite war Axel ein sehr gutgläubiges und leicht beeinflussbares Kind. Mit anderen Worten, man konnte ihn »mit einer Brotrinde aus dem Urwald locken«.

Ich dachte: ›Er wird schon noch kommen.‹ Allerdings musste ich am nächsten Morgen nach Berlin auf Dienstreise, mit dem ersten Zug, so gegen 6.2o Uhr. Also war nicht mehr viel Zeit zum Schlafen. Als es fast Mitternacht war, ging ich wieder einmal zum Polizeirevier, meinen Sohn als vermisst zu melden.

Kurz nach 4 Uhr kamen abermals zwei junge Männer von

der Kripo – mit meinem »Goldsohn«. Der Sachverhalt war etwas einfacher als das erste Mal. Axel wollte die nächtlichen Lichter von der Stadt gern einmal von oben sehen. So ging er am frühen Abend in ein Hochhaus. Er ging allen Menschen aus dem Weg und versteckte sich hinter den Sitzgarnituren in den Fensternischen in einigen Etagen. Es wurde langsam Feierabendzeit und er glaubte sich allein. Draußen wurde es schnell dunkel und Axel fand es faszinierend, die Stadt bei Nacht, allein und ungestört, von oben zu betrachten. Plötzlich kam Wachpersonal durch das Gebäude; er war gerade auf einer Couch eingenickt. Der Nachtschwärmer erschrak, schnellte hoch und entkam mit Mühe und Not.

Draußen auf der nächtlichen Straße kam ihm noch eine tolle Idee. Es war so super allein in der nächtlichen Stadt, sodass er zu einem Interhotel in der Prager Straße, dem damals besten Hotel in Dresden, ging. Er beobachtete, was in der Rezeption passierte, um in einem passenden Moment vorbeizuhuschen und im Fahrstuhl nach oben zu fahren.

Ich weiß nicht, in welchen Umfang Axel »sein« Hotel erforscht hatte, jedenfalls wurde er in einer Wäschekammer erwischt und der Polizei übergeben. Mir gegenüber betonte er, nicht gewusst zu haben, dass es schon so spät war. Er wollte keinen Ärger machen!

Ich hatte auch keine Zeit mehr, mich zu ärgern, ich musste mich beeilen, um meinen Zug noch zu erwischen.

Mit dem Kollegen, mit dem ich eine persönliche Beziehung hatte, ich nenne ihn einfach Paul, machte ich hin und wieder eine kleine Autotour in der näheren Umgebung; wir gingen auch manchmal im Sommer baden oder auch mal abends in eine Bar zum Tanzen. Es gab viele schöne Momente, aber seine Inkonsequenz und falschen Versprechungen machten mir doch sehr zu schaffen. Ein ständiges Hin und Her! Auf der anderen Seite unterstützte er mich bei handwerklichen Dingen im Haushalt.

Heidi sahen wir sehr selten, sie kam nur hin und wieder mit ihrem Vater zu uns nach Dresden. Die neue Partnerin von Charly war dann stets mit von der Partie. Ich merkte Heidi an, dass sie sich überhaupt nicht wohl fühlte in der Umgebung, in der sie leben musste.

1976 hatte sie endlich Jugendweihe in Halle, aus diesem Anlass besuchten wir sie. Meine Große suchte Kontakt zu mir und schließlich beschloss ich, sie wieder nach Dresden zu holen. Paul fuhr mit mir nach Halle, Heidi und ihre Sachen abzuholen. Ihr Vater war vermutlich wieder einmal »verschollen« und so war es Charlys Partnerin ganz recht, dass wir Heidi mitnahmen. Als wir bei uns zu Hause ankamen, begegnete uns Simone auf der Treppe. Als sie ihre große Schwester sah, fing sie an, mörderisch zu heulen, da sie dachte, dass sie jetzt im Austausch zu ihrem Vater nach Halle müsse.

Sie hatte auch allen Grund dazu, denn sie machte mir erhebliche Sorgen. Ihr Benehmen uns und auch allen anderen gegenüber ließ sehr zu wünschen übrig. Simone benutzte eine Klassenkameradin als ihren persönlichen Butler und stiftete andere Kinder zum Klauen an. So ging ich eines Tages, als ich geklaute Dinge in ihrer Schultasche fand, mit ihr und dem von ihr verleiteten Mädchen ins Kaufhaus. Ich hatte von beiden verlangt, dass sie die Sachen zurückgeben und sich entschuldigen sollten. Daraufhin hasste Simone mich natürlich.

Einmal schwänzte sie einige Wochen die Schule, indem sie sich ohne mein Wissen krankschreiben ließ, obwohl sie kerngesund und mopsfidel war. Daraufhin schaltete sich die Jugendhilfe ein und Simone wurde einige Zeit später in einen Jugendwerkhof eingewiesen.

Im Frühjahr 1977 feierten wir gemeinsam mit allen vier Geschwistern Simones Jugendweihe.

Die beiden Schwestern, Heidi und Simone, waren wie Hund und Katze, es war fast unerträglich.

Die Zimmer mussten neu ein- beziehungsweise aufgeteilt werden. Ich hatte gehofft, dass sich die beiden älteren Schwestern doch irgendwie näherkommen würden, aber das Gegenteil war der Fall. Heidi war sicher der Meinung, bis jetzt ungerecht behandelt worden zu sein, deshalb versuchte sie jetzt den Ton anzugeben. Das schaffte natürlich neue Probleme und sie widersetzte sich leider auch mir. Die beiden Großen zankten und stritten sich über alles Mögliche. Darunter litten natürlich auch die beiden jüngeren Geschwister, von mir ganz zu schweigen. Inzwischen waren die beiden »Damen« in dem Alter, wo sie sich für Jungen interessierten. Letztlich zankten sie sich um einen ziemlich wüst aussehenden jungen Mann aus einer Motorrad-Gang. Fazit war, dass Heidi wieder nach Halle zurückmusste, da ein normales Leben mit den beiden Mädchen einfach unmöglich war. Schließlich hatte der Vater das Erziehungsrecht für Heidi. Diese schloss ohnehin in Kürze die Schule ab und begann eine Lehre, ebenfalls als Zeichnerin, allerdings als Bauzeichnerin. Sie wohnte von dieser Zeit an im Internat ihres Ausbildungsbetriebes, sodass sie mit ihrem Vater kaum noch Kontakt hatte. Mit uns pflegte sie allerdings auch eine Zeit lang keinen Kontakt.

Eines Tages, es war im Winter, klingelte es an unserer Tür. Die Kinder öffneten und kamen wieder herein, mit der Bemerkung: »Mutti, du sollst mal rauskommen!« Ich ging zur Tür – Heidi stand davor und machte irgendwie einen verstörten Eindruck. Sie fragte, ob sie hereinkommen dürfe.

»Selbstverständlich«, antwortete ich, »du bist doch schließlich meine Tochter!«

Sie erzählte, dass im Internat die Heizung defekt sei und alle Bewohner nach Hause zu ihren Eltern müssten. Ihr Vater war wieder einmal verschwunden und zu seiner Partnerin wollte sie auf keinen Fall. So blieb sie einige Tage bei uns in Dresden und danach hatten wir auch wieder Kontakt miteinander.

Nach der Lehre studierte sie und schloss später als Bauingenieurin ab. Das hat mich unglaublich gefreut.

Im Sommer 1977 bekam ich einen Ferienplatz in Heringsdorf. Welch eine Freude!

So fuhr ich mit Nicole, Axel und Simone mit der Bahn an die Ostsee. Simone, die immer aus der Reihe tanzen und auffallen musste, ließ sich von einer Freundin zur Bahn bringen. Damals waren Hosen mit riesigem Schlag supermodern und natürlich trug Simone eine solche. Als Dame von fast fünfzehn Jahren hatte sie auch die entsprechenden hohen Plateauschuhe dazu und stolzierte mit ihrer Freundin stolz am Bahnsteig entlang. Schließlich wurden die Waggontüren geschlossen und Simone begab sich an ihren Platz. Sie wollte sich setzen, da platzte ihre hintere Hosennaht auf! Wir drei schauten uns an und fingen wie auf Kommando lauthals an zu lachen. Das löste bei Simone einen Wutausbruch aus und sie suchte sich einen anderen Sitzplatz, natürlich in Sichtweite, nachdem sie sich aus ihrem Koffer eine andere Hose gefischt hatte. Irgendwann beruhigte sie sich wieder etwas, aber ihre ständigen Sticheleien und Zeckereien konnte sie einfach nicht lassen.

Trotzdem verbrachten wir schöne Tage an der Ostsee, Simone konnte ja ihre eigenen Wege gehen, wenn ihr nicht gefiel, was wir vorhatten. An einem Abend fand eine Veranstaltung mit anschließendem Tanz statt, zu dem ich für uns vier Plätze bestellt hatte. An diesem Tag hatte ich mir schon morgens die Haare gewaschen und nachmittags gingen wir noch an den Strand. Ich saß schön gemütlich im Strandkorb, da kam Simone auf mich zu, eine Flasche Sonnenöl in der Hand. Sie hielt sie geöffnet über meinen Kopf und meinte: »Sag ›Feigling‹ und ich ...« Axel und Nicole guckten ganz benommen, ich hatte überhaupt nichts dergleichen getan. Simone lachte in ihrer herausfordernden Art, und plötzlich lief mir das Öl übers

Gesicht. Sie war selbst erschrocken und ging sofort in Deckung, da sie eine Ohrfeige erwartete. Aber ich sagte kein Wort, ging in unser Zimmer, beseitigte den Schaden und tat so, als wäre nichts passiert. Abends gingen wir dann zum Saal, Simone hinter uns her; wir setzten uns an den Tisch, Simone setzte sich auch zu uns. Zunächst wechselte keiner ein Wort mit ihr, aber sie hatte schon selbst gemerkt, dass sie zu weit gegangen war. Es wurde trotzdem noch ein recht schöner Abend und überhaupt schöne Ferientage auf Usedom.

Auf Beschluss der Jugendhilfe sollte Simone nun in einem Jugendwerkhof in einer kleinen sächsischen Stadt die nächsten circa zwei Jahre verbringen. Sie absolvierte dort eine Berufsausbildung in der Textilindustrie. Einmal im Monat durfte sie an einem Sonntag Besuch empfangen. Ich besuchte sie regelmäßig und brachte meistens Nicole oder Axel mit. Darüber freute sich Simone sehr und gestand mir einmal, dass sie, wenn sie so eine freche Tochter hätte, diese sicher nie besucht hätte.

Ich hatte schon den Eindruck, dass Simone ihr flegelhaftes Verhalten bereute und sie sich geändert hätte.

Schließlich hatte auch Axel Jugendweihe. Da er schon immer ein sehr praktisch veranlagter Mensch war und mit der Schule nicht viel im Sinn hatte, suchte ich für ihn eine passende Lehrstelle. So erlernte er den Beruf eines Glasers und Tischlers und wurde bald ein tüchtiger und geschickter Handwerker. Später kam ihm auch sein sehr außergewöhnliches künstlerisches Talent sehr zupass.

Irgendwann, nach ungefähr sechs Jahren, hatte Pauls Ehefrau genug von den ewigen Lügen und Versprechungen und reichte die Scheidung ein. Daraufhin zog er mit in unsere Wohnung. So lebten wir jetzt zu fünft, zusammen mit Axel, Simone und Nicole. Axel brachte oft seine Freundin Nadine, die für mich immer wie eine weitere Tochter war, mit zu uns nach Hause.

Paul besaß einen großen Garten, in dem unter anderem

jede Menge Erdbeeren wuchsen, die sehr viel Zeit in Anspruch nahmen – Pflanzen pflegen, Beeren pflücken (für mich eine besondere Herausforderung, da ich aufgrund meiner Farbenblindheit rote Beeren kaum von grünen unterscheiden konnte), putzen, einfrieren oder Marmelade kochen. Die Kinder, sowohl meine als auch Pauls zwei, kamen meistens nur zum Ausruhen oder Kaffeetrinken. Meine Kinder fanden es blöd von mir, so viel Zeit und Mühe in Gartenarbeit zu investieren.

Sehr harmonisch war das Verhältnis zwischen Paul und meinen Kindern nicht, aber letztlich haben wir uns doch alle um ein harmonisches Miteinander bemüht.

Jetzt hatte ich endlich mehr Zeit, mich um meine berufliche Weiterbildung zu kümmern. Mein Aufgabengebiet war das gleiche wie das meiner Kolleginnen und Kollegen, die alle einen Ingenieur-Abschluss besaßen. Da es in der DDR ein sogenanntes Frauensonderstudium gab, besonders für Frauen mit Kindern, dachte ich – und auch mein damaliger Chef –, dass das für mich als alleinstehende Mutter wie geschaffen wäre. Aber mein Antrag wurde abgelehnt – wegen mangelnder gesellschaftlicher Arbeit! Das war natürlich der Hammer. Zur Erklärung muss ich sagen, dieses Sonderstudium war ein Direktstudium bei voller Bezahlung der bisherigen Bezüge, quasi während der Arbeitszeit. Die Alternative war ein Fernstudium; an einem Tag pro Woche wurden Seminare durchgeführt, wozu man vom Betrieb freigestellt wurde. Alles andere musste man sich mit Hilfe von Lehrbriefen selbst erarbeiten. Aber ich war nie Mitglied der Partei, und an sonstigen gesellschaftlichen Verpflichtungen konnte ich natürlich nur sehr begrenzt teilnehmen, da ich meine Kinder abholen und betreuen musste. So gab es damals sogar männliche gute Genossen, die zum Frauensonderstudium delegiert wurden. Super!

Nach ewigen Hin und Her begann ich ein Fernstudium der Betriebswirtschaft, mit Spezialisierung auf EDV. Mein Chef, der sich sehr für mich eingesetzt hatte, gab mir, gewissermaßen auf eigene Kappe, einen Tag zusätzlich pro Woche frei, damit ich zeitlich nicht ganz so eingeschränkt war, denn um meine Kinder musste ich mich ja immer noch kümmern.

In der Seminargruppe war ich die älteste Studentin, ich war immerhin schon Ende dreißig, was aber gar nicht auffiel, da man mich schon immer wesentlich jünger geschätzt hatte. Das Studium forderte mich zwar ziemlich stark, aber es machte mir viel Spaß. Ich konnte so meine versäumte Jugend gewissermaßen nachholen. Die neun Semester waren schnell vorüber und ich konnte meinen Abschluss mit recht guten Ergebnissen erreichen und endlich auch etwas mehr Geld verdienen.

Ich war stolz, in der »Kammer der Technik«, der Ingenieur-Vereinigung der DDR, als Mitglied aufgenommen worden zu sein.

Endlich hatte ich auch nach Jahren das Glück, in die AWG (Wohnungsbau-Genossenschaft) aufgenommen zu werden – endlich die Aussicht auf eine moderne Wohnung mit Fernheizung und warmem Wasser! Allerdings mussten alle Mitglieder eine ganze Reihe von Arbeitsstunden auf dem Bau leisten, wobei Paul mir tatkräftig half. Nicht zu vergessen mein Sohn Axel, der sehr fleißig mitarbeitete.

IV.

1980 fuhr ich mit Paul in die Tschechische Republik ins Riesengebirge. Heidi war zur selben Zeit mit ihrem künftigen Mann im Riesengebirge, aber auf der polnischen Seite. So verabredeten wir uns auf der Schneekoppe, auf der die Grenze zwischen Polen und Tschechien verlief. Wir verbrachten dann noch einen schönen Tag gemeinsam in Polen und ich lernte meinen Schwiegersohn in spe kennen.

Im Februar 1981 brachte Heidi ihren ersten Sohn zur Welt und machte mich damit ziemlich frühzeitig zur Großmutter. Irgendwie beneidete ich meine Tochter um diesen süßen kleinen Kerl, da meine Kleinste inzwischen schon vierzehn Jahre alt war und nicht mehr so kuschelig.

Im folgenden Wonnemonat Mai heirateten Heidi und ihr Schatz in Halle. Sie wollten nur den Polterabend feiern und mit den Angehörigen zum Standesamt gehen. Der besagte Polterabend wurde in einem Café gefeiert, zu dem Kollegen und Freunde des Bräutigams, Kommilitonen von Heidi, Eltern und Geschwister von beiden sowie Heidis »Westoma«, meine Ex-Schwiegermutter, die zu ihrer ältesten Tochter nach Düsseldorf gezogen war, eingeladen.

Heidi hatte sich ausgebeten, dass keiner poltern sollte, es gäbe da wohl mit dem Wirt Schwierigkeiten. Aber nichtsdestotrotz, zum Polterabend gehören nun mal Scherben. Wir Dresdner hatten auch einiges an Geschirr und ein altes Klobecken angeschleppt und natürlich auch vor der Tür zerdeppert. Das brachte ein wenig Missstimmung in die Feier, die Braut hatte sich darüber aufgeregt.

Simone fand den einen Bruder des Bräutigams sehr attraktiv und sie musste natürlich ihre Chancen testen, obwohl dieser junge Mann mit seiner recht hübschen jungen Frau da war. Für Simone eine besondere Herausforderung; des Weiteren fing sie auch noch einen hässlichen und handgreiflichen Streit mit einer Mitstudentin von Heidi auf der Toilette an.

Axel mit seinen damals siebzehn Jahren hatte sich etwas zu intensiv mit alkoholischen Getränken abgegeben und am nächsten Tag eine recht blass-grüne Gesichtsfarbe. Alles in allen eine recht muntere Feier.

Axel und seine Oma hatten bei den Brautleuten geschlafen, wir anderen hatten uns in einer Pension eingemietet. Am nächsten Tag wollten wir uns nach dem Frühstück bei Heidi treffen und gemeinsam zum Standesamt fahren. Neue Probleme bahnten sich an, der Bräutigam war der Meinung, dass er keinen Schlips brauche, er sei schließlich kein Snob. Er besaß deshalb auch keinen, sodass Axel seinem künftigen Schwager seine Krawatte borgte. Axel legte schon sehr früh großen Wert auf gepflegte, schicke Kleidung. Meine Tochter hatte auch einige Probleme, sie hatte sich ein wirklich hübsches, hellblaues langes Kleid gekauft, das allerdings auf dem Boden schleifte. Das Kleid musste schnell gekürzt werden, so konnte sie unmöglich gehen. So säumte ich das Oberkleid und meine Ex-Schwiegermutter das Unterkleid. Dann suchten wir noch nach Haarklemmen oder Haarnadeln, da der Brautschleier ständig von Heidis langen, glatten Haaren rutschte.

Schließlich konnten wir losfahren, das Brautpaar fuhr mit Paul und mir, da wir das größte und schönste Auto, einen blauen Wartburg, besaßen. Der Rest der Gesellschaft verteilte sich auf diverse Trabis. Zuerst sollte es zum Fotografen gehen und danach zum Standesamt. Anders wäre es wohl zeitlich nicht möglich gewesen. Ich muss dazu sagen, es war ein herrlicher, sehr warmer Maitag. Leider fanden wir nicht gleich einen Parkplatz in der Nähe, sodass wir im Schweinstrab die Straße im gleißenden Sonnenschein und unter Zeitdruck auf und ab rasen mussten, weil Heidi nicht mehr genau wusste, wo das Fotoatelier war! Endlich gefunden, Fotos geschossen und im Galopp zum Auto, ab in Richtung Standesamt. Wir trafen gerade noch rechtzeitig ein. Alle anderen warteten schon auf uns, die Trauung konnte beginnen.

Eigentlich sollte es das gewesen sein, aber wir suchten dann doch noch ein Restaurant und speisten zusammen im kleinen Familienkreis.

Im selben Jahr bekam ich eines Tages eine Vorladung auf ein Polizeirevier. Ich konnte mir gar nicht vorstellen, was die von mir wollten. Also ging ich hin, mit einem komischen Gefühl im Magen. Man teilte mir mit, dass es sich um meinen Mann – »Ex-Mann«, verbesserte ich – handle.

Er war in einem Wald in der Nähe von Halle tot aufgefunden worden. Ich sollte ihn identifizieren. Das lehnte ich ab und gab ihnen die Adresse seiner letzten Partnerin. Meinen drei ehelichen Kindern riet ich, das Erbe auszuschlagen, da es vermutlich im Minusbereich liegen würde. Mit Axel ging ich deshalb zu einem Notar, da er noch nicht volljährig war.

So ist der Vater meiner drei Kinder, im Alter von gerade 47 Jahren, eigentlich viel zu früh, freiwillig aus dem Leben gegangen. Es ist zwar traurig, aber so richtig gefehlt hat er niemandem, am allerwenigsten Heidi. Simone und Axel, die während der letzten Jahre fast keinen Kontakt mehr zu ihrem Vater hatten, war es, glaube ich, so ziemlich gleichgültig.

Im Frühjahr 1982 hatte Nicole Jugendweihe. In Vorbereitung auf die Familienfeier hatte ich eine Dose Pfirsiche organisiert und eine leckere Torte damit belegt, sowie einige Erdbeertorten gebacken. Damit die Gelatine schneller fest wurde, hatte ich die Pfirsichtorte in den Gefrierschrank gepackt. Eigentlich wollte ich sie nur kurz dort lassen, aber im Eifer des Gefechts hatte ich sie natürlich vergessen. Wir saßen gemütlich bei der

Feierstunde, als mir plötzlich die Torte im Gefrierschrank einfiel! Vor Schreck wäre ich fast vom Stuhl gefallen, aber leider konnte ich gar nichts für die Torte tun. So atmete ich tief durch und vergaß die Torte für die nächsten zwei Stunden.

Zu Hause angekommen, war mein erster Gang natürlich zum Gefrierschrank. Auf der Torte hatten sich wunderschöne Eisblumen gebildet. Ich musste lachen, aber mein lieber Partner tobte und stellte sie mit wütendem Schwung auf den Kühlschrank, wobei die Torte von ihrer Platte rutschte und hinter den Kühlschrank klatschte. Die Stimmung war im Eimer, Paulchen tobte noch mehr, und ich zog in aller Ruhe den Kühlschrank vor, setzte mich auf den Fußboden, aß die kalten Pfirsiche und entsorgte den Rest der ehemaligen Torte. Bis zum Eintreffen der Gäste war der Schaden behoben und die Kaffeetafel war trotzdem reichlich gedeckt.

Inzwischen hatte ich die neun Semester Fernstudium hinter mich gebracht, eine umfangreiche Abschlussarbeit vollendet und diese erfolgreich verteidigt. Ich war sehr froh darüber und auch ein wenig stolz. Allerdings war nun die schöne Studienzeit zu Ende und leider verlor ich bald die lieben, netten Kommilitonen aus den Augen. Ein Jahr nach Abschluss hatten wir ein tolles Semestertreffen, danach nie mehr wieder. Schade!

Kurze Zeit später zogen wir dann endlich in unsere Neubau-Wohnung, welch eine Freude! Allerdings war die Freude sehr einseitig, denn meinen lieben Kindern gefiel es dort gar nicht; es war ihnen viel zu ruhig und viel zu wenig los. Sie waren eben von klein auf an die laute, turbulente Hauptstraße gewöhnt. Wir bezogen eine 4-Raum-Wohnung mit einem schönen großen Balkon in der zehnten Etage. Simone, die inzwischen volljährig und wieder nach Hause zurückgekehrt war, wollte nicht mit ins Neubauviertel ziehen und suchte sich eine kleine Altbauwohnung in unserer alten Wohngegend. Aufgrund ihres Verhaltens war natürlich niemand böse darüber. Axel und Nicole hatten jetzt endlich jeder ein eigenes

Zimmer. Das Schönste war das warme Wasser aus der Leitung und die Fernheizung. Es war schon ein gewaltiger Unterschied zu der alten Wohnung, wo die Toilette auf der halben Treppe gewesen war, der Badeofen ständig beheizt werden musste und vor allen die ewige Schlepperei der Briketts und der Asche.

Axel war seit einiger Zeit ständig mit seiner Freundin Nadine zusammen. Nadines alte Tante starb eines Tages, wodurch Axel und seine Freundin die Wohnung übernehmen konnten – damals fast ein Lottogewinn. Nadine war noch nicht volljährig, aber Axel war bereits achtzehn Jahre alt. Es war eine Altbauwohnung, die Axel sehr schön und komfortabel hergerichtet hatte. So zog auch Axel aus, der mir mit seiner liebenswerten, lebhaften Art sehr fehlte. So wohnten wir jetzt in unserer neuen großen Wohnung nur noch zu dritt. Nicole, die sich inzwischen auch zu einer jungen Dame entwickelt hatte, war naturgemäß auch nicht mehr allzu oft zu Hause. Es wurde, nach den einstigen Turbulenzen, immer ruhiger und einsamer.

Ein wunderschöner Hochsommertag, wie meistens an meinen Geburtstagen. Die Tafel war gedeckt, die Gäste, so 15 bis 20 Personen, plauderten miteinander. Kurzum eine Atmosphäre, die Glück und Zufriedenheit ausstrahlte. Ich war damit beschäftigt, Kaffee zu brühen und die Gäste zu bedienen, als Simone aufgeregt zu mir kam – völlig neben der Spur.

»Mutti, Mutti, komm schnell mit, der Axel, wenn dem was passiert!«

Zunächst wusste ich gar nicht, was sie eigentlich wollte. Dann erklärte sie, dass Axel aus dem Balkon geklettert war, in die Nachbarwohnung. Wir wohnten immerhin in der zehnten Etage! Ich ging mit Simone auf den Balkon, bemüht, die anderen nichts merken zu lassen. Ich stürzte kreidebleich zu Axel – er war überzeugt, dass Nadine ihn nicht mehr liebe.

Wer weiß, was die beiden für einen Disput gehabt hatten. Keiner hatte irgendetwas bemerkt und Nadine saß völlig gelassen und unschuldig am Tisch und sagte kein Wort!

Um die Mauer herum, die die beiden Balkone voneinander trennte, bemühte ich mich, meinen Sohn davon zu überzeugen, dass seine Annahme total falsch sei. Er beruhigte sich schließlich – aber jetzt kam das nächste Problem.

Paul hatte inzwischen das ganze Theater mitbekommen und bei der Nachbarin geklingelt. Er kam zu uns auf den Balkon, um uns zu sagen, dass die Dame von nebenan nicht da sei und Axel noch eine Zeitlang warten müsse. Er wusste nicht, dass sie mir am Vortag erzählt hatte, dass sie für ein paar Tage zu ihrem Sohn reisen würde.

Was nun? Scheibe einschlagen, Polizei rufen oder Axel mit einer Matratze versorgen? Es blieb nur eine Möglichkeit, er musste auf demselben Weg zurückkommen. Schon der bloße Gedanke verschaffte mir eine Gänsehaut.

Axel, der sich wieder beruhigt hatte, kam dann auch wohlbehalten zurück. Ich kann gar nicht sagen, wie froh und glücklich ich darüber war.

Im Spätsommer fuhr ich mit Paul das erste Mal nach Ungarn, ein Austauschplatz in einem Betriebsferienheim am Balaton. Wir hatten einen Flug nach Budapest gebucht, von da aus fuhren wir mit der Bahn nach Balatonfüred. Es war der allererste Flug in meinem Leben. Ich hatte mich riesig darauf gefreut. Endlich war es so weit, ich fuhr mit Paul zum Flughafen Dresden. Wir gingen unbeschwert, in Vorfreude auf den Flug, zur Gepäckkontrolle. Die Zöllner hatten mich voll auf dem Kieker. Alle anderen Passagiere, auch Paul, durften nach kurzer Kontrolle weiter in den Transitraum. Außer mir! Ich musste alles in allen Einzelheiten zelebrieren, selbst ladenneue Strumpfhosen aus der Verpackung nehmen. Das Gleiche mit Schmerztabletten und Tampons. Die Zeit lief weiter und ich hatte einen riesigen Berg zerwühlter Klamotten auf dem Tisch vor mir. Aber das war noch nicht alles, ich musste mit einer

Beamtin in eine Kabine zur Leibesvisitation. Ich wurde behandelt wie ein Schwerverbrecher und bekam immer mehr Wut. Am liebsten wäre ich gar nicht mehr verreist, ich hatte nur noch die Schnauze voll. Letztlich durfte ich großzügigerweise meinen Klamottenberg einpacken, nachdem ich mich wieder vollständig angezogen hatte. Das war eine echte Schikane, ich war stinksauer. Im Flieger beruhigte ich mich allmählich wieder und genoss meinen ersten Flug doch noch sehr.

Es war ein wunderschöner Urlaub. Wir lernten dort ein ungarisches Ehepaar kennen, mit dem wir uns sehr anfreundeten. Eines Tages lud uns ein älterer Herr, der das Segelboot des Heimes bediente, zu einem Segeltörn auf dem Balaton ein. Einfach so, weil wir ihm sympathisch waren. Wir haben uns unterwegs sehr angeregt unterhalten und ihm dabei mitgeteilt, dass wir anschließend gern noch eine Woche in Budapest verbringen wollten. Er schwärmte, wie wunderschön die Stadt sei, und lud uns ein, die Woche in seinem Haus zu wohnen. Der alte Herr lebte mit seiner auch nicht mehr ganz jungen Tochter in einer Stadtvilla auf dem Budaer Rosenhügel. Die Tochter nahm uns sehr freundlich auf und behandelte uns wie gute alte Bekannte, servierte uns gratis ein exquisites Frühstück und stellte uns den Tag über, wenn sie arbeiten war, das ganze Haus zur Verfügung, mitsamt dem wunderschönen Garten.

So viel Vertrauen und so eine tolle Gastfreundschaft hatte ich noch nie erlebt, ja gar nicht für möglich gehalten. Es war eine unvergessliche Woche, dabei verliebte ich mich in die wunderschöne Stadt in Budapest.

Von da an fuhren wir jedes Jahr mit dem Auto nach Ungarn, zunächst vierzehn Tage Camping am Balaton, danach mindestens eine Woche zu unseren Bekannten, Iren und Janos, die ebenfalls in Budapest lebten. Wir vier haben uns prächtig verstanden und viel Spaß miteinander gehabt. Iren sprach einwandfrei deutsch, sie hatte fast ein Jahr in Dresden gearbeitet; er verstand und sprach zumindest so viel, dass wir uns verstehen konnten.

Als wir im folgenden Jahr, zum zweiten Mal nach Budapest kamen, erwartete uns eine Riesenüberraschung. Die beiden hatten, nach jahrelangen, nicht erfolgreichen Versuchen, Zwillinge bekommen. Zwei kleine, kerngesunde Jungen, da war die Freude riesengroß.

Bis zur Trennung von Paul und mir haben wir uns regelmäßig jedes Jahr besucht und uns gegenseitig mit den Dingen versorgt, die bei ihnen oder bei uns nicht zu bekommen waren.

Inzwischen hatten Nadine und Axel am 12. Oktober 1983 einen kleinen Sohn, Andy, bekommen. Er war mein zweites Enkelkind.

Da klingelte es am besagten 12. Oktober Sturm bei mir und Axel stand ganz außer Atem vor der Tür: »Mutti, komm schnell mit in die Frauenklinik, Nadine hat vergangene Nacht einen ganz süßen Jungen zur Welt gebracht, den musst du unbedingt sehen!«

Axel, der selbst noch ein halbes Kind war, war vor Freude total aus dem Häuschen. Damals durften am ersten Tag und außerhalb der Besuchszeit nur die Väter kurz die Mutter besuchen und das Baby sehen. Axel schmuggelte mich in die Klinik und ich konnte sein sehr süßes Baby sehen, bevor die Schwester mich wegschicken konnte. Ich freute mich riesig, endlich ein Baby ganz in meiner Nähe zu haben.

Simone hatte scheinbar auch den Mann fürs Leben gefunden. Sicher hatte der kleine Andy ihr auch Lust auf ein Baby gemacht, denn es dauerte nicht lange, bis auch Simone schwanger wurde.

Sie brachte am 18. April 1984 ihren ersten Sohn zur Welt. Jetzt hatte ich drei Enkel, zwei davon in Dresden, prima!

Aus dem Kleinen wurde ein sehr braves, anhängliches Kind, obwohl ich Simone immer ein Kind gewünscht hatte, das halb so frech sein sollte, wie sie es war.

Im Oktober desselben Jahres war Simones und Brankos Hochzeit geplant. Branko stammte aus Jugoslawien, er hatte hier in Dresden beim Bau eines Interhotels mitgearbeitet. Die »Jugos« waren zu der Zeit hier in Ostdeutschland hoch im Kurs, da sie Westgeld hatten und Jugoslawien das einzige sozialistische Land war, das über Reisefreiheit verfügte.

Branko war ein sehr liebenswerter Mensch und ich hoffte sehr, dass die beiden miteinander glücklich werden würden. Sie wollten keinen Polterabend, aber die Hochzeit mit vielen Gästen feiern.

Branko hatte am Vorabend ein frisch geschlachtetes Lamm und vieles mehr angeschleppt und wir wollten ihm bei der Vorbereitung helfen. Heidi und ihr Mann waren mit ihrem kleinen Sohn angereist. Alle meine Kinder samt Angehörigen kamen zu Simone und Branko, um zu helfen. Wir hatten mächtig viel Spaß, tranken so einiges und feierten schon mal vor. Es war einer der sehr wenigen Abende, an dem wir alle ohne Streit Riesenspaß miteinander hatten.

Am nächsten Tag waren wir dann alle im Standesamt zur Trauung, zu der auch noch viele Freundinnen von Simone, Freunde von Branko sowie meine Schwester, mein Schwager, Nichten, Neffen und deren Partner anwesend waren. Zu vorgerückter Stunde machte Paul mir unberechtigterweise eine mächtige Eifersuchtsszene, was leider kein schöner Abschluss des Festes war.

Wenige Wochen vor Simones Hochzeit erlitt meine Mutter plötzlich einen Schlaganfall und fiel ins Koma, aus dem sie nicht wieder erwachte. Reichlich zwei Wochen danach verstarb sie leider. Es hatte mich tief getroffen, wir hatten in den letzten Jahren ein sehr enges Verhältnis zueinander gehabt.

Seit längerer Zeit hatte sie Probleme mit den Knien gehabt und sich nicht mehr auf die Straße getraut. Jede Woche besuchte ich sie zweimal und darüber hinaus noch fast jeden Sonntag;

auch mit Paul und vor allen Nicole, die der absolute Liebling meiner Mutter war. Sie hat mir noch sehr lange gefehlt. Aber so ist das Leben, die einen gehen, die anderen kommen.

Nachdem Simone die bürokratischen Hürden zur Erlaubnis, einen jugoslawischen Staatsbürger heiraten zu dürfen, erfolgreich überwunden hatte, wartete sie jetzt auf die Erlaubnis, die DDR zu verlassen und mit ihrem Ehemann nach Jugoslawien auszureisen. Dabei hatte ich sie natürlich tatkräftig unterstützt. Anfang des Jahres 1985 bekam sie die Erlaubnis, zusammen mit ihrem Sohn, der ja auch Staatsbürger der DDR war, nach Jugoslawien auszusiedeln.

Simone wurde ausgebürgert und musste in einer bestimmten Frist die DDR verlassen. Die Reiseroute wurde selbstverständlich auch vorgeschrieben. Jetzt mussten noch eine ganze Reihe Genehmigungen zur Mitnahme ihres Hausrates eingeholt werden. Sie bekam große Kisten, die vom Zollamt genauestens geprüft wurden. Das Ganze habe ich dann nach Simones Abreise erledigt. Den Tag ihrer Abreise vergesse ich nie! Ich hatte mit viel Glück, Beziehung und Mühe einen goldenen Ring erstanden, den ich ihr als Abschiedsgeschenk übergeben hatte. Ich musste ja davon ausgehen, Simone und ihrem kleinen Sohn wahrscheinlich nie wiedersehen zu können. Aus demselben Grund hatte meine Tochter mir ihren Verlobungsring geschenkt.

Der Interzonenzug fuhr ab Dresden in Richtung Bosnien. Paul und ich hatten die junge Familie mit seinem Auto zum Bahnhof gefahren.

Simone hatte mir zwar sehr viel Kummer und Sorgen bereitet, aber sie war schließlich meine Tochter und es fiel mir wahnsinnig schwer, mich an den Gedanken einer ewigen Trennung zu gewöhnen. Außerdem der Kleine, ich hatte mich so sehr über seine Geburt gefreut, und nun ging er schon wieder weg, für immer! Ich bin eigentlich stets gefasst und lasse meinen Gefühlen nicht so schnell freien Lauf, aber ich konnte mich nicht beherrschen und heulte die ganze Fahrt zum Bahnhof und danach bis zur Abfahrt des Zuges Rotz und Wasser. Simone natürlich ebenso, besonders als der Zug sich in Bewegung setzte; ihr Gesicht sehe ich noch heute vor mir.

Die ersten Wochen schrieb sie mir jeden Tag einen Brief, allerdings kamen die ersten davon mit wochenlanger Verspätung und in geballter Form an. In ihrer neuen Heimat war alles zugeschneit und ein paar Wochen konnte deshalb keine Post befördert werden. Telefonieren war auch nicht möglich zur damaligen Zeit.

Neben dem Trubel und der Aufregung durch Simones Auswanderung stand auch wieder ein schönes Ereignis in unserer Familie an. Heidi brachte ihren zweiten Sohn, mein viertes Enkelkind, am 7. Januar 1985 in Halle zur Welt. Mein Schwiegersohn rief aus diesem Grund an und wir fuhren schnellstmöglich hin, um den Kleinen zu begrüßen.

Das Verhältnis zwischen Heidi und mir hatte sich während der letzten Jahre normalisiert und wir haben uns des Öfteren, besonders an Feiertagen, besucht. Meistens sind wir nach Halle gefahren, da es für uns ohne Kleinkinder einfacher war.

Trotzdem hat Heidi mich leider immer einen Groll spüren lassen, dass ausgerechnet sie nach der Scheidung zu ihrem Vater musste. Ein sehr herzliches Gefühl gab es daher nie zwischen mir und meiner Ältesten, obwohl sie eigentlich mein einziges »Wunschkind« ist.

Im Mai des Jahres 1985 heirateten Nadine und Axel. Nadine hatte sehr schönen fliederfarbenen Stoff, woraus ich ihr ein sehr hübsches, modernes Hochzeitskleid zauberte, dazu nähte ich ein weißes Bolerojäckchen aus Plauener Spitze. Axel hatte sich von einer Bekannten, einer Herrenschneiderin, ganz schick einkleiden lassen. Der einzige Wermutstropfen war, dass der kleine süße Andy sehr erkältet war und am Tag der Hochzeit Fieber hatte.

Axel hatte im Hof ihres damaligen Wohnhauses eine richtige Open-Air-Gaststätte gezaubert. Jede Menge Tische, Stühle, Sitzbänke; das Ganze natürlich gepolstert und überdacht, für den Fall, dass es regnet. Speisen und Getränke in Hülle und Fülle und sogar einen richtigen Discjockey für die musikalische Unterhaltung und Tanz. Das war eine supertolle Polterabendfeier bis in die frühen Morgenstunden. Nadines Mutter hatte etwas anderes vor, kam aber später doch noch vorbei. Sie war eigentlich gar nicht begeistert über die Heirat ihrer Tochter und es gefiel ihr auch nicht, dass sie so früh zur Großmutter gemacht worden war. Aber nichtsdestotrotz war sie von Andy hingerissen.

Jetzt hieß es schnell zusammenräumen und möglichst noch ein paar Stunden zu schlafen, denn am Vormittag mussten wir zum Standesamt. Die Standesbeamtin kannte uns noch von Simones Eheschließung. Es war eine sehr lockere Atmosphäre, die ganze Hochzeitsgesellschaft war mit im Standesamt. Anschließend gingen wir, Nadines und meine Sippe, zusammen in ein Interhotel essen. Da waren einige Omas und Tanten, die sich gern um den kleinen unpässlichen Andy kümmerten.

Das Verhältnis zwischen Paul und mir wurde immer schlechter. Eigentlich hätten wir jetzt, da wir nur noch mit der stets lieben Nicole zusammenlebten, keine Probleme haben sollen. Aber Paul versuchte ständig, mich zu gängeln und zu kontrollieren, was sicher jede Beziehung mit der Zeit abtötet.

Außerdem ließ er nichts anbrennen, nicht einmal im Betrieb, in dem wir ja beide arbeiteten. Aber ich durfte nicht einmal in seiner Abwesenheit lachen. Eines Tages machte mich Nicoles Freund darauf aufmerksam, wie Paul seiner neuen Flamme vom Balkon aus zuwinkte und dies, wie wir bald merkten, regelmäßig tat. Er stritt natürlich alles ab, aber das tat er ohnehin ständig. Selbst wenn man ihn auf frischer Tat ertappte, logt er noch.

Ich hatte es einfach satt und teilte ihm mit, dass unsere Beziehung für mich endgültig beendet sei. Plötzlich fiel ihm ein, dass er mich liebe und heiraten wolle und es würde alles gut werden. Da er mich all die vielen Jahre ständig belogen und betrogen hatte, konnte ich ihm nicht mehr glauben. Ich hatte die Nase gestrichen voll.

So bemühte ich mich, für die große Wohnung zwei kleinere zu bekommen, was dann auch irgendwann klappte.

Simone hatte mächtiges Heimweh. Sie konnte sich in ihrer neuen Heimat, landschaftlich ganz reizvoll in der Nähe von Sarajevo gelegen, nicht einleben. Es war eine ländliche Gegend, die für die eingefleischte Städterin ohnehin sehr gewöhnungsbedürftig war. Die Sprache hatte sie sehr schnell und ziemlich perfekt gelernt, aber das Leben in dem katholischen Dorf war ihr ein Gräuel. So fuhr Simone nach relativ kurzer Zeit zur bundesdeutschen Botschaft, und schließlich durfte sie mit ihrem Mann und ihrem Söhnchen in die BRD ausreisen.

Da ihre Großmutter und Tante väterlicherseits in Düsseldorf lebten, ließ sich die junge Familie, nach kurzem Aufenthalt in einem sogenannten Auffanglager, auch in der Nähe dieser Stadt, in Köln, nieder. Simone lebte jetzt regelrecht wieder auf. Die Kommunikation zwischen uns war auch wieder etwas einfacher geworden.

Das zweite Kind ließ nicht lange auf sich warten, im Februar 1986 wurde ihr zweites Kind, Niko, geboren. Er war mein Enkel Numero 5!

Aus diesem Anlass beantragte ich eine Reiseerlaubnis in die BRD. Während der letzten Jahre waren die Reisebestimmungen gelockert worden; zu besonderen familiären Ereignissen durften inzwischen auch DDR-Bürger in den Westen reisen, auch schon vor dem Rentenalter.

V.

Meine erste Reise in den Westen – nicht zu fassen! Ich durfte nach Köln fahren! Die Freude war riesengroß; jetzt hieß es, Vorbereitungen treffen und die schicksten Klamotten einpacken und auch anziehen, es sollte schließlich nicht gleich jeder sehen, dass ich aus dem Osten komme.

Im »Rentnerexpress« saßen fast ausschließlich ältere Leute, als ich den Interzonenzug Dresden – Köln gegen 20 Uhr bestieg.

»Bis wohin reisen Sie mit?«, fragte mich, nachdem ich Platz genommen hatte, ein älteres Ehepaar. »Sie haben wohl auch Verwandte im Osten besucht?«

»Nein, ich lebe hier, ich fahre nach Köln, um meine Tochter und deren Familie zu besuchen.«

Sie schauten mich etwas ungläubig an, und meinten: »Aber dürfen denn nicht nur Rentner in den Westen? Sie sind ja noch viel jünger.«

In der Tat, ich war in den Vierzigern und durfte in die Bundesrepublik! Ich konnte es selbst kaum fassen vor Freude.

»Seit Kurzem dürfen auch jüngere Leute bei dringenden Familienangelegenheiten in die BRD reisen«, erklärte ich ihnen.

Ab Halle waren wir nur noch zu viert im Abteil und machten es uns für die Nacht gemütlich. An Schlafen war natürlich überhaupt nicht zu denken.

Der Zug hielt an. Ein Blick aus dem Fenster verriet mir: die Grenze! Draußen war es taghell, von unzähligen Lampen und Scheinwerfern beleuchtet. Ein Uniformierter schloss von außen die Waggontüren ab. Es war ein unangenehmes Gefühl. Auf dem Bahnsteig setzte geschäftiges Treiben ein. Jede Menge uniformierte Beamte untersuchten den gesamten Zug von außen und unten, liefen eilig hin und her. Dann betraten einige Grenzschutzbeamte und Zöllner gleichzeitig von vorn und hinten die Waggons. Sie kontrollierten akribisch die Papiere der Reisenden sowie deren Gepäck; sie schraubten die Deckenverkleidung ab und dann sahen sie auch noch mit Spiegeln unter die Sitze. Mit anderen Worten, es wurde jeder Quadratzentimeter kontrolliert.

Man wünschte uns schließlich eine angenehme Weiterreise. Das Ganze dauerte etwa drei Stunden. Durchatmen – entspannen! Die Türen wurden wieder entriegelt. Es ging kurz weiter, bis zum nächsten Halt an der westlichen Seite der Grenzstation. Passkontrolle; ein freundlicher Willkommensgruß und weiter ging die Reise.

Es war noch dunkel draußen, aber ich hatte trotzdem versucht, so viel wie möglich zu erspähen. Hell erleuchtete Bahnhöfe, Lichtreklamen an den Häusern der vorbeihuschenden Ortschaften.

Am Horizont dämmerte langsam der Morgen. Ein Kellner brachte Kaffee, natürlich gegen Westgeld. DORTMUND, las ich am nächsten Haltepunkt, also nicht mehr weit bis nach Köln. Ein Kribbeln überfiel meinen Körper, ich war gespannt bis in die Haarwurzeln. Wie wird Simone aussehen? Es war immerhin zwei Jahre her, seit sie aus unserer sozialistischen Heimat mit ihrem, damals ungefähr sechs Monate alten Söhnchen nach Jugoslawien ausreisen durfte. Ich erinnerte mich an unseren schmerzlichen Abschied, wir dachten ja, wir würden uns nie mehr sehen.

So stellte ich mein Gepäck bereit, zog meinen Mantel über und begab mich zur Tür. Der Zug rollte in den Bahnhof ein. Ich stieg aus und versuchte unter den vielen wartenden und ankommenden Menschen meine Tochter zu erspähen. Da, endlich erblickten wir uns fast gleichzeitig. Sie kam mir, soweit das in dem Gedränge überhaupt möglich war, mit einem großen Blumenstrauß entgegengestürmt. Simone hatte immer noch ihr langes, dunkles Haar, sie sah noch genauso aus wie vor zwei Jahren. Plötzlich schien es mir, als wäre es erst gestern gewesen, dass ich sie zum letzten mal sah. Wir fielen uns in die Arme, überglücklich, uns nun doch wiedersehen zu können!

Mir fiel die Sauberkeit des Bahnsteigs auf. Wenn ich da an unseren verdreckten dachte! Wir gingen hinunter in das Bahnhofsgebäude – alles blitzblank und in Ordnung, als wäre es gerade erst fertig geworden.

»Komm, wir müssen uns beeilen, es ist schon nach sechs, das Baby muss gestillt werden!«

Unterwegs, quer durch die City, sog ich natürlich alles Neue und Interessante neugierig mit den Augen auf. Die sauberen Straßen und wohlerhaltenen, gepflegten Häuser beeindruckten mich am meisten. Das Riesenangebot an Waren in Geschäften und Kaufhäusern war überwältigend.

Schließlich waren wir zu Hause angekommen und ich konnte als glückliche Oma mein fünftes Enkelkind gebührend begrüßen. Süß, dieser winzige Kerl mit seinen hellblonden Haaren und blauen Augen. »Er sieht aus wie du«, sagte Simone, als sie uns beide betrachtete.

»Allerdings viel kleiner und ohne Falten«, erwiderte ich, gab ihr den Säugling in den Arm und wendete mich nun dem »Großen« zu. Ici, so nannten ihn alle, war ein ganz reizender kleiner Junge geworden, der mächtig stolz auf sein Brüderchen war. Er konnte sich natürlich nicht mehr an mich erinnern.

»Mein Gott, Simone, Ici sieht genauso aus wie du als kleines Kind, sogar die gleichen Augen!«

Der stolze Vater musste zur Arbeit gehen, und wir konnten uns ausgiebig unterhalten. Meine Tochter hatte schließlich viel erlebt, besonders ihre Odyssee von Jugoslawien nach Westdeutschland.

»Mutti, du bleibst doch hier bei uns?!«

»Nein, das geht nicht«, antwortete ich.

Simone konnte es gar nicht glauben, sie wurde fast böse und versteckte meinen Reisepass.

Um die zehn Tage, die uns blieben, nicht zu verderben, sagte ich: »Mal sehen, darüber müssen wir nicht gleich am ersten Tag streiten!«

Ich hatte schließlich auf meiner Arbeitsstelle und zu Hause in der Familie mein Wort gegeben, dass ich zurückkomme. Außerdem gab es familiäre Gründe zurückzukehren. Andere Menschen hatten sich für meine Rückkehr verbürgen müssen. In erster Linie konnte und wollte ich nicht meine beiden anderen Kinder, Axel und Nicole, für ein wahrscheinlich freieres, besseres Leben einfach zurücklassen.

Es wurden zehn sehr erlebnisreiche Tage. Ich fühlte mich frei wie ein Vogel, hier auf bisher verbotenem Territorium. Unglaublich, aber schon rein optisch lagen Welten zwischen Ost- und Westdeutschland. Ob das Leben der »kleinen Leute« so viel besser war als bei uns, konnte ich nicht sehen, ich konnte nur versuchen, es zu ergründen.

Aber hauptsächlich wollte ich so viel Zeit wie möglich mit meiner Tochter und meinen Enkeln verbringen. Die Familie meiner ehemaligen Schwägerin nahm natürlich auch Kontakt zu mir auf; die Scheidung von Charly hatte mein Verhältnis zu dessen Familie nicht beeinträchtigt.

Schon am nächsten Vormittag erschien mein Ex-Schwager vor Simones Tür, um mich abzuholen und mir Köln vom Auto aus zu zeigen. So fuhren wir am Rheinufer entlang quer durch die Stadt, und er zeigte mir den Kölner Dom, einige bedeutende Museen bis hin zum Fernsehturm, von dem aus wir zum Abschluss das Ganze von oben betrachteten. Es war ganz toll, von so weit oben die Stadt und den in unzähligen Kurven dahinfließenden Rhein anzusehen. Jede Menge große Schiffe, so etwas gab es bei uns in Dresden natürlich nicht.

An einem anderen Tag traf ich mich mit der schon Mitte

achtzig Jahre alten Tante meines ehemaligen Schwagers im benachbarten Düsseldorf. Wir marschierten eingehakt durch die sehr sehenswerte Altstadt und die berühmte Kö. Die alte Dame war körperlich unglaublich fit, sodass ich fast Mühe hatte, mit ihr Schritt zu halten. Darüber hinaus kannte sie sich unwahrscheinlich gut in der Geschichte der Stadt aus. Sie zeigte mir einige historische Stätten, beispielsweise das Rathaus und ein uraltes Café mit lauter tollen Fayencen und Delfter Kacheln aus der Zeit der niederländischen Besatzung Düsseldorfs. So hatte ich das Glück, diese schöne Stadt ziemlich schnell und umfangreich kennen und auch lieben zu lernen. Mit der S-Bahn ging es wieder zurück nach Köln zu meinen Lieben. Ich war völlig begeistert von den beiden Rheinmetropolen. So vergingen die paar Tage wie im Flug und es hieß wieder Abschied nehmen. Simone war maßlos enttäuscht, dass ich wieder zurück nach Dresden fahren und nicht bei ihr und ihrer Familie bleiben wollte. Die junge Familie begleitete mich schließlich zur Bahn, und wir hofften, dass sich bald wieder eine Gelegenheit bieten würde, uns wiederzusehen.

Am Tag meiner Rückkehr fand die alljährliche große Fete des Instituts statt, in dem ich beschäftigt war. Meine Kolleginnen und Kollegen waren natürlich heilfroh, als sie mich mit meinem damaligen Partner Paul wiedersahen. »Sie ist zurückgekommen«, hörte man hier und da tuscheln. Ein sehr elegantes Kleid hatte ich von Simone geschenkt bekommen und von meiner ehemaligen Schwägerin Geld für ein Paar tolle Pumps. So war ich natürlich an diesem Abend die Schönste! Ich musste viel erzählen, alle wollten wissen, wie es meinen Kindern ging und wie es mir im goldenen Westen« gefallen hatte.

Zum Tanz spielte eine Live-Kapelle. Plötzlich traute ich meinen Augen nicht, saß da doch meine Nichte Barbara, gleich vorn am Tisch, der für die Kapelle und deren Angehörige reserviert war. Das war für uns beide eine Riesenüberraschung. So lernte ich gleich ihren neuen Partner, den Sänger der Kapelle, kennen.

Dass die Beziehung zwischen Paul und mir alles andere als glücklich war, störte mich an diesem Abend nicht so sehr. Inzwischen hatten es auch einige von den Kolleginnen und Kollegen mitbekommen. Ich fand es fast unerträglich, er hatte eine »Flamme«, mit der er ständig tändelte, wenn er mich nicht gerade wieder bespitzelte. Er belog mich und verfolgte mich auf Schritt und Tritt, wohin ich auch immer ging. Darüber hinaus versuchte er, mich bei unseren gemeinsamen Kolleginnen und Kollegen in ein schlechtes Licht zu rücken. Es gelang ihm aber nicht; sein Verhalten die ganzen Jahre über war ja stets inkonsequent und verlogen gewesen. Das war natürlich sehr nervig, aber meine Freundin Carla hat mich immer wieder aufgerichtet und unterstützt. Schließlich einigten Paul und ich uns und versuchten unsere große Wohnung gegen zwei kleinere einzutauschen.

Auf meinem Arbeitsweg lernte ich bald meinen späteren zweiten Ehemann Klaus kennen. Er war nicht die »große Liebe«, aber irgendwie das Gegenteil von Paul. Wir gingen gemeinsam von der Straßenbahn zu unseren nahe beieinander gelegenen Arbeitsstellen, unterhielten uns und lernten uns bald näher kennen und schätzen. Er war ehrlich, zuverlässig und bedrängte mich nicht gleich, wie die meisten Männer. Das versprach mir eine gewisse Sicherheit, die ich eigentlich gar nicht kannte. Auf ihn konnte ich mich stets verlassen. So zog er zu mir und bald bekamen wir eine kleinere Wohnung, Paul übrigens auch. Nicole zog bald zu ihrem Freund, so wohnte ich mit Klaus allein. Er war handwerklich sehr geschickt und fleißig, sodass wir bald ein sehr schönes Heim hatten.

Simone hatte bald ihren 25. Geburtstag und zu diesem Anlass versuchte ich zum zweiten Mal in die BRD reisen zu dürfen. Ich hatte Glück und durfte anderthalb Jahre nach meiner ersten Reise zum zweiten Mal in die Bundesrepublik fahren. Die Freude war wieder riesengroß.

So reiste ich Ende November 1987 abermals nach Köln. Das Prozedere der Grenzabfertigung kannte ich ja bereits, so ging ich das Ganze dieses Mal gelassener an. Auch holte mich Simone wieder allein von der Bahn ab, ihr Mann musste die lieben Kinderchen hüten.

Der kleine Niko war inzwischen fast zwei Jahre alt, der Ici 3 ¾. Also konnte ich mich intensiv mit den beiden Kerlchen beschäftigen. Niko schaute mich immer so von der Seite an, er konnte sich aber natürlich nicht an mich erinnern. Er setzte sich gern und oft auf meinen Schoß, aber nur solange seine Mutter in Sichtweite war. Mit Klein-Ivica konnte man schon richtig spielen und Kinderbücher vorlesen oder draußen Fußball spielen. Aber viel zu schnell war auch diese schöne Zeit wieder vorbei.

Für alle Daheimgebliebenen musste ich Weihnachtsgeschenke mitschleppen, und von meinem Taschengeld hatte ich mir eine kompakte Stereoanlage, einschließlich Lautsprecherboxen gekauft. Ich war auf der Heimreise bepackt wie ein Kamel. Zu meinem Leidwesen musste ich an der Grenze alles auspacken und danach auch wieder einpacken! Keine Beanstandungen – Gott sei Dank –, aber sehr viel Mühe.

Die Beziehung zu Klaus war sehr harmonisch und ausgeglichen, allerdings kam die erotische Seite viel zu kurz. Das würde sich mit der Zeit ändern, glaubte ich. Neben Klaus fühlte ich mich irgendwie geborgen, wie ich es eigentlich noch nie zuvor empfunden hatte. Alles war noch ziemlich neu und wir unternahmen sehr viel gemeinsam, zum Beispiel Urlaubs- oder Wochenendreisen oder auch zum Jahreswechsel eine Silvesterfahrt.

Zu meinen beiden in Dresden wohnenden Kindern Axel und Nicole hatte Klaus ein recht gutes Verhältnis.

Eines Tages, als ich von der Arbeit nach Hause kam, klingelte meine nette Nachbarin; sie überbrachte mir herzliche Grüße von einem »netten jungen Mann, sicher Ihr Sohn?«. Sie übergab mir einen Riesensenker einer Strelizie und ein sehr schönes blaues Glas. Seit ein paar Jahren sammelte ich Vasen und andere schöne Gefäße aus blauem Glas.

Mein Herzschlag setzte ein paar Augenblicke aus, ich musste mich festhalten – mir wurde schlagartig klar, dass Axel sich auf diese Weise für immer verabschiedet hatte. Die Strelizie hatte ich bei ihm immer bewundert, dann das wunderschöne Glas dazu, einfach so.

Ich konnte mich nicht darüber freuen, dafür war der Preis viel zu hoch. Zu meinem Sohn hatte ich immer ein überaus inniges Verhältnis gehabt. Die Erkenntnis war sehr, sehr schmerzhaft für mich. Jetzt war er für mich für immer oder zumindest für viele, viele Jahre verloren; dazu meine Tochter Simone und die beiden Enkel in Köln. Klarer Fall, wenn ein Verwandter ersten Grades illegal die DDR verließ, bekamen das alle verbliebenen Familienmitglieder zu spüren. Das bedeutete: nie mehr eine Besuchserlaubnis in die BRD.

Für mich war es klar, dass Simone ihren Bruder auf irgendeine Weise überredet hatte, zu ihr in den Westen zu kommen. Es war anzunehmen, dass Axel sich in Richtung Ungarn begeben hatte, da viele jungen Leute von da aus über die österreichische Grenze flohen oder es wenigstens versuchten. Etwas Genaues wusste ich ebenso wenig wie seinen derzeitigen Aufenthaltsort. Es war sehr stressig.

Einige Zeit später bekam ich eine Vorladung auf das Polizeipräsidium. Ich wurde in einen etwa 20 Quadratmeter großen Raum geführt, in dessen Mitte ein riesiger langer Tisch und etliche Stühle standen. Ich musste ganz nach hinten, ans Fenster. Meine Pulsfrequenz war sicherlich bei 200! Tausend Fragen sollte ich beantworten, aber ich war gar nicht richtig bei der Sache. Meine Gedanken waren nur bei Axel. Schließlich teilte man mir mit, dass sie meinen Sohn vor der ungarisch-österreichischen Grenze gestellt hatten. Er war zusammen mit einem Freund in seinem aufgemöbelten Trabi dorthin gefahren und leider erwischt worden.

Die Beamten übergaben mir ein Köfferchen mit Klamotten von Axel und eine zusammengerollte Schlafdecke. Großzügigerweise gestatteten sie ihm, sich von seiner Mutter zu verabschieden. Zwei Polizisten brachten ihn ins Zimmer, er musste aber vorn an der Tür bleiben, am anderen Ende des Raumes. So waren wir durch einen riesenlangen Tisch voneinander getrennt und in Gesellschaft von, wie ich mich erinnere, fünf Polizeibeamten. Sie fragten Axel, was für Absichten er nach Verbüßung seiner nunmehr bevorstehenden Haftstrafe habe. Er sagte, er wolle in die BRD entlassen werden und dort leben. Zu mir sagte er noch, dass ich ja jetzt mein Leben mit Klaus teile und es mir gut gehe. Es tue ihm sehr leid, dass er mir so viel Kummer bereitet habe, aber jeder habe eben sein persönliches Leben. Das war's, Axel wurde abgeführt und ich trottete mit der Decke unterm Arm und dem Köfferchen in der Hand bei strahlenden Sonnenschein wie betäubt zur Straßenbahn.

Ich heulte Rotz und Wasser – sicher ein toller Anblick für die Passanten.

Dieser Abschied hat mir selbst körperliche Schmerzen bereitet, mir war, als hätte ich einen großen kalten Stein in der Brust. Ich durfte ihn ja nicht einmal umarmen, ihm nicht einmal die Hand geben!

Es war Sommer und Klaus und ich wollten ein paar Tage verreisen. So beschlossen wir, eine Woche nach Berlin zu fahren, wo man ja bekanntlich eine ganze Menge unternehmen kann. Wir buchten ein Privatquartier, das wir per Zeitungsannonce aufgestöbert hatten. Es stellte jemand für wenig Geld seine gesamte Wohnung zur Verfügung, die obendrein zentral gelegen und sehr gut erreichbar war. Super!

Jeden Tag und jeden Abend nahmen wir uns irgendetwas vor. Wir waren im Tierpark, wo ich das riesige Glück hatte, einen kleinen Löwen in den Arm zu nehmen und davon ein tolles Foto zu bekommen. Es war herrlich, so ein Löwenbaby fasst sich unglaublich weich und warm an, ich war happy! Am liebsten hätte ich den kleinen wilden Kerl gar nicht wieder hergegeben.

An einem anderen Tag machten wir eine Motorbootfahrt auf der Spree und dem Müggelsee, besuchten den Palast der Republik, die Staatsoper, die Museumsinsel, das Sport- und Freizeitzentrum und vieles mehr.

Es waren unvergessliche Tage. Ob beim Spaziergang am Brandenburger Tor oder auch unterwegs in der S-Bahn, überall sah man die hässliche und störende Mauer. Wir fanden es sehr schade, dass wir sicher nie sehen würden, wie es dahinter aussah.

In Leipzig und Dresden, so wie in anderen ostdeutschen Städten auch, fanden zwar jeden Montag die Demos statt, aber wir hätten zu diesem Zeitpunkt, Ende September 1989, nicht gedacht, dass nur wenige Wochen später diese elende Mauer für immer fallen würde.

VI.

In einigen ostdeutschen Großstädten fanden seit einiger Zeit die inzwischen traditionellen Montagsdemos statt. Mit der Losung »Wir sind das Volk!« brachten immer mehr Menschen ihren Freiheitswillen und ihre Unzufriedenheit mit dem SED-Regime zum Ausdruck. Mittelpunkt der Demos war Leipzig. Am 7. Oktober 1989, dem 40. Jahrestag der DDR, kam es an vielen Orten zu Protesten. Am darauffolgenden Montag, dem 9. Oktober demonstrierten nach den Friedensgebeten in Leipziger Kirchen ungefähr 70 000 Bürger, die zum Teil aus den umliegenden Orten extra angereist waren.

Die sogenannte Volkswirtschaft brach immer mehr auseinander, der Unwille brodelte regelrecht in der Bevölkerung. Nichtsdestotrotz feierte man in Berlin den Jahrestag und stellte die nicht mehr vorhandene Macht des Arbeiter-und-Bauern-staates zur Schau.

Da ich im Fernmeldewesen beschäftigt war, wurde über das Thema Montagsdemo nur hinter vorgehaltener Hand getuschelt. Schließlich wusste man ja nicht, wer von den lieben Kolleginnen und Kollegen Verbindung zur Stasi hatte, ein so genannter IM war. In solch einem sensiblen Bereich gab es mit Sicherheit sehr viele.

Immer mehr junge Leute versuchten über Ungarn in den Westen zu fliehen, tausende flüchteten in die Botschaften der BRD in Prag und Budapest.

An dem besagten letzten »Tag der Republik«, dem 7. Oktober 1989, war ich für ein paar Tage in Leipzig und mit Klaus ein wenig in der City spazieren. Wir besuchten das *Café de Sax* am Markt, um beim Kaffeetrinken dem Treiben in der Innenstadt zuzusehen. Es war schönes Wetter und alle Leipziger schienen unterwegs zu sein. Menschengruppen eilten aufgeregt vorbei, andere spazierten bedächtig, als wäre es ein Tag wie jeder andere. Dabei knisterte die Atmosphäre förmlich, irgendetwas lag in der Luft, man konnte es deutlich spüren.

Ich konnte die Spannung nicht länger ertragen und zog Klaus zum Mittelpunkt des Geschehens, zur Nikolaikirche. Es war irgendwie gespenstisch in der Stadt, zerbrochene Schaufensterscheiben und andere Anzeichen von tätlichen Auseinandersetzungen. Es herrschte eine unheilschwangere Stille. Plötzlich kamen viele Menschen die Grimmaische Straße entlanggerannt und flüchteten in Hauseingänge oder auf ein Baugerüst. Jetzt hörte man ein lautes, monotones Geräusch. Auf der gesamten Breite der Straße tauchten uniformierte Volkspolizisten auf, sie marschierten im Gleichschritt und klopften mit einem Gummiknüppel den Takt auf ihrem Schutzschild. Sie trieben die Menschen vor sich her und möglichst weit weg vom Zentrum des Geschehens, dem Nikolaikirchhof. Es war ein äußerst bedrohlicher Anblick, mir lief es eiskalt über den Rücken, ich erinnerte mich an Filme aus der Nazizeit, in denen die SS gleichermaßen durch die Straßen marschierte.

Auf Umwegen gelangten wir und viele andere auch an die Nikolaikirche. Die Kirche selbst, der gesamte Vorplatz sowie die einmündenden Straßen waren dicht mit Menschen angefüllt. So viele Demonstranten hatte ich bisher noch nicht gesehen. Wasserwerfer standen bedrohlich auf die Menge gerichtet, von zwei Seiten eingerahmt von Reihen bewaffneter Polizisten. Die Protestierenden brachten mit Sprechchören ihren Freiheitswillen unmissverständlich zum Ausdruck. Die Demonstranten formierten sich wie auch an den vorangegangenen Montagen und marschierten rund um den Cityring, vorbei an der Stasizentrale der »runden Ecke«. »Wir sind das Volk!«, riefen etliche 10 000 Menschen der diktatorischen Volksmacht zu.

Auch am folgenden Sonntag versammelten sich die protestierenden Menschen wieder, und am Montag, dem 9. Oktober, kam es zum Höhepunkt der Protestaktionen. An diesem Abend standen 3000 bewaffnete Polizisten einer Übermacht von 70 000 Demonstranten gegenüber. Dem besonnenen Verhandeln einiger Leipziger Prominenten, besonders dem Gewandhauskapellmeister Kurt Masur und Pfarrer Peter Zimmermann mit den Persönlichkeiten der Bezirksleitung der SED ist es zu verdanken, dass es nicht zur Eskalation der Gewalt kam und eine blutige Auseinandersetzung verhindert werden konnte.

Am 6. November kamen trotz starken, anhaltenden Regens über 200 000 Menschen zur traditionellen Montagsdemo in Leipzig. Die Stimmung wurde immer gereizter und aggressiver.

Am 7. November 1989 gab die DDR-Regierung ihren Rücktritt bekannt; am 8. November trat das Politbüro der SED geschlossen zurück.

Am Abend des 9. Novembers um 18.53 Uhr passierte dann das Unglaubliche: Der Genosse Schabowski verkündete während einer Pressekonferenz im Fernsehen die sofortige Öffnung der Grenzen zu Westdeutschland und Westberlin!

Ich traute meinen Ohren nicht und fragte Klaus: »Was hat der eben gesagt, die Grenzen sind offen? Das ist doch sicher ein Missverständnis oder ein Scherz!«

Aufgeregt zappten wir uns durch die Sender, die Meldung erfolgte auf allen Kanälen. Ostberliner strömten zu den Grenzübergängen; Grenzsoldaten waren völlig überfordert. Viele glaubten, es handele sich um einen Versprecher, sie waren gar nicht informiert worden.

Eine Wahnsinnsstimmung und Euphorie breitete sich im ganzen Land aus.

An den folgenden Stunden und Tagen stauten sich lange Schlangen vor den meist notdürftig eingerichteten Grenzübergängen nach Westberlin und die Bundesrepublik. Ebenso endlose Schlangen bildeten sich an den Tankstellen; eine Auslandsversicherung brauchte man auch noch, um mit seinem Auto über die Grenze fahren zu dürfen.

Klaus und ich wollten natürlich auch die neu gewonnene Freiheit ausprobieren. Es wurde ein sehr aufwendiges, aber total aufregendes Erlebnis. Unser Wartburg war vollgetankt und der Kofferraum mit vollen Benzinkanistern für die Rückfahrt bestückt, denn für Ostmark bekam man im Westen natürlich kein Benzin zu kaufen. So reisten dazumal hunderttausende Ossis, gefährlich wie brennende Fackeln, über deutsche Autobahnen und Landstraßen. An einem eisigen Novembertag starteten wir morgens gegen 6 Uhr gen Westen. Draußen herrschte stockschwarze Nacht. Es war ungewöhnlich viel Betrieb auf den Straßen, und je weiter wir in Richtung Bundesrepublik fuhren, umso länger wurde die Autoschlange, die sich bis hinter die Grenze immer mehr verdichtete. Eine nicht enden wollende Lichterkette zog sich quer durchs Land. Als Reiseziel hatten wir Hannover anvisiert. Wir fuhren über Halle auf der Landstraße nach Eisleben, Aschersleben, Halberstadt und passierten schließlich einen provisorisch eingerichteten Grenzübergang. Die letzten Kilometer ging es nur noch im Schritttempo vorwärts. Dann waren wir im Westen, einfach so, ohne dass uns jemand daran gehindert hätte. Unglaublich! Wir konnten es kaum fassen. Ein absolut unbeschreibliches Gefühl überkam uns, ein Gefühl, das nur einer empfinden kann, der das selbst erlebt hat.

Wir Ostdeutschen wurden von unseren »Schwestern und Brüdern« im Westen maßlos herzlich begrüßt und aufgenommen. Eine Euphorie brach aus, fremde Menschen lagen sich in den Armen. Freiheit – ich glaube, nur wer jahrelang eingesperrt war, kann sie so richtig schätzen.

Für mich persönlich war und ist sie die wichtigste Errungenschaft der friedlichen Revolution. Ich war so unendlich glücklich, da ich meine beiden in Westdeutschland lebenden Kinder und meine Enkelkinder endlich wiedersehen und sie besuchen konnte, wann und sooft ich wollte.

Das Leben in der ehemaligen DDR veränderte sich abrupt auf allen Gebieten. Die Protestaktionen gingen unvermindert weiter. Neben der nunmehr durchgesetzten Grenzöffnung forderten die Menschen politische Reformen, die Beseitigung der Vorherrschaft der SED und die Auflösung der Stasi sowie die Freilassung aller politischen Häftlinge. Die Wirtschaft lag völlig am Boden. Die Westmark wurde schwarz zu einem Kurs von 1:15 bis 1:20 getauscht. Die Regierung der BRD zahlte jedem Ostdeutschen, der die Bundesrepublik besuchte, 100 DM Begrüßungsgeld, was erwartungsgemäß eine riesige Reisewelle auslöste.

Etwa 100 000 Menschen aus der DDR siedelten bis Ende November 1989 in die BRD über. Viele von ihnen befürchteten wahrscheinlich, dass der damals kursierende Witz »Übung beendet, alles zum Ausgangspunkt zurück!« Wirklichkeit werden könnte.

Bei den Demos dominierten nunmehr Losungen wie »Deutschland einig Vaterland«, »Einigkeit und Recht und Freiheit«. Der Runde Tisch wurde ins Leben gerufen. An ihm nahmen je zwei Vertreter der SED, der vier Blockparteien und Oppositionsgruppen wie das Neue Forum Platz. Jeden Tag wurden wir mit neuen, spektakulären Meldungen aus der Presse und dem Fernsehen konfrontiert. Es war eine aufregende Zeit.

Am 3. Dezember bildeten Hunderttausende eine Menschenkette quer durchs ganze Land, als Zeichen der Hoffnung und Entschlossenheit für eine demokratische Erneuerung. Am folgenden Montag demonstrierten unter anderem in Leipzig 150 000 Menschen. Auf Transparenten war zu lesen: »SED – leck uns am Arsch!«, »Korrupter SED-Adel an den Pranger!«,

»Stasi in die Produktion!« und anderes mehr.

Ein Bürgerkomitee ließ mit Hilfe der Polizei zahlreiche Räume der Stasi versiegeln, um die inzwischen eifrig betriebene Aktenvernichtung zu stoppen. Die Streitfrage unterschiedlicher Gruppierungen, pro oder contra Wiedervereinigung Deutschlands, rückte immer weiter in den Vordergrund.

Während dieser spannenden Zeit verfolgte ich wie sicherlich fast jeder Deutsche täglich die Meldungen in Presse und Fernsehen. Am Freitag, dem 22. Dezember, wurde bei strömendem Regen das Brandenburger Tor nach 28 Jahren wieder geöffnet.

Am 15. Januar 1990 stürmten und besetzten aufgebrachte Menschen die Stasi-Zentrale in Berlin Lichtenberg. Bis Ende März sollte der Öffentlichkeit eine neue Verfassung vorgelegt werden. Die DDR-Regierung begann enteignete Betriebe an ihre ehemaligen rechtmäßigen Besitzer zurückzugeben; über eine Währungsunion zwischen Ost und West wurde nachgedacht.

Bundeskanzler Helmut Kohl und das sowjetische Staatsoberhaupt Michael Gorbatschow verhandelten am 10. Februar in Moskau über das Schicksal des deutschen Volkes. Die sowjetische Seite stimmte grundsätzlich einer Wiedervereinigung Deutschlands zu.

In Ostdeutschland brach ein regelrechter Kaufrausch aus. Neben dem offiziellen Handel überfluteten »fliegende Händler« mit allen möglichen und unmöglichen West-Waren das ganze Land. An Straßenecken konnte man von Joghurt über Dosenbier bis Nachttischlampen, Uhren und T-Shirts alles haben, wonach das Herz begehrte. Die Ladenhüter der letzten Jahre aus dem Westen wurden hier in kurzer Zeit verklingelt.

Nach wie vor fanden Montags regelmäßig Demonstrationen statt; diese standen nunmehr im Zeichen der für März angekündigten Wahlen. Namhafte westdeutsche Politiker wie Helmut Kohl, Willy Brandt, Otto Graf Lambsdorf und

Hans-Dietrich Genscher agierten in der DDR für ihre jeweiligen Parteien. Unzählige Vereinigungen und Parteien wurden gegründet, unter anderem der Schwulenverband, die Deutsche Biertrinker Union, die Deutsche Sexliga, Graue Panther, um sich neben den in Ostdeutschland neu etablierten Parteien sowie der PDS und ehemaligen Blockparteien zur Wahl zu stellen.

Insgesamt wurden 24 Organisationen in das Register eingetragen. Am 18. März 1990 wurde schließlich erstmals eine freie Wahl in der DDR durchgeführt, bei der die CDU als Sieger hervorging.

TEIL II

Mein Leben in der BRD

VII.

Das Leben in Ostdeutschland änderte sich kolossal. Betriebe wurden aufgelöst, Menschen wurden arbeitslos, jeder musste um seine Existenz kämpfen.

Ich brauchte mir zunächst keine Sorgen um meinen Arbeitsplatz zu machen. Klaus stand jedoch vor einer völlig anderen Situation, denn er war Angestellter bei der Staatspartei und war für deren Fernmeldetechnik verantwortlich. Das hieß, er brauchte einen neuen Wirkungskreis. So beschloss Klaus ein eigenes Unternehmen in der Telekommunikationsbranche zu gründen. Es war eine riesige Herausforderung. Bislang hatte in der DDR die Post das Monopol gehabt und Klaus wurde hier der erste private Unternehmer, der von der Bezirksdirektion der Deutschen Post Dresden die entsprechende Erlaubnis erhielt.

Ich arbeitete zu dieser Zeit noch beim Institut für Post- und Fernmeldewesen und war auf meiner Arbeitsstelle nicht ausgelastet; außerdem reizte mich diese völlig neue Aufgabe. So entschied ich mich, meinen krisensicheren Arbeitsplatz zu kündigen und mit meinem Partner das Unternehmen aufzubauen. Meinen Arbeitsplatz bei der Post zu kündigen, war sicher einer meiner größten Fehler, die ich je gemacht habe; aber das merkt man immer erst hinterher.

Die Vorbereitungen liefen auf Hochtouren. Ein Konzept wurde erstellt, finanzielle Mittel mussten beschafft und jede Menge bürokratische Hürden überwunden werden.

Am 2. April 1990 war es dann so weit, die Arbeit konnte beginnen. Da Klaus, der bis dahin Abteilungsleiter gewesen war, sich immer noch irgendwie für seine Mitarbeiter verantwortlich fühlte, übernahm er sie anfangs alle. Ich kümmerte mich hauptsächlich um die Organisation und die Buchhaltung, von der ich bisher keine Ahnung hatte. Eines schönen Tages kam ein netter, uns beiden bis dahin unbekannter Herr mit demselben Namen wie mein Partner und neuer Chef, um seinem Namensbruder ganz herzlich zu beglückwünschen. Darüber freuten wir uns sehr. Es stellte sich heraus, dass er schon zu Ostzeiten ein kleines Handwerksunternehmen besaß. Er brachte mir das Wichtigste der Doppelten Buchführung bei, sodass ich keinen Lehrgang besuchen musste.

Meine jüngste Tochter bekam eine West-Chefin vor die Nase gesetzt, die glaubte, die faulen und unfähigen Ossis schikanieren zu müssen. Diese alte Dame war ohnehin ein besonderes Exemplar, sie schlief sogar in der Firma, damit keiner etwas klauen konnte. So kündigte meine Kleine ihren Job und arbeitete von da an in unserer Firma mit.

Kunden gab es anfangs jede Menge, denn die neu gegründeten kleinen Firmen mussten alle telefonieren, also brauchten sie eine Telefonanlage und ein Fax. Die Branche begann zu boomen; nur leider klappte es bei vielen mit dem Bezahlen nicht so richtig.

Eines Tages erschien ein gewisser Herr Fuchs, der in Süddeutschland mit einem Freund und Partner ein kleines, bescheidenes Telekommunikationsunternehmen betrieb. Jetzt witterte er, wie viele andere auch, eine Möglichkeit, mit wenig Aufwand viel Geld zu verdienen. Dieser Herr Fuchs bot sich an, uns völlig uneigennützig beim Aufbau des Unternehmens zu unterstützen. Mein Partner ließ sich von dem Herrn Fuchs völlig einwickeln und schloss mit ihm einen Vertrag ab. Vergeblich bemühte ich mich, ihn davon abzubringen. Meine Tochter und ich fanden den Herrn von Anfang an sehr unsympathisch und unseriös, aber mein Klaus sah das leider anders. Herr Fuchs verpflichtete uns, Material über ihn zu beziehen, gewissermaßen als Zwischenhändler, außerdem führte er einige Schulungen selbst durch oder vermittelte unsere Mitarbeiter an seine Geschäftspartner – natürlich nicht umsonst, sondern er kassierte bei jedem Auftrag eine ziemliche Provision. Vor allen verlangte er ein vierteljährliches Honorar, das über dem Gehalt von Klaus und mir zusammen lag.

Ein größerer Auftrag stand in Aussicht, und Herr Fuchs brachte zu den Verhandlungen einen sogenannten Superverkäufer für Telefonanlagen mit nach Dresden. Dieser wollte auch künftig gegen entsprechendes Honorar große Angebote ausarbeiten und damit Aufträge an Land ziehen. Leider war er schon bald, mit einem großen Vorschuss in der Tasche, auf Nimmerwiedersehen verschwunden.

Im März 1991 wollte Herr Fuchs einige Mitarbeiter unserer Firma auf die Cebit führen. Er hatte plötzlich keine Zeit, aber nach seiner Meinung wäre ein solcher Messebesuch ohne ihn nicht ratsam. Wir hatten uns entschlossen, die Cebit auf eigene Faust mit einigen technischen Mitarbeitern zu besuchen. Damals gab es noch keine Autobahn, die von Dresden bis Hannover führte. So fuhren wir im Morgengrauen los.

Riesige Autoschlangen, die sich aus allen Richtungen auf das Messegelände zuwälzten, ließen uns erahnen, welches Ausmaß die weltgrößte Computermesse hatte. Durch die vielen Eingänge drängten sich unaufhörlich Menschenschlangen. Wir besuchten zuerst den Stand von *infotec*, mit denen wir auf dem Gebiet der Kopier- und Faxtechnik bereits zusammenarbeiteten. Sehr herzlich wurden wir von den Mitarbeitern empfangen und bekamen einen Überblick über das Leistungsspektrum dieses Unternehmen. Nach dem geschäftlichen Teil setzten wir uns bei einem Drink und Imbiss zusammen, um uns auch persönlich näher kennenzulernen.

Danach suchten wir Messestände von namhaften Herstellern von Telefon- und Funktechnik, wo wir überall sehr herzlich aufgenommen wurden. Wir haben einige geschäftliche

Kontakte geknüpft, und endlich kam auch mein Partner zu der Einsicht, dass wir ohne den Herrn Fuchs alles viel besser und vor allem günstiger haben konnten an Technik. Auch entsprechende Lehrgänge für die Mitarbeiter bekamen wir selbstverständlich kostenlos, denn sie hatten ja Interesse, ihre Telefonanlagen und Ähnliches zu vermarkten.

Die Hannover-Messe war für uns einfach riesig im Blick auf Umfang und Vielfalt, und auch die Aufmachung der Stände sowie der Service für die Fachhändler und Besucher war überwältigend. Die Kultur kam auch nicht zu kurz, an allen möglichen größeren Ständen gab es künstlerische Einlagen wie Sketche, Pantomime bis hin zur Aufführung eines Musicals. Selbst Günther Jauch war mit einem Quiz vertreten.

Während der vier Tage, die Klaus und ich für den Messebesuch geplant hatten, knüpften wir viele Verbindungen mit unterschiedlichen Herstellern von Telefon- und Funktechnik für eine künftige Zusammenarbeit. Der Messebesuch war für uns ein großer geschäftlicher Erfolg; wir fuhren von da an jedes Jahr zur Cebit.

Schließlich bestanden die Leistungen des Herrn Fuchs fast nur noch im Kassieren. Klaus versuchte endlich die »Zusammenarbeit« zu beenden, aber rechtlich war es sehr schwierig, der Vertrag war ein regelrechter Knebelvertrag. Das heißt, wir brauchten rechtlichen Beistand.

Für viele Westdeutsche hatte sich mit dem Fall der Mauer ein riesiger neuer Markt eröffnet. Wie Heuschrecken fielen Händler, Versicherungsagenten, Steuerberater, Rechtsanwälte und andere mehr über unsere alte DDR her.

Eines Vormittages meldete sich eine Dame telefonisch bei unserer Firma an. Es handelte sich um Finanzdienstleistungen. Irgendwie fand ich ihre Stimme ganz sympathisch und wir vereinbarten einen Termin. Aus diesem ersten Treffen entstand eine jahrelange Freundschaft.

Wir hatten inzwischen auch einen Steuerberater aus einer

süddeutschen Kanzlei engagiert, der aber bereits gegen einen anderen derselben Kanzlei ausgetauscht worden war. Dieser beschäftigte sich mit dem ersten Jahresabschluss unserer Firma. Die Zusammenarbeit dauerte leider wieder nur kurz und der Steuerberater Nummer drei kündigte sich an. Jetzt hatte ich die Nase voll mit dieser Kanzlei und kündigte die Zusammenarbeit. Schließlich empfahl uns eine gute Bekannte einen Steuerberater aus Frankfurt, der kürzlich hier eine Kanzlei eröffnet hatte. Es dauerte nicht lange und die Zusammenarbeit mit ihm wurde zum Fiasko. Ein Rechtsanwalt musste her. Auch hier war es ähnlich, es gab plötzlich jede Menge Anwaltskanzleien, die hier wie Pilze aus dem Boden geschossen waren. Auch auf diesem Gebiet konnten wir reichlich Erfahrungen sammeln.

Mit der Zeit konnte ich alle unsere Mitarbeiter einschätzen und einordnen, Klaus kannte sie ja schon und deshalb betrachtete er sie weniger kritisch.

Die Marktwirtschaft fasste langsam Fuß und breitete sich immer mehr aus. Man musste straffer wirtschaften. Allzu viel persönliche Rücksichten schadeten den geschäftlichen Interessen; es musste Personal reduziert werden. Durch Großzügigkeit und Unaufmerksamkeit oder gewohnte Gleichgültigkeit einiger Mitarbeiter musste das junge Unternehmen finanzielle Schäden hinnehmen.

Mein Sohn Axel kam aus dem Rheinland angereist, um einen Ausstellungsraum für die Firma herzurichten. Er brachte Simone und ihre zwei Söhne mit. So konnte ich endlich wieder mal mit meinen Enkeln spielen. Der von Axel gestaltete Raum war sehr schön und zweckmäßig geworden; und darüber hinaus haben wir einige schöne Stunden miteinander verbracht.

Wir hatten kaum noch Freizeit, an den Wochenenden erarbeitete Klaus Angebote und ich beschäftigte mich mit der Buchhaltung und den anliegenden Terminen für die kommende Woche. Um auch einmal abschalten zu können, buchten wir eine Busreise nach Italien. Es war unsere erste Reise ins westliche Ausland. In zwei Bussen ging es ab in den Süden. Die Busse waren zu dieser Zeit alles andere als komfortabel, in dem einen, glücklicherweise nicht in unserem, war die Heizung defekt. Es war aber immerhin schon Oktober und besonders nachts recht kühl. Wir fuhren Richtung Alpen und unsere Augen wurden immer größer. Am Brenner machten wir Halt, stiegen aus und konnten uns die fantastische Landschaft ansehen. Es war überwältigend für uns Ossis, denn bis dato kannten wir nur das Erzgebirge oder den Thüringer Wald. Es ging weiter Richtung Süden über die wundervolle Straße nach Amalfi bis zu unserem Hotel in Sorrento. Zitronenbäume und Palmen wuchsen unter freiem Himmel, dazu die milde Luft, es war einfach fantastisch.

Wir sind auf dem Vesuv gewesen, super interessant und auch für uns das erste Mal auf einem Vulkan. Einige kleinere sehr hübsche Städtchen rund um Neapel haben wir besucht sowie eine Schiffsreise zu dem wunderschönen Capri. Es dauerte gar nicht lange und ein regelrechter Wolkenbruch ergoss sich über uns. Ehe wir eine Ladenstraße erreicht hatten, wo wir uns unterstellen konnten, war meine gerade vorher erstandene teure Lederjacke völlig durchnässt, ebenso meine schönen, fast neuen Pumps, die hinterher nur noch für die Mülltonne taugten. Trotzdem war es ein unvergesslich schöner Ausflug und ich fand Capri zum Verlieben schön. Einen Tag hatten wir zur freien Verfügung, wurden aber gewarnt, nicht nach Neapel zu fahren, wegen der vielen Diebstähle in dieser Stadt. Aber ich habe Klaus überredet, und so sind wir mit einem Tragflächenboot von Sorrento nach Neapel gefahren. Wir fuhren über den Golf von Neapel in Richtung Hafen, es war ein überwältigender Anblick. Klaus hatte die Rückfahrttickets und etwas Geld in der Brusttasche seines Hemdes. Ich hatte meine Brieftasche, ohne Bargeld, und meinen neuen Fotoapparat, auf dem ich schon schöne Fotos von Capri und Sorrento gespeichert hatte, in meiner Schultertasche. An dem Nachmittag war ein Fußballspiel, die Straßen waren wie leergefegt, alle saßen in Kneipen und schauten sich im Fernsehen das Spiel an. Wir waren im Hafenviertel und schauten uns um, wohin wir als Nächstes gehen wollte. Wir standen auf einer kleinen Wiese vor einer Kirche, als plötzlich ein junger Mann Klaus meine Tasche, die er über der Schulter hatte, entreißen wollte. Klaus lag auf einmal am Boden und hatte den Henkel in der Hand und der junge Mann rannte mit meiner Tasche zur Straße, wo ein weiterer junger Mann auf einem Motorroller wartete, und weg waren sie! »Na toll«, sagte ich, »wenigstens haben wir noch das Ticket für die Rückfahrt.« Wir konnten noch gar nicht richtig fassen, was da so blitzschnell passiert war, da stand auf einmal ein Bus an der Bordkante neben uns. Der Fahrer stieg aus und forderte uns auf, einzusteigen. Er sprach kein Wort deutsch und wir keines italienisch, aber trotzdem hatten wir verstanden, dass er von seinem Standort, der Bus-Endstation, alles beobachtet hatte. Er brachte uns zur Polizei-Kommandantur und wir gaben eine Anzeige auf.

Ich bin ohne Ausweis mit einem mulmigen Gefühl wieder zurück über die Grenze gekommen. Die vielen Stunden Busfahrt wieder zurück waren zwar sehr anstrengend, aber wieder über die wunderbaren Alpen zu fahren entschädigte uns.

Eine EDV-Anlage wurde angeschafft und installiert. Das Angebotsspektrum des Unternehmens wurde erweitert, ein neues Logo musste her. Um die Wirtschaftlichkeit zu erhöhen, suchte Klaus nach geeigneten Vertriebspersonal; er schickte Mitarbeiter zu entsprechenden Lehrgängen, leider ohne Erfolg. Dafür allerdings mit erheblichen Kosten!

Wegen der Kündigung eines unfähigen, erfolglosen Mitarbeiters bekam mein Partner mächtigen Ärger mit dem Arbeitsgericht. Ein Anwalt musste gesucht und beauftragt werden.

Aber das waren nicht die einzigen Hindernisse und Probleme; kaum war eines mit viel Aufwand an Zeit, Geld und Nerven aus der Welt geschafft, wartete schon das nächste.

Klaus und ich gönnten uns zum Jahreswechsel 1991/1992 vierzehn Tage wohlverdienten Urlaub auf der wunderschönen kanarischen Insel Teneriffa. Während unserer Abwesenheit übernahm meine Tochter Nicole das Regiment in der Firma, was sie in sehr konsequenter Weise tat.

Wir fanden es ganz toll, Ende Dezember, im Sonnenschein bei 25° C spazieren zu gehen und am Strand zu liegen, während bei uns zu Hause kaltes, nasses Wetter vorherrschte.

Als wir eines Nachmittags durch das schöne Puerto de la Cruze spazierten, sprachen uns zwei junge Leute an und luden uns ein, eine Ferienanlage in Los Gigantes zu besuchen. Ich durfte noch ein Los ziehen, auf das ich einen Aufenthalt in einer Ferienanlage auf einer karibischen Insel auswählen durfte. Toll!

Wir nahmen die Einladung an, und die beiden fuhren uns sogleich dorthin. Die Anlage befand sich in einer herrlichen Lage und umfasste mehrere Appartementhäuser mit allem möglichen Komfort – zwei Swimmingpools, einem Tennisplatz, einer Gaststätte und einem Gesellschaftsraum – sowie jede Menge Sporteinrichtungen. Wir waren überwältigt. Der Eigentümer war ein namhaftes englisches Unternehmen. Schließlich kauften wir vierzehn Tage Timesharing-Anspruch während der begehrtesten Zeit, gewissermaßen als Steuersparmodell. Gleichzeitig wurden wir Mitglied einer weltweiten Tauschorganisation von Timesharing-Objekten.

So haben wir während der nächsten Jahre in wunderschönen Villen und Anlagen unvergessliche Urlaubsreisen gemacht, von denen wir vorher nicht einmal träumen konnten.

Das erste Jahr haben wir natürlich in »unserem« Appartement in Los Gigantes verbracht. Es war wunderschön!

Wieder zu Hause angekommen, fuhren wir gleich zur Firma, um nach der Post der letzten Tage zu sehen. Ein Brief von der Treuhandanstalt war eingegangen, der eine nicht erwartete Hiobsbotschaft enthielt: Die Treuhand erhob Besitzansprüche an unserer Firma und stellte diese sofort unter ihre Aufsicht. Einfach unglaublich! Sie hatten sämtliche Konten sperren lassen, jede einzelne Überweisung mussten wir von diesen Leuten genehmigen lassen. Das bedeutete, mindestens einmal wöchentlich nach Berlin zu fahren. Ich war völlig fassungslos und sagte: »Das ist bestimmt ein Missverständnis, das kann doch einfach nicht wahr sein!«

Klaus und ich reisten sogleich nach Berlin zu der in Ostdeutschland berühmt-berüchtigten Behörde, um den Sachverhalt zu klären. Ansprechpartner war eine Dame, eine Frau von K. Es stellte sich heraus, dass eine Lappalie Anlass zu dieser Aktion war. Diesem absurden Beschluss der Treuhand mussten wir uns zunächst trotzdem fügen und einen sehr guten Anwalt suchen.

Letztlich erreichte der Rechtsanwalt die Aufhebung dieses bösartigen Verwaltungsaktes der Breuel-Behörde. Das Unternehmen kostete dieser Albtraum eine riesige Summe und dazu viel Zeit und Nerven.

Die ersten Jahre nach dem Mauerfall waren auf jeden Fall sehr abwechslungsreich, ich habe viele unterschiedliche Menschen kennengelernt, mir viele neue Tätigkeiten angeeignet und überhaupt mein Leben völlig neu ordnen müssen.

Klaus war mein Partner sowohl in privater als auch in geschäftlicher Hinsicht. Die meisten Leute dachten, wir seien ein Ehepaar, aber wir lebten, arbeiteten und wirtschafteten nur einfach so zusammen. Mir persönlich war es völlig gleichgültig, ob wir einen Trauschein hatten oder nicht. Aber irgendwann kamen wir dennoch zu der Überzeugung, dass es Vorteile bringen würde, etwa in steuerlicher Hinsicht, wenn wir verheiratet wären. So beschlossen wir auf unsere »alten Tage«, noch einmal zu heiraten.

Vor mehr als sechs Jahren hatten wir uns kennengelernt und lebten nunmehr seit etwa fünf Jahren recht harmonisch zusammen. Nach dem Fiasko meiner ersten Ehe hatte ich mir geschworen, nie wieder zu heiraten; aber nun sagte ich mir, es sei ja ohnehin egal, ob man verheiratet ist oder nicht. Klaus hatte sich scheiden lassen, nachdem wir uns kennengelernt hatten. Beide hatten wir schon die 50 überschritten und dachten, es könne nichts mehr schiefgehen.

Eine große Feier wollten wir »alten« Leute natürlich nicht machen. Ich hatte im Gegensatz zu Klaus eine recht große Familie: vier mehr oder weniger erwachsene Kinder, drei Schwiegerkinder, fünf Enkelkinder sowie eine Schwester und einen Bruder und zahlreiche Nichten und Neffen. Klaus dagegen hatte keine Kinder und auch keine Geschwister. Also dachten wir über eine kleinere Variante, nur mit den engsten Angehörigen nach.

Das nächste Problem war, dass mein zahlreicher Nachwuchs, bis auf meine jüngste Tochter Nicole, ihre sächsische Heimatstadt längst verlassen und sich in unterschiedlichen Regionen Deutschlands niedergelassen hatte. Klaus, Nicole und ich wohnten in einer nicht allzu großen Plattenbau-Wohnung, sodass wir unmöglich den »Rest« der Familie unterbringen konnten. Alles, was wir an finanziellen Mitteln hatten, steckte in der Firma. Ergo, auf eine Familienfeier verzichteten wir und wollten in aller Stille heiraten. So hielten wir unseren Plan geheim und sagten der Gerechtigkeit halber niemandem etwas von unserem Vorhaben, nicht einmal Nicole. Wir nahmen an, dass sie in der Firma, wo wir doch den ganzen Tag zusammen waren, etwas von den Vorbereitungen mitbekommen würde.

Wir wollten irgendwo in Deutschland, nicht in unmittelbarer Nähe des Wohnortes eines meiner Kinder, heiraten, wo uns keiner kannte. So bemühte sich Klaus um einen Termin in einem Standesamt und ein entsprechendes Hotelzimmer. Das erwies sich als gar nicht so einfach, entweder war freitags kein

Termin im Standesamt verfügbar oder beim nächsten gab es kein freies Hotelzimmer. Endlich, der dritte Versuch klappte, in Bad Homburg bekamen wir recht kurzfristig einen Termin im Standesamt und ein schönes Zimmer für das Wochenende im *Maritim*. Klaus schickte die erforderlichen Unterlagen zum Standesamt und besprach alles Notwendige per Telefon.

Die heimlichen Vorbereitungen im Büro waren recht spannend, zumal Nicole im Nebenzimmer saß. Das Ganze machte Klaus und mir richtig Spaß und wir freuten uns echt auf unseren großen Tag. Ich kümmerte mich um das Outfit des Brautpaares. Klaus hatte sich erst kürzlich einen schwarzen Gesellschaftsanzug zu einem festlichen Anlass gekauft, also brauchte er nur ein schickes Hemd; nur die Braut hatte, wie das allgemein bei Frauen üblich ist, einen ganzen Schrank voll »nichts anzuziehen«. So machte ich mit meiner jüngsten Tochter einen Einkaufsbummel in Berlin, so wie wir es hin und wieder taten. Die Boutiquen, Geschäfte und Kaufhäuser rund um den Kurfürstendamm wurden inspiziert. Zwischendurch, wenn die Füße keine Lust mehr hatten, gingen wir ins nächste Café und plauderten über alle möglichen Dinge. Wir hatten damals ein recht vertrautes freundschaftliches Verhältnis. Ich kaufte mir ein sehr elegantes cremefarbenes Seidenkostüm – Designerware, allerdings eine Preisklasse unter »Yves Saint Laurent«. Nicole wunderte sich gar nicht, dass ich mir so eine helle Farbe ausgesucht hatte, wo ich ja eigentlich meistens Schwarz oder Dunkelblau für festliche Anlässe bevorzugte. Ich glaubte deshalb, sie hatte »Lunte gerochen«.

Wir planten diese Wochenendreise nach Bad Homburg, bekamen Post vom Standesamt desselben Ortes – ich war fest davon überzeugt, dass Nicole uns längst durchschaut hatte, uns aber den Spaß nicht verderben wollte und deshalb nichts sagte.

Aber weit gefehlt, Nicole dachte nicht im Traum daran, dass ihre Mutter Geheimnisse vor ihr haben könnte!

Es wurde Frühling, die Sonne schien schon wunderbar warm, und das geheimnisvolle Wochenende stand vor der Tür. Kurzfristig kam von meiner zweiten Tochter, Simone eine Einladung zur Kommunion ihres großen Sohnes, mein Enkel Numero 3, nach Köln. Ausgerechnet an diesem Wochenende! Absagen kam natürlich nicht in Frage, sonst wäre der Junge sehr enttäuscht gewesen.

Es war Donnerstag, der 15. April, kurz nach Mittag. Klaus und ich verabschiedeten uns von Nicole: »So, Fräulein B., heute verabschiedet sich das letzte Mal Frau B. von dir und halt die Ohren steif bis Sonntag in Köln!« Nicole schüttelte verständnislos den Kopf.

Bei herrlichem Sonnenschein kamen wir gegen 17 Uhr in Bad Homburg an. Plötzlich fiel Klaus ein, dass er versäumt hatte, Blumen zu bestellen. Jetzt wurde es zeitlich recht eng, also flugs im Hotel anmelden, Koffer abstellen und in die Fußgängerzone, einen Blumenladen suchen. Da war auch schon einer! Während Klaus hineinging, um Blumen auszusuchen, schaute ich mir die Auslage eines Antiquitätengeschäftes an. Die Dame im Blumenladen konnte es zunächst gar nicht fassen, dass da ein Herr zwanzig Minuten vor Ladenschluss einen Brautstrauß für den nächsten Morgen 10 Uhr bestellen wollte. »Unmöglich«, war ihre erste Reaktion; jedoch das unglückliche Gesicht von Klaus und seine Bemerkung: »Ich dachte, im Westen ist alles möglich!«, entlockte der Blumenbinderin dann doch ein »Na gut, ausnahmsweise!«. Somit war die Hochzeit gerettet – glaubten wir jedenfalls.

In einem winzigen Kaufhaus kauften wir schnell noch ein sehr schönes Hemd für Klaus und eine lachsfarbene Bluse für mich. Im Hotel angekommen, bestellten wir ein Taxi für den nächsten Morgen und ließen bei einer guten Flasche Rotwein den Tag ausklingen.

Am nächsten Morgen nach dem Frühstück machten wir uns schön für das bevorstehende Ereignis. Das Taxi kam pünktlich. Zuerst ging es zum Blumengeschäft, ein wunderschönes Bukett aus dunkelroten Rosen abholen, dann zum Standesamt. Im Vorzimmer meldeten wir uns an, und wurden in einen großen, kahlen Warteraum geschickt. Ab und zu erschien ein neugieriges Gesicht an der Tür und verschwand wieder. Dann endlich kam der Standesbeamte und begrüßte uns sehr freundlich. Er schaute auf die Uhr (inzwischen war schon das nächste Brautpaar eingetroffen) und fragte: »Ihre Trauzeugen haben sich wohl verspätet?«

»Trauzeugen? Was denn für Trauzeugen? Wir sind allein hier.«

»Aber Sie müssen doch Trauzeugen haben, wussten Sie das denn nicht?«

»Nein, wir waren zwar beide schon einmal verheiratet, aber Trauzeugen brauchten wir bei uns in der DDR nicht!« Bei uns hatte man eben den Beamten vertraut.

Der Standesbeamte lächelte und fragte, ob wir nicht mit einem Taxi gekommen seien, der Chauffeur könne das übernehmen. Den hatten wir schon weggeschickt. Nach gesetzlichen Vorschriften müssen zwei Personen mit gültigem Personalausweis die standesamtliche Trauung bezeugen, egal wer es ist. Der sympathische Beamte meinte. »Ich bitte zwei Kolleginnen hier aus dem Rathaus!«

Er ging und telefonierte, während Klaus und ich im Trauungs-Saal Platz nahmen. Kurz danach erschien er mit zwei bereitwilligen, netten jungen Frauen und die Zeremonie konnte endlich beginnen. Anschließend bedankten wir uns als frisch vermähltes Paar bei den beiden Damen und dem Standesbeamten und verließen glücklich das Rathaus von Bad Homburg.

Bei herrlichem Sonnenschein liefen wir durch das Städtchen zum Foto-Atelier, um das Ereignis oder besser gesagt die Akteure desselben bildlich festzuhalten. Danach ging es gemächlich zurück zum Hotel.

In einem kleinen Speisesaal nahmen wir beide ganz allein unser Hochzeitsmenü zu uns und tranken dazu natürlich eine Flasche Champagner. Eine ganze Kompanie Kellner hatten wir für uns ganz allein, sie servierten uns fast lautlos die leckersten Speisen. Es war einfach fürstlich!

Das Interessanteste an diesem ungewöhnlichen Tag war, dass kein Mensch irgendetwas davon wusste.

Später, nach dem Abendessen, gingen wir in eine ganz tolle Disco, die *Tennisbar*. Dort tanzten und amüsierten wir uns bis in den frühen Morgen. Den Sonnabend konnten wir uns nach Herzenslust ausruhen und den schönen Kurpark bei schönstem Frühlingswetter genießen. Am Sonntagmorgen fuhren wir los in Richtung Köln, zur nächsten Feier. Da wir aus einer anderen Richtung als gewöhnlich in Köln ankamen, verpassten wir prompt die Ausfahrt. So kamen wir schließlich zu spät in der Kirche an und konnten unsere Lieben nicht gleich finden. Fast alle Plätze waren besetzt und der Pfarrer hatte gerade mit seiner Zeremonie begonnen. Die Leute knipsten ihre Sprösslinge, um eine Erinnerung an diesen für die Kinder recht bedeutenden Tag zu haben, aber der Pfarrer schimpfte in einer sehr unangemessenen Art und Weise, da es verboten sei, mit Blitzlicht in dieser Kirche zu fotografieren. Er drohte sogar, die Fotografierenden aus der Kirche zu werfen.

Die »tolle« Kommunion war zu Ende, alles strömte zum Ausgang, jeder wollte der Erste sein.

Draußen vor der Kirche trafen wir allmählich alle unsere Kinder und Enkelkinder und begrüßten uns sehr aufwendig, schließlich sahen wir uns ja nicht so oft. Nicole und ihr Freund waren auch schon da. Die frisch gefirmten Kinder kamen in ihren weißen Kitteln und wir konnten endlich unseren Enkel gratulieren. Zunächst gingen wir frisch Vermählten zu meinem Sohn Axel, bei dem wir die nächsten beiden Tage wohnten. Als die gesamte Sippe vereint war, tranken wir erst einmal ein

Gläschen Sekt auf die Kommunion, eins auf das Wiedersehen, und dann erzählte ich meiner versammelten Mannschaft von unserer Eheschließung.

Einen Augenblick war Totenstille, ringsum erstaunte Gesichter. Damit hatte absolut keiner gerechnet. Nicole sah so betroffen aus, dass es mir plötzlich leid tat, ihr das Geheimnis nicht anvertraut zu haben. Aber ich hatte es für gerechter gehalten, keinem etwas zu sagen. Es war sicher ein Fehler, aber jetzt nicht mehr zu ändern.

Als Erste fasste sich meine Schwiegertochter, Axels Frau. Sie kam auf mich zu und umarmte und beglückwünschte mich und brachte ihre Freude zum Ausdruck. Die anderen schlossen sich schließlich an und gratulierten dem frisch vermählten Paar. Als Letzte waren die immer noch fassungslose Nicole und ihr Freund an der Reihe. Ich sagte ihr: »Ich glaube, ich habe etwas falsch gemacht, du siehst so betreten aus und dabei dachte ich, du hättest unser Vorhaben längst durchschaut!«

Simone meinte zu Nicole: »Ich glaube nicht, dass du nichts davon wusstest. Ihr seid doch jeden Tag zusammen, da musst du doch etwas mitbekommen haben. Außerdem sagt Mutti dir doch sonst immer alles.«

Ich versuchte mich zu rechtfertigen und sagte, dass ich absolut gerecht sein wollte, und außerdem sollte es eine Überraschung für alle werden.

Die Überraschung war jedenfalls gelungen und die meisten meiner Lieben fanden es auch positiv. Die Gemüter beruhigten sich langsam wieder, und alle gingen wir gemeinsam in die Gaststätte, die Kommunion zu feiern.

Allerdings glaube ich, dass meine jüngste Tochter mir nie ganz verziehen hat, für sie war es sicher eine Art Vertrauensbruch. Seither teilt Nicole mir ihre persönlichen Dinge und solche, die ihren Sohn betreffen, nicht mehr mit. Das grämt mich sehr. Aber Heimlichkeiten kommen eben nicht immer und überall gut an!

Bei unserer ersten Reise auf die wunderschöne Insel Teneriffa hatte ich eine Woche Urlaub in der Karibik gewonnen. Aus einem Prospekt konnten wir unser Reiseziel aus mehreren auswählen. Ich war für Grand Bahama. Es war schon immer mein Traum gewesen, eine karibische Insel mit ihrem tropischen Flair, ihrer Musik und ihrer unbeschwerten Lebensart hautnah zu erleben.

So hatten wir für Ende August die gewonnene Woche in einer Ferienanlage nahe der Hauptstadt der Insel, Grand Bahama Freeport, gebucht. Damit sich der lange Flug lohnte, tauschten wir unser Timesharing-Domizil in Teneriffa mit einer Ferienanlage in Florida. Ich freute mich riesig auf drei tolle Wochen in einer völlig anderen Welt. Ich konnte mein Glück kaum fassen. Die Vorbereitungen machten mir unendlich viel Spaß, die Flüge buchen, Klamotten zusammenstellen und so weiter. Meine Tochter Nicole, unsere tüchtige Mitarbeiterin, übernahm während unserer Abwesenheit wie immer vorbildlich die Leitung der Firma.

Endlich war es so weit! Nicole fuhr uns mit dem Auto nach Berlin Tegel, von wo wir nach London Headrow flogen. Der riesige Airport war schon ein Abenteuer für sich. Erschwerend kam hinzu, dass wir kein Englisch konnten. Woher auch, in der DDR galt Russisch als die Weltsprache. Nachdem wir zweimal im Kreis gelaufen waren, fanden wir das Gate, von dem aus uns ein Bus zu einem anderen Terminal brachte. Es war eine ziemliche Strecke entfernt, dazu der Linksverkehr. Ich hatte ständig das Gefühl, dass es gleich krachte.

Schließlich kamen wir zu unserem Flugzeug, einer Boing 737. Mein Gott, war sie riesig! Wir stiegen ein und saßen mittendrin, in der mittleren Sitzreihe auf Mittelplätzen.

Nachdem die Flughöhe erreicht war, wurde das Essen eingenommen. Danach machten sich die meisten Passagiere für die Nacht bereit und begannen sich von innen zu betrachten. Wie langweilig, ich war kein bisschen müde und wollte schließlich meinen ersten Überseeflug nicht verschlafen. Am nächsten Vormittag landeten wir in Fort Lauderdale. Hier hatten wir ein paar Stunden Zeit bis zum Weiterflug nach Freeport. Als Transitreisende durften wir den Flughafen nicht verlassen, mussten aber unser Gepäck an uns nehmen.

Kurz vor der Landung verteilten Flugbegleiter Formblätter, Zollerklärungen. Wir brauchten keine, der Reisepass würde für Gäste aus Deutschland ausreichen. Dem war allerdings nicht so, ohne Zollerklärung ging es nicht an der Zollkontrolle vorbei. Stapel dieser Formulare in allen möglichen Sprachen lagen überall in dem riesigen Raum, nur leider keine in Deutsch. Ein sehr netter Beamter half uns schließlich die englischen Formulare auszufüllen, sodass wir endlich weiter zur *baggage claim* gehen konnten. Die Gepäckstücke aus unserer Maschine rollten auch schon über das Band – nur unsere nicht! Gewartet, geschaut – nichts kam mehr übers Band. Na prima! Allerdings waren wir nicht die Einzigen, die auf ihre Koffer warteten. Auf ging's zum Schalter von British Airways, an der schon etwa zehn Leute standen, um eine Vermisstenanzeige zu erstatten. Fantastisch, schon wieder verstand kein Mensch unsere Sprache. Die Formulare waren natürlich auch in Englisch; zum Glück hatte ich ein Wörterbuch dabei, so konnten wir mit viel Mühe unsere vermissten Koffer, eine große Reisetasche und deren Inhalt beschreiben. Ich kam mir langsam wie ein Analphabet vor, schrecklich!

Es stellte sich heraus, dass eine ganze Menge Gepäckstücke versehentlich in einer falschen Maschine gelandet waren und spätestens in zwei Tagen hier auf dem Airport sein sollten. Toll, wir wollten ja noch weiterfliegen. Unser Gepäck wollte man, gleich nachdem es hier eintraf, weiter nach Freeport schicken. Für die nächsten drei Tage sollten wir uns Sachen und Waschzeug, das Notwendigste eben, kaufen und die Quittungen zur Erstattung zu BA schicken.

Da man nur ein kleines Handgepäckstück mit an Bord

nehmen durfte, hatte Klaus eine Kameratasche bei sich, sonst nichts. Ich hatte einen Kosmetikkoffer und eine kleine Handtasche, in der unter anderem meine Tabletten (Betablocker) für drei Tage waren. Das war echt aufregend, aber nicht zu ändern. Also setzten wir uns erst einmal in eine der zahlreichen Gaststätten, Bistros oder Cafés, die es auf dem riesigen Airport gab, um etwas zu trinken, zu essen und vor allen unsere Nerven zu beruhigen. Zeit hatte wir genug bis zum Abflug auf die Bahamas.

Dann schlenderten wir in aller Ruhe zum Terminal, an dem Inlandflüge abgefertigt wurden. Die Abflugzeit nahte. Die wenigen Meter vom Flughafengebäude bis zur bereitstehenden Maschine, einer Golfstream, mussten wir zu Fuß zurücklegen. Als die Tür aufging, es war inzwischen stockdunkel draußen, stockte mir der Atem. Es war eine unglaubliche Hitze auf dem Rollfeld.

In der Maschine war für ungefähr zehn Personen Platz — eine völlig andere Atmosphäre als in dem Jumbo Jet. Ich fand es super und genoss den sehr kurzen, etwas unbequemen, aber sehr interessanten Flug sehr. Der Pilot und somit auch sein sehr interessanter Arbeitsplatz waren direkt links neben und knapp 50 Zentimeter vor mir. Gewissermaßen auf Tuchfühlung!

Das Flughafengebäude von Freeport war so eine Art größere Gartenlaube; die wenigen Angestellten machten einen sehr freundlichen, hilfsbereiten Eindruck. Mitternacht war inzwischen auch vorbei, wir stiegen in ein Taxi und waren in wenigen Minuten am Ziel. Die Anlage lag still und friedlich inmitten einer undurchdringlichen Dunkelheit. Schließlich kam eine Menschenseele und führte uns, nachdem er seine Verwunderung zum Ausdruck gebracht hatte, dass wir kein Gepäck bei uns hatten, zu unserem Zimmer. Formalitäten sollten wir am nächsten Morgen erledigen. Ich war hundemüde, es war schon etliche Stunden her, seit ich geschlafen hatte. Auszupacken hatten wir ja nichts, also nur ausziehen und hinlegen.

Ich schloss gerade die Augen, als ich irgendetwas durchs Zimmer huschen sah; entweder eine Maus, eine Riesenkakerlake oder was auch immer. Zum Schreien war ich zu müde, aber ich bestand darauf, wenigstens das Licht anzulassen. Nach dem Mitbewohner wollten wir uns am nächsten Tag umsehen. Gefunden haben wir allerdings nichts.

Wir sahen uns kurz in der Anlage um. Ein dunkelhäutiger junger Mann fischte aus dem sauberen Swimmingpool zwei, drei welke Blätter und ein paar Staubkörnchen und hörte dazu rhythmische karibische Musik. Wir gingen ins Büro, um die Anmeldeformulare – natürlich auch englisch – auszufüllen und von unserem Malheur mit den verschwundenen Koffern zu berichten. Dies ging wieder nur mit Hilfe von Händen und Füßen und meinem Wörterbuch. Die drei jungen Leutchen waren so lieb, nett und hilfsbereit! Sie fuhren uns mit ihrem klapprigen Auto drei Tage hintereinander zum Airport, um nach unserem Gepäck zu fragen, bis es endlich aufgetaucht war. Wir waren heilfroh darüber.

Ich hatte die Nase voll von unserem ewigen Nichtverstandenwerden und Nichtverstehen; sobald wir wieder zu Hause waren, meldete ich mich gleich in einen Englischkurs an.

Ganz in der Nähe der Anlage war eine kleine Einkaufsstraße mit einem Postamt, einem Friseur und einem Café, in dem wir meistens frühstückten. Es war angenehm kühl hier drinnen und diente uns zum Akklimatisieren. Am ersten Tag fuhren wir in die nahegelegene Stadt mit einem Taxi, eine andere Möglichkeit gab es nicht, hier wegzukommen. Wir kauften uns etwas Unterwäsche zum Wechseln, ein paar dünne Klamotten sowie Wasch- und Rasierzeug für Klaus. Für mich noch ein Paar flache Sandaletten, denn für meine hohen Absätze war die Gegend, die mir wie ein riesiger botanischer Garten vorkam, nicht geeignet.

Als dann unsere Koffer da waren, inspizierten wir endlich

die Insel genauer und konnten uns auch endlich am Strand tummeln. Es war traumhaft. Jeden Tag Sonne pur, das türkisfarbene Meer mit dem rosa Strand, die üppige tropische Pflanzenwelt – aber das Beeindruckendste hier waren die Menschen. Obwohl sie unter wesentlich bescheideneren Umständen lebten, waren sie viel zufriedener, liebenswürdiger und hilfsbereiter.

Schließlich folgte die zweite Etappe unserer Reise. Wir flogen wieder mit einem Miniflieger nach Fort Lauderdale. Es war ein Supererlebnis, bei Sonnenschein über die vielen grünen Inseln und das türkisfarbene Meer zu fliegen. Dann kam Florida in Sicht und der Pilot machte eine große Schleife über die traumhaften Everglades.

Nach der Landung suchten wir den Schalter der Autovermietung. Da kein Escort, den wir bestellt hatten, vorhanden war, bekamen wir einen ganz neuen türkisfarbenen Hyundai. Natürlich mit Automatikgetriebe. Selbst die Gurte legten sich automatisch um uns! So konnten wir in die nächsten ereignisreichen vierzehn Tage starten. Navis gab es noch nicht, so suchten wir per Karte unseren nächsten Aufenthaltsort – Delray Beach. Die Straßen, Häuser und Vorgärten sahen peinlichst sauber und gepflegt aus, man könnte meinen, der Rasen werde hier mit der Nagelschere geschnitten. Unser Domizil war eine komfortable große 2-Zimmer-Wohnung mit einer riesigen Küche und Balkon. Vor dem Haus gab es einen Swimmingpool und einen Whirlpool und jede Menge Liegestühle. Wenn man die Straße überquerte, war man schon am zig Kilometer langen Strand. Toll, hier wäre ich sehr gern geblieben bis ans Ende meiner Tage!

Wir hatten uns sehr viel vorgenommen, sodass gar nicht viel Zeit blieb, die tolle Wohnung auszukosten und genießen. Wir bewunderten all die schicken Strandbäder und Städte der Ostküste Floridas wie Palm Beach, Miami, Daytona und Ft. Lauderdale. Um auch die Westküste zu sehen, fuhren wir eines Morgens quer durch die sehenswerten Everglades, wo wir unterwegs ein Indianer-Reservat ansahen, was einen absolut erschütternd ärmlichen Eindruck machte. Schließlich fuhren wir nach Naples und badeten im Golf von Mexiko. An dem Strand gab es jede Menge Pelikane, die sich hier äußerst wohl zu fühlen schienen.

In Miami, der Stadt, die wir am interessantesten fanden, sind wir mehrmals gewesen, haben dort eine Stadtrundfahrt gemacht sowie per Schiff eine Hafenrundfahrt. Diese führte uns an den vorgelagerten Inseln vorbei, an denen wir die großen Villen und Anwesen vieler namhafter Künstler bestaunen konnten, einschließlich ihrer zum Teil riesigen Yachten.

Ein weiteres Muss war für uns die Besichtigung von Cape Canaveral. Da es doch etliche Kilometer von Delray entfernt ist, fuhren wir sehr früh im Morgengrauen los. Es war unglaublich interessant, man konnte das Riesenhaus der NASA, in dem die Raketen gebaut wurden ansehen. Des Weiteren gab es in mehreren Hallen alles über die Geschichte der Raumfahrt zu sehen und zum Teil auszuprobieren und anzufassen. Ein 3-D-Film gab einem das Gefühl, selbst im schwerelosen Weltraum zu schweben. Es war maßlos vielseitig und beeindruckend. Auf einem riesengroßen Freigelände waren teils stehend, teils liegend alle bisher gebauten Raketen ausgestellt. Die Größe von manchen war beeindruckend, man brauchte etliche Minuten, um das technische Wunderwerk zu umrunden. Aus dem Staunen kam man gar nicht mehr heraus.

Sehr bemerkenswert fand ich auch, dass sich das Gelände inmitten eines Naturschutzgebietes befand, weshalb etliche Kilometer der Zufahrtsstraße absolutes Halteverbot waren.

Wir haben uns auch riesige Monument angesehen, das an den Raketenabsturz vom 28. Januar 1986 erinnert, bei dem sieben Menschen ums Leben gekommen sind. Rund um in den von Wasseradern durchzogenen Gelände sind jede Menge Alligatoren zu bewundern, was irgendwie krass im Kontrast zu der modernen Technik wirkt. Es war ein absolut unvergessliches Erlebnis.

Nach einem Ruhetag fuhren wir noch einmal in nördliche Richtung, nach Disney World Orlando. Das war natürlich etwas völlig anderes, aber auch überwältigend. In Amerika, das merkt man auch an Autostraßen und -kreuzen, sind die Dimensionen ganz anders, hier ist alles viel größer. Das Areal von Disney World Orlando ist unglaublich riesig. Allein die Vielzahl an unterschiedlichen Hotels ist umwerfend, oder die gigantische Parade in der Mainstreet – am liebsten möchte man wieder Kind sein oder wenigstens die Enkel dabeihaben. An einem Tag kann man nur einen Bruchteil des Ganzen erkunden. Einfach unglaublich!

Unser nächster großer Ausflug führte uns an den südlichsten Punkt der USA. Es waren rund 450 Kilometer, weshalb es wieder sehr früh losging. Wir fuhren zur Südspitze Floridas und von dort weiter über die Keys, Key Largo bis Key West. Superschön, der Weg und unser Ziel; auch wieder maßlos interessant. Am Kai von Key West hatte gerade ein Luxusdampfer seine Anker gelichtet. Ein so riesengroßes Schiff hatte ich noch nie gesehen.

Das Hafengebäude und auch das ganze Zentrum der Insel erinnerten an die Landnahme 1492. Seeräuber in Lebensgröße, anscheinend aus Holz, mit richtigen Klamotten, standen überall am Hafen und vor einigen Kneipen. Als ich so ganz dicht an einer solchen Statue vorbeigehen wollte, streckte diese plötzlich den Arm aus, mir fast ins Gesicht. Mir blieb fast das Herz stehen. Dieser verkleidete Seeräuber freute sich natürlich tierisch darüber.

Wir suchten das Wohnhaus von Ernest Hemingway, das jetzt ein Museum war, aber leider nicht mehr geöffnet hatte. Schade! Aber von außen konnten wir wenigstens sehen, wie der große Meister gelebt hatte.

Key West war so wahnsinnig schön, besonders am Strand

bei Sonnenuntergang. Ich wär am liebsten dort geblieben, aber wir mussten den weiten Weg zurück nach Delray Beach.

Irgendwann ging leider auch mein mit Abstand schönster Urlaub zu Ende und wir mussten wieder nach Deutschland, zurück zu unseren Pflichten.

Von Grand Bahama hatten wir durch die Panne mit unserem Gepäck nicht allzu viel mitbekommen, sodass wir fürs kommende Jahr 1994 unseren Tauschurlaub auf einer anderen Insel der Bahamas, auf Paradies Eiland, buchten. Dieses paradiesische Inselchen war durch eine Brücke mit der Insel New Providenz verbunden, auf der sich die Hauptstadt der Bahamas, Nassau, befindet. Die erste Woche hatten wir ein tolles Appartement, ein Reihenhaus, umgeben von einem märchenhaften tropischen Garten unmittelbar am Strand. Inmitten der Anlage war ein Pool, der aus zwei in unterschiedlicher Höhe befindlichen Becken bestand. Rundherum wuchsen und blühten die üppigsten Palmen und andere wunderschöne Pflanzen, an deren Blüten sich süße Kolibris tummelten. Das Wasser plätscherte vom oberen sanft ins untere Becken. Es war wie im Märchen so schön!

Inmitten der Anlage gab es eine Bar, an der man bis zum späten Abend »Bahama Mama«, das Nationalgetränk, genießen konnte. An einem Abend lernten wir ein Zahnarzt-Ehepaar aus Hannover kennen, die einzigen Deutschen, die wir in vierzehn Tagen trafen.

Unsere zweite Woche hier auf der Insel wurden wir in einer anderen Anlage untergebracht. Es war hier auch wunderschön, jeden Morgen standen frische Hibiskusblüten in unserem Zimmer. Die Anlage war von einer Hecke aus Hibiskus umgeben; einen kleinen »Tante Emma«-Laden gab es hier auch. Mit der Verkäuferin haben wir uns oft unterhalten, natürlich soweit das ohne gute Englischkenntnisse möglich ist, und sehr viel Spaß dabei gehabt.

Ja, leider ging auch dieser Urlaub zu Ende. Wir mussten uns wieder dem Alltag, mit all seinen Problemen stellen.

Inzwischen war bei meiner Tochter in Köln die Ehe in die Brüche gegangen. Simone hatte sich in einen anderen Mann verliebt! Ich konnte es nicht nachvollziehen, aber es war schließlich ihr Problem, ihr Leben und ihre Familie. Mir blieb nichts anderes übrig, als es zu akzeptieren. Der neue Partner meiner Tochter, John, war nicht unbedingt der Typ »Liebling aller Schwiegermütter«!

Fast gleichzeitig hatte Axel eine neue Liebe gefunden.

So fuhren wir, das heißt der Rest der Familie, aus Dresden und Halle nach Köln, um die Hochzeit von Axel und Azira zu feiern. Meine neue Schwiegertochter war eine aus Bosnien stammende, nette, sehr selbstbewusste junge Frau. Die Hochzeit wurde in einem riesengroßen Rahmen nach bosnischer Tradition gefeiert.

Knapp ein halbes Jahr später, am 8. Februar 1994, kam dann mein Enkel Nr. 6, Kevin, zur Welt. Wieder ein kleines Mäuschen in der Familie – und ich hatte viel zu wenig Zeit für meine Enkel. Dazu kam natürlich die räumliche Entfernung zu Dresden.

Wir investierten viel Zeit in die Firma, sodass alle Kontakte zur Familie und zu Freunden viel zu kurz kamen.

Ich besuchte nach unserer Hochzeit meine Schwester, die ihre Freude zum Ausdruck brachte und mir alles Gute wünschte. Über ihr Aussehen und ihren inzwischen sehr verschlechterten Gesundheitszustand war ich richtig erschrocken. Sie hatte nach einer Gebärmutter-OP seit einigen Monaten wieder mit dem zurückgekehrten Krebs zu kämpfen. Sie pendelte ständig zwischen Krankenhaus, wo sie eine Chemotherapie bekam, und zu Hause; dann wieder ins Krankenhaus zur Bestrahlung und wieder eine Woche zu Hause. Es war fürchterlich, zumal ihr Ehemann ihr in ihrer schwersten Zeit nicht liebevoll, ja nicht einmal hilfreich zur Seite stand.

Als sie kurze Zeit später verstarb, war ich mächtig erschüttert; ich hatte immer ein sehr herzliches Verhältnis zu ihr und ihren Kindern gehabt.

Simone wurde zum dritten Mal schwanger. Sie war sehr stolz und glücklich, als Erste und Einzige meiner Kinder ein kleines Mädchen zur Welt zu bringen. Endlich war es soweit und Amanda erblickte am 26. September 1995 das Licht der Welt. Sie war ein sehr süßes Kind und für Simone der absolute Mittelpunkt.

So, jetzt hatte ich sieben Enkelkinder und keines in meiner Nähe. Meine Jüngste hatte zwar ein paar Mal gedacht, sie sei schwanger, aber dann war es wieder nichts. Zur Zeit glaubte sie wieder schwanger zu sein, ich konnte es nur nicht glauben, um nicht wieder enttäuscht zu werden.

Aber irgendwann war ihr Bäuchlein nicht mehr zu übersehen. Ich freute mich unglaublich, dass meine Kleine ebenfalls Mutter werden sollte und ich in Dresden, ganz in meiner Nähe, wieder ein Enkelkind haben würde. Der kleine Ivica war ja nur ein paar Monate in Dresden gewesen, bis die junge Familie ausreisen durfte. Andy war am längsten hier in Dresden, aber nach dem leider viel zu schnellen Scheitern der Ehe seiner Eltern hatte ich nicht oft Gelegenheit, mit Andy zusammen zu sein.

Im Wonnemonat Mai kam dann mein jüngster Enkel Marc zur Welt. Ich war total happy! Klaus und ich hatten zu Nicole ein sehr gutes Verhältnis und so konnten wir unseren süßen Marc recht oft sehen. Da der Kleine auch sehr an mir hing, nutzte ich jede Gelegenheit, mit ihm zusammen zu sein. Nicole lebte mit dem Vater von Marc zusammen, aber sehr glücklich schienen sie nicht miteinander zu sein, weshalb sie einer Heirat nicht zustimmte. Ich denke, sie waren ganz einfach viel zu verschieden in ihren Ansichten und Einstellungen.

Da Klaus aus seiner ersten Ehe keine Kinder hatte, war Nicole wie eine Tochter für ihn, und Marc liebte er abgöttisch. So war Marc das erste Kind, das Klaus vom ersten Tag an heranwachsen sah. Trotz unserer massiven betrieblichen und somit finanziellen Schwierigkeiten fühlten wir uns, allein durch Marcs Existenz, ziemlich glücklich.

Eine neue Verwaltungsgesellschaft übernahm schließlich das Bürogebäude, in dem sich die Räume unserer Firma befanden. Die Mieten wurden auf mehr als das Doppelte angehoben. Klaus suchte neue, bezahlbare Räume. Hier stand uns zusätzlich eine große Garage zur Verfügung, damit bot sich der Einbau von Funktelefonen und elektronischen Wegfahrsperren in Kraftfahrzeuge an.

Wir teilten aus mehreren Gründen die Firma in zwei eigenständige Unternehmen. Ich gründete also eine GmbH und übernahm die Fax- und Kopiertechnik und dazu zwei entsprechend qualifizierte Mitarbeiter. Klaus behielt die Strecke der Telefonanlagen einschließlich des Einbaus und alle Bereiche der Funktechnik. Es ging zunächst wieder etwas aufwärts.

Die wirtschaftliche Situation im Osten verschlechterte sich ständig. Immer mehr Kunden konnten ihre Rechnungen nicht begleichen. Dazu kamen solche, die nicht zahlen wollten. Die Forderungen wuchsen in die Höhe, damit dann auch die Verbindlichkeiten.

Die Firma von Klaus bekam nach einer Ausschreibung einen ziemlich umfangreichen Auftrag von einem Bauunternehmen. In ein großes Wohnhaus sollte, nach umfangreicher baulicher Renovierung, alle mögliche moderne Technik eingebaut werden. Eine leistungsstarke Videoanlage sowie eine topmoderne Telefonanlage sollten installiert werden einschließlich des entsprechenden Hausnetzes.

Die Freude über den Auftrag endete allerdings in einem Desaster. Die Technik sollte vom Feinsten sein und musste erst einmal von uns vorfinanziert werden, bis die erste Hälfte der vereinbarten Summe fällig wurde. Es war ein mächtiger Balanceakt, aber endlich rückte der Termin heran. Leider kam kein Geld – es handelte sich hierbei um eine größere 5-stellige Summe –, dafür ein Schreiben mit dem Ersuchen um einen Vergleich, da die Baufirma nicht zahlungsfähig war! Da wir selbst »auf dem Schlauch standen«, holten wir uns Rat von einem Rechtsanwalt und Steuerberater. Wir kamen überein, in den sauren Apfel zu beißen, und verzichteten auf die Hälfte der Summe. Lieber etwas als gar nichts!

Der Auftrag wurde exakt und pünktlich abgeschlossen und wir hofften sehnlichst auf den Eingang der Endsumme auf das Konto der Firma. Vergeblich, es kam wieder ein Antrag auf einen Vergleich und Verlängerung der Fälligkeit. Das war natürlich eine Unverschämtheit und auch gar nicht machbar für ein kleines privates Unternehmen. Wir entschieden uns für eine gerichtliche Auseinandersetzung. Unsere Firma bekam Recht und der Bauträger die Order zu zahlen.

Wir freuten uns natürlich über den Sieg bei Gericht; Geld ging aber nach wie vor keines ein. Dafür kam ein Brief: Die Baufirma hatte Konkurs angemeldet! Jetzt stand uns das Wasser bis zum Hals.

Das war ein Detail aus dem wirtschaftlichen Abstieg, das nächste kündigte sich schon an. Der Vermieter beider Firmen plante einen Neubau; das Gebäude, in dem sich unsere Arbeitsräume befanden, sollte abgerissen werden. Wieder musste ein Umzug geplant, durchgeführt und finanziert werden. Wir zogen in einen Neubau inmitten des Dresdner Industrie- und Arbeiterviertels. Zu Büro-, Werkstatt- und Lagerräumen mietete ich noch ein Ladenlokal. Meine Hausbank unterstützte das Projekt und gewährte mir dazu einen zusätzlichen Kredit. Das Angebot erstreckte sich über Fax- und Kopiertechnik einschließlich Zubehör und Service, Telefonapparate sowie die sich immer mehr verbreitende Mobilfunktechnik.

Der Laden war sehr geschmackvoll und vor allen zweckmäßig eingerichtet. Ich konnte hier, während keine Kunden da waren, die Buchhaltung erledigen, da ein moderner Computer verfügbar war, mit dem zu dieser Zeit noch die Karten für Funktelefone freigeschaltet wurden.

Leider blieben die potenziellen Kunden aus.

Inzwischen hatte Klaus einen neuen, hoffnungsvollen Mitarbeiter eingestellt, der sich leider als Kuriosum und Hochstapler entpuppte.

Die wirtschaftliche Lage beider Unternehmen wurde immer prekärer und wir mussten Mitarbeiter entlassen. Gerichtsvollzieher gingen ein und aus. Klaus gab schließlich seine Firma auf, es war nicht mehr aufzuhalten.

Ein paar Monate hatten wir versucht, wenigstens meine GmbH noch am Laufen zu erhalten. Klaus hatte noch einige Angebote geschrieben, es kam dann doch noch ein recht großer Auftrag, aber leider zu spät. Die monatlichen Ausgaben an Miete, besonders für den Laden, überstiegen bei Weitem die Einnahmen. Um nicht wegen Konkursverschleppung angezählt zu werden, reichte ich Ende 1997 einen Insolvenzantrag ein.

Wir waren in einer ausweglosen Situation. Hartz IV gab es damals noch nicht, so bekam Klaus als ehemaliger Selbständiger, der allerdings noch ein paar Monate in meiner GmbH halbtags angestellt war, Arbeitslosenhilfe. Ich wurde nicht einmal als Arbeitslose registriert und bekam persönlich nichts, besser gesagt gar nichts! Klaus bekam für mich als seine Ehefrau ein paar Kröten mehr. Meine Tochter Nicole stand ebenfalls auf der Straße. Der bei mir bis zuletzt angestellte Servicetechniker fand glücklicherweise gleich wieder eine Anstellung.

Da ich einen Abschluss als Dipl. Betriebswirt besitze, habe ich noch einige Monate mit der Abwicklung meiner GmbH und auch mit Klaus' Einzelunternehmen mit den jeweils zuständigen Rechtsanwälten zu tun gehabt. Es war eine schreckliche Zeit, wir waren finanziell und nervlich total am Boden. Klaus bekam dann irgendwann einen Minijob als Hausmeister.

Wenn man alle Kraft und Ressourcen in ein Unternehmen steckt und dabei scheitert, ist das mehr als deprimierend. Das Einzige, das uns Kraft gegeben hat, war unser kleiner Enkel Marc.

Ich musste zweieinhalb Jahre durchhalten, bis ich, zwar mit Abschlägen, die Altersrente mit 60 beantragen konnte. In der Zwischenzeit hatte ich jede Menge Bewerbungen geschrieben – natürlich umsonst. Von früh bis spät zu Hause – daran musste ich mich auch erst gewöhnen.

Wir suchten nach einer preisgünstigeren Wohnung und zogen um.

VIII.

Wirtschaftlich gesehen war mein Leben jetzt ein Desaster, kein Silberstreifen am Horizont zu sehen. Ich würde niemals mehr in meinem Leben die Möglichkeit haben, die vielen Schulden – persönliche Bürgschaften für die Kredite der insolventen Firma – zurückzuzahlen und bei einem Punkt Null anzufangen. Es war zutiefst deprimierend.

Die schönsten Stunden waren die, an denen mein kleiner Marc bei uns war oder Klaus und ich etwas mit ihm unternehmen konnten. Marc war ein richtiger Sonnenschein und er gab mir und Klaus Kraft zum Weiterleben.

An einem schönen sonnigen Morgen hatte ich wieder einmal einen Hausarzttermin, nur zur Routineuntersuchung. Ich fühlte mich körperlich sehr wohl, hatte nur hin und wieder ein leises Ziehen in der rechten Seite, vermutlich die Galle. Momentan war es wieder weg, aber Klaus wollte, dass ich es trotzdem dem Arzt mitteilte. Daraufhin schickte der Arzt mich zu einer Internistin zur Ultraschalluntersuchung. Ich erinnerte mich, dass ich vor Jahren schon einmal bei ihr zur Magenspiegelung war.

»Nun, war haben Sie dieses Mal für Beschwerden?«, fragte sie mich in ihrer netten Art.

»Wenn Sie so fragen, Frau Doktor, eigentlich momentan gar keine; ich fühle mich pudelwohl.«

»Das ist ja prima«, entgegnete sie und las dabei den Überweisungsschein vom Hausarzt.

»Ich habe manchmal ein leichtes Ziehen und ein Druckgefühl in der rechten Seite, ich tippe auf Galle. Sie möchten es sich bitte per Ultraschall ansehen, meint der Herr Doktor.«

»So, dann legen Sie sich bitte ganz entspannt auf die Liege und machen den Bauch frei.«

Sie untersuchte die betreffende Stelle und meinte: »Niere okay, an der Leber ein paar harmlose Zysten, Pankreas auch in Ordnung. Schauen wir doch gleich noch die andere Seite an.« Plötzlich hielt sie inne, ging immer wieder über die gleiche Stelle und sagte: »Jetzt muss ich Ihnen leider Angst machen! Sie haben an der linken Niere einen 6,5 Zentimeter großen bösartigen Tumor. Sie sollten diesen schnellstmöglich entfernen lassen.«

WAMM!!!

Das war mehr als eine schallende Ohrfeige. Ich war völlig perplex und konnte es gar nicht fassen.

Ich sollte sofort zum Hausarzt gehen, den sie in der Zwischenzeit über das Untersuchungsergebnis informierte, mit der Bitte, sogleich einen Termin bei einem Urologen zu machen.

Ich war wie betäubt, lief zur nächsten Straßenbahnhaltestelle und setzte mich unterwegs erst einmal auf eine Bank. Mein Gehirn war ausgeschaltet, ich saß minutenlang einfach nur da, ohne irgendetwas wahrzunehmen. Dann wurde mir bewusst, dass ja mein Hausarzt auf mich wartete. Also ging ich hin; er gab mir die Adresse eines in der Nähe niedergelassenen Urologen, bei dem er mich bereits angemeldet hatte.

Inzwischen hatte ich mich wieder gefasst und ging sogleich hin. Der Urologe sagte mir sehr deutlich, dass eine Entfernung der linken Niere unbedingt erforderlich sei, ich sollte aber vorher noch zur radiologischen Untersuchung, zu der er mich sogleich anmeldete.

Nächstes Ziel: Radiologie, zur Computertomografie. Mir blieb vor lauter Arztbesuchen keine Zeit nachzudenken.

In der Radiologie wurde ich ebenfalls schon erwartet. Zunächst musste ich einen langen Fragebogen ausfüllen, dann brachte eine Schwester mir eine große Flache Kontrastmittel, das ich über eine Stunde verteilt trinken musste. Jetzt saß ich in einem Warteraum und hatte endlich Zeit nachzudenken. Mir schwirrten tausend Gedanken im Kopf herum und ich versuchte, sie zu ordnen. Vielleicht hatte sich die Internistin geirrt und ich hatte gar keinen Krebs?! Die bevorstehende CT-Untersuchung würde Klarheit bringen.

Ich dachte an meine Schwester, die vor ungefähr fünf Jahren an Krebs langsam und elend zugrunde gegangen war. Schrecklich, was die Chemo- und die Strahlentherapie aus ihr gemacht hatten. Das wollte ich mir keinesfalls antun, ich wollte lieber die noch verbleibende Zeit nutzen und genießen.

In Gedanken versunken griff ich nach dem Becher, um den letzten Rest der Flüssigkeit zu trinken. Da kam auch schon die Schwester und begleitete mich in einen Raum, in dessen Mitte das technische Wunderwerk stand. Ich zog meine Pumps aus und legte mich auf den schmalen Tisch des Gerätes. ›Eine Stille wie im Grab‹, dachte ich schaudernd. Das Gerät wurde angeworfen, die Prozedur begann. Es dauerte nur ein paar Minuten, dann konnte ich wieder in den Warteraum, bis mich die Radiologin, eine sehr nette Ärztin, aufrief.

»Frau Heuschkel, ich muss leider die Diagnose bestätigen, Sie haben ein Nierenzellkarzinom. Sie sollten umgehend zur OP gehen, jeder Tag kann ausschlaggebend sein. Hoffen wir, dass sich noch keine Metastasen gebildet haben.«

Sie übergab mir einen Umschlag mit den Befunden für den Urologen.

»Danke«, sagte ich und nahm mit zitternden Fingern den Umschlag entgegen. »Wie lange hätte ich denn noch zu leben, ich meine, ohne Beschwerden, wenn ich mich nicht operieren lasse; außerdem kommen Nachbehandlungen wie Chemo oder Bestrahlung für mich nicht in Frage. Ich würde dann lieber auf eine Verlängerung der Lebenszeit verzichten.«

»Das kann man so bestimmt nicht sagen«, erwiderte die Ärztin erstaunt, »die Überlebenschancen sind aber auf jeden Fall mit einer Behandlung weitaus höher!«

Ich eilte die Treppe hinunter, da stand mein Mann mit dem Auto vor der Tür. Er konnte es gar nicht fassen, als ich über die Diagnose berichtete. Komisch, da erfasste mich plötzlich eine innere Ruhe. Ich sagte ihm, er solle sich nicht verrückt machen, schließlich lebte ich noch!

Mein Galgenhumor war wieder da. Schweigend fuhren wir zum Urologen. Nachdem er die Befunde angeschaut hatte, erläuterte er anhand eines Schaubildes, wie die OP durchgeführt werden sollte. Auf jeden Fall müsse die linke Niere komplett entfernt werden, aber mit einer Niere könne man problemlos leben.

»Ich habe mich doch noch gar nicht für eine Operation entschieden, aber eine Alternative gibt es wohl nicht, außer Abwarten«, brachte ich stotternd hervor.

»Das ist natürlich Ihre Entscheidung«, erwiderte der Arzt. Dann sprach er noch über den Zusammenhang zwischen Nieren- und Knochenkrebs, weshalb er mich noch einmal in die Radiologie schickte, um eine Skelettszintigrafie durchführen zu lassen. Anschließend sollte ich wieder zu ihm kommen, um alles Weitere zu besprechen.

Bei der Szintigrafie wurde eine kleine Abweichung im rechten Oberarm festgestellt. Eine Röntgenaufnahme zeigte ebenfalls irgendwelche dunkle Ringe. ›Auch das noch‹, dachte ich.

Inzwischen war ich ziemlich erschöpft, denn seit dem Frühstück hatte ich, außer Kontrastmittel, nichts zu mir genommen. Mittlerweile war es 17 Uhr.

Ich wurde aufgerufen und von einer sehr gut aussehenden, sympathischen Radiologin empfangen. Auch sie fragte ich nach Überlebenschancen mit und ohne OP. Sie erklärte mir, dass mein Tumor sehr kompakt sei und höchstwahrscheinlich noch keine Metastasen gebildet hatte. Sie befürwortete eine Operation und erklärte, dass Nachbehandlungen dann nicht erforderlich seien. Außerdem gäbe es ohnehin keine wirksame Chemotherapie für Nierenkrebs.

Auf ihre Aussage vertrauend freundete ich mich mit dem Gedanken an eine OP an.

Wieder zum Urologen, ihm die Ergebnisse der Skelettszintigrafie übergeben. Er meinte, ich sollte erst einmal nach Hause gehen und in aller Ruhe überlegen; mit einer Niere könne man locker 90 Jahre alt werden.

»Ich habe mich bereits entschlossen, ich lasse mich operieren, aber schnellstmöglich, bevor ich es mir anders überlege!«

Das war an einem Donnerstag. Der Urologe setzte sich mit dem Krankenhaus in Verbindung und vereinbarte einen Termin zur stationären Aufnahme für den nächsten Montag früh.

Also blieb mir eine Galgenfrist von drei Tagen. Klaus und ich teilten dann meiner jüngsten Tochter Nicole die erschreckenden Neuigkeiten mit. Sie war sehr betroffen.

Den »letzten« Sonntag wollten wir gemeinsam mit Nicols Familie verbringen. So gingen wir zum Kaffeetrinken zu meinen lieben Kleinen. Die Stimmung war gedrückt, jeder schwieg betreten, außer natürlich dem kleinen Marc.

Das war überhaupt nicht nach meinem Geschmack, so ließ ich mich von meinem goldigem Enkel ins Kinderzimmer entführen. Für Marc war ich der liebste Spielgefährte; wir hockten uns beide auf den Teppich und spielten mit seinen Matchboxautos. Die Zeit verging wie im Fluge, der Abschied stand bevor. Plötzlich überfiel mich eine unendliche Traurigkeit. ›Warum gerade jetzt, wo ich so gern den Kleinen aufwachsen sehen will? Nein, ich will nicht sterben, verdammt, ich muss das überstehen‹, dachte ich und drückte meinen Marc ganz fest an mich.

Montag früh um 7 Uhr war ich abmarschbereit. Mit einem flauen Gefühl im Magen. Klaus ging es nicht besser. Er sah sehr mitgenommen aus, und ich glaubte, ihn trösten zu müssen.

»Urologie – Station I« – wir gingen hinein. Gleich hinter

dem Eingang standen ein runder Tisch und sechs bis acht Stühle ungeordnet umher. Zwei männliche Kandidaten saßen, ihr Köfferchen neben sich, bereits am Tisch. Auf dem Gang herrschte reger Betrieb; Krankenschwestern, Ärzte und sonstiges Personal hasteten hin und her. Langsam wurde ich nervös und ungeduldig und fragte schließlich eine Schwester, ob ich hier richtig sei; ich sollte mich 8 Uhr bei Herrn Dr. Schubert melden. »Ja, ja, warten Sie bitte noch zehn Minuten.« Inzwischen kamen noch ein paar Patienten. Einige der Neuankömmlinge wurden gleich aufgerufen. Nachdem zwei Stunden vergangen waren, hatte sich außer einem hingeworfenen »Gleich geht's los!« für uns nichts getan. Klaus wurde auch ungeduldig und sprach einen jungen Mann im weißen Kittel an; ich konnte aber nichts verstehen. Die Atmosphäre mit dem ekelhaften Geruch nach Urin, Desinfektionsmittel und wer weiß was noch war beklemmend. Am liebsten wäre ich aufgestanden und wieder heimgegangen.

Endlich kam Klaus mit dem jungen Mann auf mich zu. Er stellte sich als der Stationsarzt vor und entschuldigte sich, dass wir so lange warten mussten. »Es waren sehr viele Einweisungen heute Morgen und momentan haben wir nicht einmal ein Bett für Sie.«

»Na toll«, entfuhr es mir, »aber es war doch abgesprochen!«

Er sagte: »Ich kümmere mich jetzt persönlich um Sie. Das Problem ist, dass Sie eine Frau sind. Ich kann Sie ja nicht in ein Männerzimmer legen. In der Chirurgie ist ein Bett frei, die zwei Tage bis zur OP wird es schon gehen.«

›Na prima‹, dachte ich und ging mit meinem Mann zwei Etagen höher. Ich klopfte an die Zimmertür und öffnete sie. »Ach du Scheiße!«, entfuhr es mir.

An der rechten Wand standen fünf Betten, wovon das letzte frei war, und an der linken Seite standen noch drei Betten. Ich grüßte freundlich, sieben Augenpaare richteten sich neugierig auf mich. Meine Reisetasche stellte ich auf das freie Bett und verließ mit Klaus wieder das Zimmer. Klasse, ich war privat versichert mit Anspruch auf ein Einzelzimmer, aber so etwas gab es hier nicht.

Ich begleitete Klaus zum Ausgang und danach musste ich einige Untersuchungen über mich ergehen lassen, wie Röntgen, EKG, Blutprobe. Danach ging ich in mein Zimmer, wo ich einige Fragebögen ausfüllen musste.

Am nächsten Morgen war ein Bett für mich auf der Station I frei. Ich kam in ein Zweibettzimmer, in dem eine sehr alte Dame lag, die kaum ansprechbar war. Ich bekam noch ein letztes Frühstück, danach nichts mehr außer Abführmittel und viel Wasser dazu. Da auf der Station nur eine Toilette war, musste ich ständig auf dem Flur hin und her, um ohne peinliche Zwischenfälle den Darm zu entleeren.

Am späten Nachmittag kamen Nicole und Klaus zum letzten Besuch vor der großen Operation. Wir unterhielten uns in einer etwas abgelegenen Ecke; die Stimmung war ziemlich gedrückt. Ich versuchte mit etwas schwarzem Humor meine beiden Lieben aufzuheitern.

»In drei Wochen will ich mit Klein-Marc Ostereier suchen und in sieben Wochen nach Südtirol reisen! Ich habe gar keine andere Wahl, als schleunigst wieder gesund zu werden!«

»Na, schön wäre es ja«, erwiderte Nicole mit einem gequälten Lächeln.

»Drückt mir einfach die Daumen, dann kann nichts schief gehen!«

Beide begleiteten mich bis zum Eingang in die Station, und ich winkte ihnen, bis sie das Krankenhaus verlassen hatten. Eine Schwester wartete schon mit einer Spritze auf mich, damit ich entspannter schlafen könne; sie strich mir noch sanft über die Wange und sagte: »Sie schaffen das schon. Träumen Sie etwas Schönes und für morgen alles Gute.«

Ich dachte an die Narkose. ›Hoffentlich wache ich wieder auf. Aber ewig kann man sowieso nicht leben. Klaus und die

Kinder, wie kommen die ohne mich zurecht? Was soll's! Wenn ich aus der Narkose erwache, werde ich jedenfalls alles tun, um schnell wieder auf die Beine zu kommen.‹ In Gedanken an meinen kleinen Marc schlief ich tief ein.

Ein greller Lichtschein weckte mich aus meinen Träumen. Eine junge, dunkelhaarige Schwester kontrollierte meinen Puls und die Temperatur und fragte mich, wie ich mich fühle.

»Bis jetzt habe ich mich gut gefühlt, aber ich glaube, dass wird sich gleich ändern!«

Ich sprang aus dem Bett, zog das Büßerhemd über und die Schwester half mir, die Krankenhausstrapse anzuziehen. Noch eine Spritze und ab ging's in den Operationssaal.

Eine OP-Schwester kam und stellte wieder die gleiche Frage, wie ich mich fühle und ob ich bereit sei.

»Alles okay, ich hoffe, Sie haben die Messer richtig gewetzt?!«

Die Schwester lachte und meinte: »So eine fidele Patientin kann auch allein auf den OP-Tisch klettern.« Ich tat es.

Ich wurde angeschnallt, bekam eine Spritze und zählte: »Eins, zwei, drei … acht«, mein letzter Gedanke war: ›Hoffentlich wache ich wieder auf!‹

Am späten Nachmittag kam ich wieder zu mir; in dem Raum war es dämmrig und langsam kehrte die Erinnerung zurück. ›Toll, ich lebe noch.‹ Eine Schwester tauchte auf und sagte: »Jetzt sind Sie ja endlich wieder munter. Ist es Ihnen schlecht?«

»Nein, ich habe nur fürchterlichen Durst und bin hundemüde!«

Später rüttelte mich jemand wach, ich öffnete mühsam die Augen und erkannte Klaus. Es war dunkel im Raum, nur durch einen Türspalt fiel etwas Licht herein. Dann erblickte ich Nicole, die auf einem Stuhl zusammengesunken saß. Ich wollte etwas sagen, schlief aber gleich wieder ein; die Nachwirkung der Narkose.

Die Schwester weckte mich am nächsten Morgen und sagte freundlich: »Sie haben sehr lange und sehr fest geschlafen! Ihr Mann hat angerufen, er kommt Sie gleich mit Ihrer Tochter besuchen.«

Ich lag flach auf dem Rücken und hatte das Gefühl, mit dem Kopf gehe es abwärts. An meiner rechten Hand waren etliche Schläuche in den Venen und an der linken Körperseite kamen größere Schläuche heraus. Ich fühlte mich total verkabelt und hatte das Gefühl, als bekäme ich Bretter fest um den Leib gepresst.

Die Schwester erklärte, dass ich einen ganz straffen Gummiverband um den Leib hätte, damit die lange Naht schön zusammenwachse.

Der angekündigte Besuch kam. »Heute siehst du ja schon wieder viel besser aus als gestern. Wir waren ziemlich erschrocken«, sagte Klaus.

Die ersten Tage nach der OP waren die schlimmsten. Starke Schmerzen lösten sich mit durch Schmerzmittel hervorgerufenen tranceähnlichen Zuständen ab. Ich schlief fast ununterbrochen.

Dann kehrte ich endlich wieder unter die Lebenden zurück. Meine Tochter Nicole besuchte mich und zog aus ihrer Tasche einen postkartengroßen Bilderrahmen hervor, mit einem ganz reizenden Foto von meinem süßen kleinen Enkel – das Bild steht seither immer noch neben meinem Bett – und stellte es auf den Nachttisch.

»So, meine Liebe, sieh dir deinen Enkel an, er sucht dich ständig und überall, er will mit seiner ›H ma‹ spielen. Streng dich an, damit du schnell gesund wirst!«

Ich bemühte mich sehr intensiv um meine Genesung, lief mitsamt einem Ständer, an dem Infusionen hingen, sowie den Beuteln, in denen meine Körperflüssigkeiten gesammelt wurden, im Krankenhausgelände spazieren.

Meinen auswärts wohnenden Kindern hatte ich mitgeteilt, dass ich in meinem Krankenzimmer, aus Rücksicht auf die ältere Dame keinen Besuch empfangen könne, höchstens *eine* Person. Außerdem wäre es sinnvoller, noch acht oder vierzehn Tage zu warten, da ich mich dann meinen Lieben viel besser widmen könne. Meine Tochter Simone war aber der Meinung, dass sie genau wie ihre kleine Schwester das Recht habe, ihre Mutter zu sehen. Also kam sie mit ihren drei Kindern und Mann aus Köln angereist. Leider konnten wir uns nur auf dem Gang der Station eine knappe Stunde sehen und unterhalten, dann mussten sie sich wieder verabschieden und ich musste wieder ins Bett. Ich war total erschöpft. Schade, ein paar Tage später hätten wir mehr von dem Besuch gehabt.

Nach einer Woche wurde die alte Frau verlegt, sodass ich ein paar Tage ein Einzelzimmer genießen konnte. Es war Ende März und die Sonne schien an manchen Tagen in mein Zimmer, was enorm die Lebensgeister beflügelte. Auch mein kleiner Marc durfte mich endlich besuchen. Ich fühlte mich zum ersten Mal wieder glücklich und hoffnungsvoll.

Die Fäden wurden gezogen und ich durfte nach zehn Tagen das Krankenhaus verlassen. Fantastisch! Somit konnte ich Ostern mit meiner Familie zu Hause verbringen.

Klaus holte mich vom Krankenhaus ab – endlich – die letzten vierzehn Tage waren mir wie eine Ewigkeit vorgekommen. Auch die Wohnung kam mir irgendwie anders vor. Auf jeden Fall fühlte ich mich wieder glücklich. Allerdings musste ich noch ein paar Tage, wenigstens zum Teil, das Bett hüten. Besonders beim Aufstehen brauchte ich noch eine winzige Hilfe; da meine Bauchmuskulatur längs durchtrennt worden war, fehlte mir die Kraft. Im Krankenhausbett war ein Handgriff, an dem ich mich hochziehen konnte; zu Hause brauchte ich anfangs noch ein hilfreiches Händchen.

Mein Axel, seine Frau und sein Sohn Kevin hatten ihren

Besuch aus Köln für den nächsten Nachmittag angekündigt. Ich freute mich riesig auf meinen Sohn. Klaus ging an dem Vormittag noch Einkäufe erledigen, damit am Nachmittag alles komplett war; ich musste, bis er zurückkam, im Bett bleiben.

Plötzlich klingelt es Sturm – das werden doch nicht schon die Kölner sein??!! So ein Mist, ich lag wie ein Maikäfer hilflos auf dem Rücken und konnte nicht aufstehen!

Dann kam bald Klaus zurück und brachte meinen Axel und seine Familie gleich mit. Mein Sohn hatte es nicht erwarten können und war schon nachts losgefahren.

Ende gut – alles gut! Die Freude war groß.

Mit Hilfe von Klaus, Nicole und Axel sowie den anderen Kindern und Schwiegerkindern unternahm ich die ersten Gehversuche auf der Straße. Die nächste Straßenecke war plötzlich unendlich weit entfernt, aber jeden Tag schaffte ich ein oder zwei Schritte mehr.

Mein Körper kam mir allerdings irgendwie fremd vor, ich fühlte mich unvollkommen mit nur noch einer Niere. Dann noch der lange »Reißverschluss« – die Naht senkrecht von den Rippen bis zum Unterbauch, sechs Zentimeter neben dem Nabel.

Trotz allem war ich glücklich, die OP überstanden zu haben und bald wieder mit meinem über alles geliebten kleinen Marc spielen zu können. Er war ganz rührend. Einen Teil seiner Autobahnen verlegte er zu mir ins Bett, damit wir gemeinsam spielen konnten. So veranstalteten wir neben meinem Kopfkissen vom Keilkissen herunter Autorennen.

Marc war ganz vorsichtig, er berührte mich nur ganz sanft mit einem kleinen Fingerchen. Ohne Aufforderung zog er seinen Opa zum Kühlschrank, damit er ihm »Tinke« (Wasser) für Oma gab. Er war so rührend mit seinen noch nicht einmal zwei Jahren. So eine Liebe wirkt viel besser als jede Medizin!

Mit viel Mühe lebte ich langsam wieder ein normales Leben. Anfangs fiel mir manches noch schwer und die Kraft war schneller erschöpft. Schließlich gewöhnte ich mich an die große Narbe und die Tatsache, nur eine Niere zu haben.

Ich hatte das Glück, viel Zeit mit meinem jüngsten Enkel und seiner Mutter, meiner Tochter Nicole, verbringen zu können. Auch Klaus, der keine eigenen Kinder und Enkel hat, bedeutete das Zusammensein mit den beiden sehr viel.

Der Schock über meine Krebserkrankung hatte die Sorgen wegen des geschäftlichen Ruins in den Hintergrund gedrängt. Beides musste jetzt bestmöglich überwunden werden.

Im August fuhren Nicole, Marc und dessen Vater Horst auf Urlaub nach Dänemark. Sie hatten ein Ferienhaus mit einem großen, umzäunten Garten gemietet – ideal für Marc.

An einem langen Wochenende fuhren Klaus und ich, die jungen Leute in Dänemark besuchen. Leider regnete es die meiste Zeit, aber mit geeigneter Kleidung war das kein Problem. Marc konnte sich nach Herzenslust austoben und durch die Pfützen laufen.

Bei schönem Wetter besuchten wir die nächstgelegene kleine Stadt und auch einen Freizeitpark mit etlichen Attraktionen und Karussells. Marc war absolut happy und für uns waren es unvergessliche Tage.

Klaus hatte, wie bereits erwähnt, einen Mini-Job als Hausmeister, was unsere bescheidene finanzielle Situation nicht wesentlich verbesserte.

Ich fuhr im Herbst mit einem Super-Sparticket für ein paar Tage nach Köln. Gemeinsam mit der Schwester meines geschiedenen Mannes und Axels Familie unternahmen wir einen schönen Ausflug ins Umland von Köln. Wir besuchten eine Tierfarm, was für meinen Enkel, den kleinen Kevin, besonders interessant war, und beendeten den Tag in dem dazugehörigen Gasthof mit einem kühlen Pils.

Es waren wunderschöne Tage in Köln mit der Familie meines Sohnes, der Familie meiner Tochter Simone und der Familie meines Ex-Gatten.

Weihnachten wollten Klaus und ich mit Nicole, Horst und vor allen mit dem reizenden kleinen Marc verbringen. Ein richtiger Weihnachtsmann kam zu Marc, der sich ganz selbstverständlich mit ihm unterhielt, jede Menge Geschenke brachte und dafür ein Küsschen bekam.

Ich war sehr glücklich, dass ich das trotz meiner Krebserkrankung erleben konnte.

Nicole machte über die IHK eine Ausbildung als Fremdsprachen-Korrespondentin, nachdem sie durch unseren Konkurs auch arbeitslos geworden war. Zum Abschluss musste sie für drei Monate nach London zum Praktikum.

Marc besuchte schon seit ein paar Wochen einen Englischkurs für Vorschulkinder. Meistens brachte ich ihn hin und leistete mir in der Zwischenzeit einen Espresso in einem benachbarten Café. Da Marcs Vater tagsüber arbeiten musste, kümmerten Klaus und ich uns selbstverständlich gern um unseren Enkel, während seine Mama in London war. Horst brachte sein Söhnchen morgens in die Kindertagesstätte, ich holte ihn jeden Nachmittag dort ab. Es war wunderbar für mich, jeden Tag meinen kleinsten Enkel bei mir zu haben. Manchmal blieb er auch über Nacht bei uns. Da war kein Platz und keine Zeit für trübe Gedanken.

Wir hatten noch unser Timesharing-Anrecht, das wir für eine Woche nach London in ein supertolles Cottage getauscht hatten. So flogen wir mit unserem Marc nach London, seine über alles geliebte Mama zu besuchen. Das Cottage befand sich in einer Vorstadt von London inmitten eines dazugehörigen Parks, in dem sich auch ein kleines überdachtes Schwimmbad befand. Wunderschöne Pfaue lebten in dem schönen Park, in dem zu dieser Jahreszeit zahllose Osterglocken blühten. Es war traumhaft schön dort und Marc konnte sich ausgiebig beschäftigen. Nachmittags fuhren wir gemeinsam in die City, Nicole übernahm ihr Söhnchen und wir konnten uns die überaus interessante Stadt ansehen.

Seit der Operation war inzwischen mehr als ein Jahr vergangen und ich fühlte mich körperlich inzwischen wieder recht gut. Allerdings hatte ich wenige Wochen nach der Krebs-OP sehr viel zugenommen, etwa zwanzig Kilo. Es war beängstigend und außerdem passten mir keine Sachen mehr. Ich musste mir, und das bei unserer angespannten finanziellen Situation, neue Klamotten kaufen. Dabei unterstützten mich Axel und Azira sehr. Leider setzte dieses Dilemma mein Selbstwertgefühl stark herab. Dazu kam die Angst, immer weiter zuzunehmen und irgendwann die Eingangstüren verbreitern zu müssen. Ich war inzwischen bei 86 Kilo, bei einer Größe von 158 Zentimeter!

Die Angst vor Metastasen war natürlich auch noch gegenwärtig, aber ich als Löwe (Ende Juli geboren) hatte mich mit dem Krebs arrangiert. Jedes Quartal musste ich zur CT-Untersuchung und war jedes Mal über die Maßen erleichtert, dass keine Metastasen zu sehen waren.

Nicole und ihr Partner hatten sich inzwischen völlig überworfen und trennten sich. Meine Tochter zog vorübergehend mit ihrem Söhnchen zu uns. Sie und Marc konnten unser Schlafzimmer nutzen, wir beide, Klaus und ich, schliefen in unserem großen Wohnzimmer auf einer großen Luftmatratze. Mit der Zeit konnte die Matratze die Luft nicht mehr halten, sodass wir morgens auf dem Fußboden aufwachten. Aber es machte doch irgendwie Spaß und wir hatten unsere beiden Lieben bei uns. Nach ein paar Wochen zogen Nicole und Marc in ein frisch saniertes Haus mitten in der City. Da die Stadt an der Finanzierung beteiligt war, musste der Vermieter einen relativ günstigen Mietpreis festlegen und durfte ihn die ersten Jahre auch nicht erhöhen. Das war ausgesprochenes Glück für Nicole, die zu der Zeit keinen Job hatte; und auch für uns, da wir die Nachbarwohnung bekamen.

Leider wurde das Verhältnis zwischen Klaus und mir, das ohnehin noch nie so richtig glücklich gewesen war, für mich immer weniger zufriedenstellend. Ich hatte Klaus schon am Anfang unserer Beziehung darauf hingewiesen, dass es in einer Lebensgemeinschaft und später in einer Ehe auch eine erotische Seite geben sollte. Leider spielten Erotik und körperliche Nähe für Klaus keine Rolle. Er war auch nie für ein entsprechendes Gespräch bereit und begründete den Mangel an Zuwendung zunächst mit fehlender Zeit aufgrund der vielen Arbeit, später mit dem belastenden Konkurs und schließlich mit meiner »Krankheit«. Wir hatten eben beide eine völlig unterschiedliche Vorstellung von einer glücklichen Partnerschaft.

Klaus hatte nach unserem Konkurs die vierzehn Tage Timesharing-Anspruch pro Jahr zum Rückkauf angeboten, da wir die jährlich zu entrichtenden Nebenkosten nicht mehr aufbringen konnten. Da ein solcher Verkauf relativ viel Zeit beanspruchte, hatten wir noch drei Wochen, die wir zum Tausch angemeldet hatten. So konnten wir 2001 noch eine Woche nach Rom und eine Woche nach Palinuro fahren und 2003 eine Woche nach Paris.

Mein Leben war so eine Art Achterbahn, mal ging`s hoch, mal runter. Aber jetzt war wieder mal ein Hoch in Sicht, die Italienreise. Ich freute mich sehr darauf, obwohl wir sehr wenig Geld für unsere Verpflegung, Benzin und weitere Ausgaben zur Verfügung hatten. Die Reise schildere ich kurz anhand meiner Tagebuchaufzeichnungen.

IX.

Koffer und Gepäck im Auto verstauen, von unseren Nachbarn, Nicole und Marc, verabschieden und los geht`s in Richtung Brenner. Mitternacht war schon ein Weilchen vorbei und wir wurden langsam müde. So haben wir einen Rastplatz zwischen Bozen und Auer angesteuert. Lehnen heruntergeklappt, bequeme Lage gesucht und ein paar Stündchen geschlafen. Bei Tagesanbruch die Nachtruhe beendet, Espresso getrunken und weiter ging's in Richtung Rom. Check-in sollte möglichst bis 16 Uhr abgewickelt sein. Ein Navi war noch nicht üblich und die Straßen nach Rom irgendwie ziemlich kompliziert. Wir hatten uns verfahren und konnten ewig nicht zurück, da die sternenförmig nach Rom führenden Straßen jeweils nur in einer Richtung verliefen. Schließlich hatten wir die Ferienanlage, die in einer Vorstadt, inmitten eines Pinienwaldes lag, gefunden.

Check-in. Unsere Unterkunft war eine 2-Raum-Wohnung mit einem großen Balkon.

Am nächsten Tag haben wir zunächst die nähere Umgebung sowie die Fahrtmöglichkeiten in die City erkundet.

Es gab einen Shuttle-Bus zum nächsten Bahnhof, dann fuhr der »Lido« (Zugverbindung zwischen Rom und Ostia) zur nächstgelegenen Metrostation.

Wir stiegen aus der Metro, gingen mit der Menschenmenge zum Ausgang – gleich über der Straße das Colosseum – es erschlägt einen fast, so nah und wuchtig!!

Kreuz und quer durch die Stadt – Eindrücke sammeln: Forio Romano, Piazza Venezia, Vittoriano (Nationaldenkmal),

Forio Imperiale und vieles mehr. Ich fand es toll und äußerst interessant, die Stadt ist das größte antike Museum der Welt!!

Der 2. Tag in Rom, heiß – Sonnenschein ohne Ende
Die im ADAC-Stadtführer angegebene »blaue Tour« stand auf dem Programm. Sie beinhaltet die Metrostation Barberini, Spagna bis Flaminio. Es ist ein supertolles Viertel, längs auf der Via del Corso zu durchqueren, eine schöne Geschäftsstraße, von Piazza Venezia bis Piazza del Popolo, einem Riesenplatz mit drei wunderschönen Brunnen und einem Obelisken in der Mitte. Oberhalb befindet sich in einem angenehm schattigen Park die Villa Borghese.

Die Spanische Treppe oberhalb Trinita die Monti (sehr alte französische Kirche), vis-à-vis die Via Condotti mit exklusiven Geschäften aller namhaften Designer – nichts für unseren Geldbeutel!

  - Palazzo Barberini – Via Veneto, Gallerie Nationale d´Arte
    Antica, Tritonenbrunnen von Bernini
  - Quirinal, Sitz des Staatspräsidenten – tolle Wachsoldaten!
  - Fontana di Trevi, verblüffend monumental, einfach über-
    wältigend
  - Piazza Colonna mit einer großen Reliefsäule.

Das ganze Viertel ist einfach umwerfend, ich könnte jeden Tag hier spazieren gehen. Außerdem ist es auch ein viel besuchter Treffpunkt, Fotokulisse für Touristen aus aller Herren Länder.

Das einzige Negative waren die vielen asiatischen Händler, die einen mit ihrem Kitsch und Mist einfach auf den Geist gehen. Ansonsten war es einfach super, besonders abends ist es reizvoll, auf der Spanischen Treppe zu sitzen und die Umgebung sowie die vielen Menschen zu beobachten.

So viele wunderbare Brunnen, Palazzos, Piazzas und Kirchen! Man bräuchte sicher Monate, um Rom einigermaßen kennenzulernen. Wir sind richtig glücklich, trotz unserer sehr bescheidenen Reisekasse so viel Einmaliges und Schönes sehen und erleben zu können.

Am 3. Tag ist wieder Bombenwetter
Unseren Quartiernachbarn, zwei Pärchen aus Griechenland, erst vergangenen Abend angekommen, habe ich mit »Händen und Füßen« sowie meinen bescheidenen Englischkenntnissen den Weg zur City beschrieben.

Wir fuhren zum Campo de Fiori, dem Blumen- und Gemüsemarkt, mit seinem riesigen Angebot, hier haben wir uns für die nächste Mahlzeit eine riesige Weintraube und große, saftige Pfirsiche gekauft. Weiter ging's zum Palazzo Farnese, dem Sitz der französischen Botschaft, dem Palazzo Spada, der den italienischen Staatsrat sowie die Galleria Spada beherbergt. Als Nächstes ging es zum Palazzo Navona, ein toller großer Platz mit drei wunderschönen Springbrunnen, der brasilianischen Botschaft und etlichen Restaurants. Am Rand des Vierströmebrunnens haben wir uns niedergelassen, unser Obst abgespült und verspeist.

Nachdem wir uns ausgeruht hatten, ging es weiter zum Pantheon, einem riesigen Kuppelbau mit einer Säulenhalle am Eingang. Im Dach der Kuppel befindet sich ein großes Loch – Lichtkegel. Das Pantheon wurde von dem Feldherrn Agrippa gestiftet, 27 vor Christus erbaut. Später wurde es von Barberinis Päpsten »ausgeweidet« und Maria geweiht. Hier wurde Raffael begraben.

Auf dem Platz vor dem Pantheon sind ein Obelisk, ein Brunnen und etliche Cafés. Von hier ging es zum Palazzo Venezia, der eine Gemäldegalerie beherbergt. Bei dem schönen Wetter und dem Zustand unserer müden Füße hatten wir keine Lust, die Galerie zu besichtigen.

Wir gingen noch zu Fuß zum Lago Torre Argentina, dem Katzen-Eldorado. Hier ist ein schöner großer Platz inmitten eingezäunter Ruinen, an denen zu dieser Zeit weitere Ausgrabungen gemacht werden. Das Terrain beherbergt Katzentierheime mit einigen hundert Katzen!! Ein infernalischer Gestank!

Durch das viele Laufen von einer Sehenswürdigkeit zur anderen taten uns die Beine maßlos weh. So fuhren wir mit einem Bus in Richtung Vatikan, vorbei am jüdischen Viertel und Gianicolo. Zum Abschluss des Tages sind wir zum Petersplatz gebummelt und von dort wieder zurückgefahren.

Am 4. Tag sind wir früh um 8.3o Uhr mit dem Shuttle zum Casal Bernocchi, mit dem »Lido« zur Metrostation Magliana und mit der Metro B Richtung Ottaviano zum St. Pietro gefahren. Schöne breite Geschäftsstraßen wie die Via Ottaviano führten über die Porta Angelica zum Petersplatz und Dom. Mit unzähligen Menschen strömten wir in die wunderbare Vorhalle, kauften Karten für den Ascensore – den Fahrstuhl zur Kuppel. Oben angekommen stiegen wir aus und folgten innen dem Kuppel-Rundgang. Die Höhe war erschreckend, wenn man hinunterschaute und die winzig wirkenden Menschen im Dom betrachtete. Es waren genau 119 Meter! Die Seitenwände sind mit herrlichen Mosaiken geschmückt, einfach prächtig. An einer Seite befand sich ein Ausgang zum Dach der Kirchengebäude, hier gab es einen Shop für Andenken und Postkarten. Toll, man konnte hinter den großen Apostelfiguren stehen, die seit Jahrhunderten auf den Petersplatz schauen. Von hier ging es noch weitere 320 Stufen eine spiralförmige Wendeltreppe hinauf zum Austritt auf das Kuppeldach.

Eine fantastische Aussicht über ganz Rom – überwältigend!!

Sehr interessant auch die vatikanischen Gärten, Paläste und Museen. Die Anstrengung des Aufstiegs hat sich gelohnt, ich war froh, noch nicht zu alt und nicht herzkrank zu sein!

Von dem fantastischen Ausblick möchte man sich gar nicht mehr trennen, aber wir wollten schließlich auch den Dom von innen besichtigen.

Der Petersdom ist umwerfend riesig und mit seiner Kunst,

Pracht und seinem Reichtum unvorstellbar verschwenderisch. Die vielen Eindrücke erschlagen einen förmlich, wunderbare Marmorstatuen in Hülle und Fülle, wert- und prachtvolle Gemälde, unglaublich prunkvolle Seitenschiffe (Kapellen), Ornamente, Gold usw., kunstvolle bunte Marmorfußböden und das Innere der riesigen Kuppel. Die größte Basilika beziehungsweise Kirche der Welt – einfach überwältigend.

In einem Bistro gingen wir eine Kleinigkeit essen, natürlich zu total überhöhten Preisen. Pause beenden, wir wollten ja noch unbedingt die Sixtinische Kapelle besichtigen. Es wäre natürlich sinnvoller gewesen, dies an einem anderen Tag zu tun, wir hatten uns irgendwie verkalkuliert.

Also Fußmarsch zu den Vatikanischen Museen, der 1. Kunstsammlung der Welt. Die Eingangshalle war modern, mit Computern ausgestattet und natürlich auch in Marmor. Eben wohlhabend und edel. Menschenmengen wie im Petersdom. Ein riesiger Gebäudekomplex mit einem schönen Innenhof. Hier gab es viele unglaubliche Sammlungen, wo man sicher mehrere Tage brauchte, sie alle anzusehen. Sie umfassen die Zeit ab 2000 v. Chr. bis zur Neuzeit (Etrusker, Ägypten, Rom, Griechenland u. v. m.), von Mumien über Schmuck zu Badewannen aus Marmor, Sarkopharge, Statuen, Gebrauchsgegenstände der Antike und der Zeit des Christentums.

Der Höhepunkt ist natürlich die Sixtinische Kapelle. Man betritt einen großen rechteckigen Raum; entlang der Längswände sind Sitzbänke, um die Atmosphäre zu erleben und die Gemälde in Ruhe betrachten zu können. Es herrscht hier absolute Stille, nur leises, ehrfurchtsvolles Geflüster; das Aufsichtspersonal ermahnt öfter: »Ruhe!«

So viel Schönheit – es braucht seine Zeit, sie in sich aufnehmen zu können. Erst die eine, dann die andere Seite. Es kann schon eine Stunde beanspruchen! Die allerschönsten Gemälde sind an der Decke. Man bekommt fast Genickstarre! Vergleichbares bietet keine Gemäldegalerie, nicht einmal der

Louvre in Paris.

Wir waren total überwältigt vom Können der alten italienischen Meister, besonders Raphael und Michelangelo; und heilfroh, das Museum doch noch besucht zu haben. Klingelzeichen sagten uns: Schluss – Feierabend, das Museum wird geschlossen. Massen von Menschen strömten zum Ausgang, eine wahre Völkerwanderung!

Das Treppenhaus ist auch ungewöhnlich, es gibt hier keine Stufen, sondern zwei gegensätzlich verlaufende spiralförmige schräge Abgänge.

Wir schlichen zur Metro, waren fix und fertig. Für den nächsten Tag war ein Ruhetag geplant, wir mussten Kräfte sammeln.

Der 5. Tag

Erst um 10 Uhr mit dem Shuttle in die Città. Ich musste lange Hosen tragen, da ich mir bei unserem Ausflug zum Vatikan einen »Wolf« gelaufen hatte. Die Kamera hatten wir auch zu Hause gelassen, es war absoluter Ruhetag! Mit unterschiedlichen Bussen fuhren wir kreuz und quer durch die Stadt und deren schönsten Ecken wie die Via Veneta, Villa Borghese, Via del Corso. Abends gingen wir noch einmal zur Spanischen Treppe und der Fontana Trevi.

Auch am 6. Tag wieder obligatorischer Sonnenschein, dazu heute pechschwarze Wolken. Das Ziel heute: Colosseo.

Raus aus der Metrostation – Sonnenschein und tropischer Regenguss, was uns einen fantastischen Regenbogen bescherte. Vorm Colosseum poussieren römische Legionäre und Damen in antiken Gewändern. Vor den Kassen schier endlose Schlangen. Klaus ging ein bisschen gucken, ich stellte mich an; er löste mich ab, ich ging vor zur Kasse: vier Schlangen, drei kurze und eine Riesenschlange. Innerhalb von fünf Minuten hatte ich Eintrittskarten und holte meinen staunenden Mann, der immer noch sehr weit hinten stand, ab. Beim Hineingehen trafen wir unsere griechischen Nachbarn.

Das Colosseum ist einfach riesig! Wir streiften durch alle begehbaren Gänge – hochinteressant!! Ganz oben sind Ausstellungen und Filme zu sehen vom alten und »neuen« Colosseo. Es muss unfassbar toll gewesen sein, in jedem Fensterbogen stand eine prächtige Marmorfigur. Wir sind stundenlang durch das mächtige Bauwerk mit seinen zahllosen Um- und Aufbauten mehrerer Epochen gestreift. Es war der Mittelpunkt des gesellschaftlichen Lebens im antiken Rom.

Von hier fuhren wir nochmals nach Vatikanstadt, Geschenke für Nicole und Marc zu kaufen.

Dann noch einmal zur Via del Corso; inzwischen war es dunkel geworden. Wir gingen in alle besonders schönen Ecken wie Fontana di Trevi, Spanische Treppe; von hier mit dem Bus zur Metrostation Colosseo. Wir hatten noch etwas Zeit bis zur Abfahrt unserer Bahn, so setzten wir uns vors Colosseum und bestaunten es noch einmal von außen.

In der Anlage angekommen, ging ich zu der einzigen deutschsprechenden Dame an der Rezeption und fragte sie, ob wir noch zwei Tage länger bleiben könnten, da dann erst unser nächstes Ziel im südlich von Neapel gelegenen Palinuro gebucht sei. Sie war sehr nett, meinte, dass es sich einrichten ließe, allerdings in einem anderen Appartement.

Wir waren sehr erfreut, noch zwei Tage in dieser tollen, interessanten Stadt verbringen zu können.

Am nächsten Morgen Abreisetag, aber nicht für uns! Von unseren netten griechischen Nachbarn haben wir uns verabschiedet und ihnen zugewinkt.

Am Vormittag sind wir nach Trastevere, einem ehemaligen Arbeiterviertel mit reizenden winzigen Gassen, das derzeit renoviert, modernisiert und ausgebaut wird. Wir bummelten zur Piazza Santa Maria mit dem ältesten christlichen Gotteshaus,

Brunnen und Cafés. Die Kirche wirkt von außen ziemlich unscheinbar und alt, aber drinnen gibt es viel Prunk; großer rechteckiger Raum mit getäfelter und verzierter Decke, bei gedämpfter Musik und dazu herrlich kühl. Der perfekte Platz, sich auszuruhen. Dann gingen wir einen Espresso trinken und begaben uns auf die andere Seite des Tiber, zur Engelsburg und -brücke. Noch ein bisschen kreuz und quer durch die faszinierende Stadt und mit dem letzten Bus nach Hause.

Den achten und endgültig letzten Tag in Rom wollten wir der Via Appia Antica widmen, gewissermaßen als krönenden Abschluss. Wir hatten den entsprechenden Bus ausgesucht, vorbei am Circo, den Caracalla-Thermen zur Porta S. Sebastiano; hier beginnt die Via Appia. Eine riesenhohe Stadtmauer und die Porta waren sehenswert, also stiegen wir aus dem Bus, um zu schauen. Wir erblickten die 1. Meilensäule – Fermata; lasen den Fahrplan, Bus fährt halbstündlich – im selben Moment an uns vorbei, Mist!! Ansonsten war hier nichts Interessantes zu erblicken, also gingen wir zu Fuß weiter.

Eine alte, vergammelte Straße mit Kopfsteinpflaster, kein Fußweg, dicht befahren – Abgase, dazu heiß, Durst und nichts zu trinken. Endlich der nächste Haltepunkt. Hier gab es ein eingezäuntes Gelände mit Quo-Vadis-Kirche und uralte Grabmäler. Von hier circa 30 Minuten Fußweg zur Catacombe di San Callisto. Diese hatten wir um kurz nach 12 erreicht – Mittagspause bis 14.3o Uhr! Was nun? Jetzt ist hier vermutlich überall Mittag. Also zurücklaufen oder Bushaltestelle stadteinwärts, Abfahrt in 15 Minuten. Viele Leute warten hier in der brennenden Sonne. Die Laune näherte sich dem Nullpunkt, außerdem hatten wir langsam Hunger. Inzwischen war es 15.3o Uhr und wir hatten keine Lust mehr auf die Via Appia. Fuhren stadteinwärts zum Petersplatz, damit der Tag nicht völlig vermasselt war. Wir setzten uns an eine der zahlreichen Säulen und bestaunten noch einmal den riesigen schönen Platz und beobachteten die zahlreichen Touristen aus aller Welt sowie die Schweizer Garde. Danach noch einmal die schönsten Stellen von Rom aufgesucht, vorm Colosseo auf die Metro gewartet und zurück nach »Cieli di Roma«, unsere Ferienanlage.

Abendbrot, Bier, Dusche – Klaus Bett, ich Koffer packen. Noch ein Blick auf die nächtliche Silhouette. Abreise am nächsten Morgen. Arrivederci, Roma!!! War fantastisch.

Highway – Napoli – Salerno, Autostraße – Battipaglia – Agropoli, kleine wunderschöne Küstenstraße – Palinuro-Centula. Tausend Kurven, dann endlich ein großes rotes Gebäude: »Pietre Rosse«, in wunderschöner Lage auf einem Berg oberhalb einer Landzunge. Unser Quartier für die nächste Woche, ein schönes großes Appartement-Hotel mit zwei Pools, einer Gaststätte, einem Riesenfoyer inmitten eines riesigen Geländes.

Wir checkten ein, ein netter junger Mann begleitete uns in unser Appartement – die Aussicht war einfach umwerfend schön. Mir blieb für einen Moment die Spucke weg. Das Appartement selbst war sehr geschmackvoll und geräumig, also ideal für einen schönen Urlaub. Das Wetter fantastisch (abends etwas frisch), das Quartier einfach toll und das Personal supernett. Die Gegend war für den Tourismus noch nicht sehr erschlossen, was ich sehr positiv fand. Keine Landsleute weit und breit.

Der zum Hotel gehörende Sandstrand am Mittelmeer war mit einen Shuttlebus zu erreichen. Die kleine Stadt Palinuro liegt hauptsächlich am Strand, besitzt einen Hafen in einer malerischen Bucht, hat im Wesentlichen zwei Hauptstraßen parallel zur Küste, die Häuser sind leicht an Hängen gebaut. Centula ist ein Stadtteil beziehungsweise eine Vorstadt oberhalb von Palinuro. Hier gibt es winzige Gässchen, sehr romantisch. Auf der Landzunge oberhalb des Hafens stehen ein Leuchtturm und eine Wetterstation. Hier gibt es schroffe Felsen, Buchten, Grotten – echt toll.

An einem Tag haben wir uns mit einem Kahn um die Bucht schippern lassen und eine interessante Grotte besucht. Ein anderes Mal sind wir mit dem Auto nach Amalfi gefahren, der tollen romantischen Stadt mit ihren vielen Läden, Boutiquen, Cafés und Ristorantes. Hier wimmelte es natürlich von Touristen.

Einmal waren wir weit und breit die Einzigen bei Sturm am Strand. Wunderbar! Es ist ein tolles Gefühl, vom Wind die nackte Haut durchpusten zu lassen, das Meer vor sich rauschen zu hören und den Himmel zu betrachten. Da sind die Alltagssorgen weit weg!!

Wir hatten uns hier von den Anstrengungen in Rom super erholt. Kein TV, kaum deutsche Zeitungen und wenn, zwei Tage alte Wurstblätter. Und keine deutschen Touristen. Es war einfach herrlich!!

Die Woche war schnell vergangen und wir mussten wieder zurück in unser nasskaltes Deutschland. Mittlerweile war es der 16. September 2001. Wir waren ohne Zwischenfälle gut zu Hause angekommen und klingelten gleich bei unseren »Nachbarn«. Marc suchte sich gleich einen Ferrari F1 aus dem Koffer und freute sich darüber. Auch uns zu sehen freute den Kleinen sehr; uns natürlich ebenso. Marc wiederzusehen war eigentlich fast das Einzige, das uns nach Dresden gezogen hatte.

Von Nicole hatten wir erst erfahren, was am 11. September Schreckliches in New York passiert war. Wir waren maßlos geschockt. Durch diesen terroristischen Anschlag hatte sich die ganze politische Lage der Welt verändert. Angst und Unsicherheit machten sich breit; für Nicole besonders, wegen ihres kleinen Sohnes. Furchtbar, aber das Leben ging weiter.

Während der nächsten Zeit sahen wir Nicole und Marc öfter; wir brachten ihn auch meistens in die Schwimmhalle, wo er seit einiger Zeit einer Mannschaft der Sportschule angehörte.

Ich hatte an dem Freitag vor Nicols Geburtstag vormittags Blumen besorgt; auch für Marc Rosen, mit denen er am nächsten Morgen seine über alles geliebte Mama überraschen wollte. Wir hatten sie in Papier eingepackt und hinter Marcs Regal versteckt. Als seine Mutter nach Hause kam, sagte er: »Mama, du darfst heute nicht mehr in die Ecke gucken!«

»Nein?«

»Auch nicht in der Nacht, wenn ich schlafe!«

Süß, der kleine Kerl!

Nicole sagte uns, dass sie ihren Geburtstag nicht feiere. Eigentlich schade, Klaus und ich waren ein wenig enttäuscht. Wir hatten ihr aus Rom ein sehr elegantes Kleid mitgebracht und ihre Lieblingsblumen, weiße Lilien, besorgt. So haben wir ihr nur gratuliert, Geschenke abgegeben und vergebens gehofft, dass sie uns das schöne karamellfarbene Kleid aus Crêpe de Chine vorführt, damit wir sehen, ob es passt und wie gut es ihr steht. Na ja, Klaus und ich haben dann bei uns allein Kaffee getrunken. Nicole ist mit Marc abends in ein Restaurant gegangen.

Marcs Vater hatte sich wegen des Erziehungsrechts ans Jugendamt gewandt und Nicole damit ziemlich viel Stress bereitet. Dadurch herrschte eine unangenehme Atmosphäre. Meine Tochter war sehr gereizt, und von einem normalen Familienleben konnte keine Rede sein. Marc litt natürlich am meisten darunter, da er uns, seinen Opa, seine Oma, seinen Papa und vor allem seine Mama liebte und mit uns zusammen sein wollte.

Ich musste mal wieder zur Ultraschall-Kontrolluntersuchung; alles so weit okay! Schön, da konnte ich beruhigt zum Geburtstag meiner Nichte Barbara gehen und wieder einmal meine sämtlichen Nichten, Neffen und deren Partner sehen. Es ist immer sehr schön mit der Familie meiner verstorbenen Schwester.

Letzte Woche war auch Nadine, die geschiedene Frau von Axel, mit ihrem kleinen Sohn Jean Paul zu Besuch in Dresden gewesen. Sie versäumte es nie, mich zu besuchen, wenn sie hier war. Unsere Beziehung war nach wie vor sehr herzlich. Ich hatte Marc bereits aus der Kita abgeholt. Die beiden kleinen Jungen hatten sich gleich angefreundet. Nicole kam, die beiden Kleinen gingen rüber in Marcs Zimmer. Irgendwann hatten wir drei »Weiber« nachgesehen, was die Jugend so treibt – beide saßen auf dem Bett und Marc las dem Kleineren aus einem Bilderbuch vor. Süß!!

An dem folgenden Freitag war ein Gerichtstermin mit Marc wegen des Sorgerechts. Ich war mit meinem kleinen Enkel zwei Stunden in einem Spielzimmer, dann kam die Befragung von Marc durch einen Richter. Ergebnis: momentan keine Änderung, eine neue Einschätzung vom Jugendamt und ein neuer Gerichtstermin sollten demnächst erfolgen.

Währenddessen kam es zum Streit zwischen den Eltern; belastend!

Nicole flog für ein paar Tage nach London, so hatten wir unseren Marc und konnten uns ausgiebig mit ihm beschäftigen.

Wir hatten viel mit ihm unternommen, damit er seine über alles geliebte Mama nicht so sehr vermisste. An einem Nachmittag war ich mit meinem Enkel im Kino gewesen, *Dr. Dolittle II* hatten wir uns angesehen. Der Film hatte Marc so viel Spaß gemacht, er hatte fast ununterbrochen laut gekichert. In einer Szene sitzt ein großer Bär auf der Toilette und furzt lautstark; da war mein Kleiner vor Lachen fast vom Sitz gefallen.

Endlich war der Tag von Nicoles Rückkehr. Sie rief an und sagte, sie käme um 17 Uhr. Ständig fragte Marc, ob es denn immer noch nicht fünf sei. Endlich klingelte es! Marcs Gesicht strahlte plötzlich und er rannte zur Tür. »Mami!!« Er war überglücklich und erzählte seiner Mutter, was er alles mit uns gemacht hatte.

Am Dienstag, dem 06.11. so gegen 7.3o Uhr, fuhren Klaus und ich nach Berlin, da er bei seinem früheren Arbeitgeber etwas betreffs seiner Rente zu erledigen hatte. Leider war sehr schlechtes Wetter, was uns allerdings nicht hinderte, einiges zu unternehmen. So waren wir unter anderem im Reichstag und bestiegen die Kuppel. Die Gestaltung der Kuppel fand ich einfach super, außerdem hatten wir von dort oben eine tolle Aussicht auf Berlin. Trotz Regen! Weiter ging's zum Potsdamer Platz. Ich war total begeistert, das SONY-Center, riesige Kinos, Einkaufspassagen und Kneipen aller Art. Außerdem waren dort einige moderne Wohnhäuser entstanden, die aber sicher für Leute wie uns unbezahlbar waren.

Es war ein sehr schöner Tag; ich war und bin sehr gern in Berlin.

In der letzten Novemberwoche fuhren wir mit unserem neuen – gebrauchten – Toyota nach Köln. Wir kamen erst nach 16 Uhr an, da unterwegs einige Baustellen waren, ein Fußballspiel in Dortmund und ein Unfall kurz vor dem Ziel.

Wir tranken gleich nach unserer Ankunft mit Azira und Kevin Kaffee und unterhielten uns ausgiebig. Wenn man sich monatelang nicht sieht, gibt es viel zu erzählen. Als Axel von der Arbeit kam, zeigte er uns einen Film von Amandas letztem Auftritt. Meine Enkelin war eine großartige Bauchtänzerin. Schade, dass wir uns wegen des Zerwürfnisses zwischen Simone und mir nicht sehen konnten.

Ich hatte mit meiner früheren Schwägerin telefoniert und mich mit ihr bei ihrer Tochter verabredet. Meine Nichte Ulla war vor wenigen Wochen Mutter einer süßen kleinen Fee geworden. Wir tranken Tee und unterhielten uns nett; später gingen wir gemeinsam bei strahlenden Sonnenschein im Park spazieren. Ulla ging dann irgendwann mit ihrer Kleinen nach Hause, ich mit ihrer Mutter auf Geschäftsbummel in die KÖ und später noch in die Altstadt Bier trinken. Es war ein sehr netter Nachmittag und Abend.

Am nächsten Abend ging Axel mit Klaus und mir in den Edelpuff. Für uns Ossis ein totales Novum, bei uns gab es keine Freudenhäuser. Axel war mit dem Chef dieses Etablissements befreundet und hatte mit seinem künstlerischen und handwerklichen Geschick etliche Zimmer und Räume gestaltet. Für Klaus und mich war das natürlich alles wahnsinnig interessant. Bei Tageslicht war übrigens von außen nicht zu sehen, dass die drei nebeneinander liegenden Häuser Bordelle waren.

Wir gingen hinein, der Hausflur war eine Mischung aus Kitsch und edel anmutendem Stil bei entsprechend auffälliger Beleuchtung. Im Erdgeschoss war eine Bar, die gleichzeitig der Aufenthaltsraum der »Mädchen« war.

Die bediensteten Herren waren mit einer Art Marine-Uniform bekleidet. Axel stellte uns vor und wir nahmen zunächst an einem kleinen Tisch in der Bar Platz. Ein toller Kühler mit einem sündhaft teuren Champagner wurde uns serviert. Der Raum war erfüllt mit flotter, lauter Musik; inmitten des Raumes war eine Stange für Tabledance und an den Wänden jede Menge Spiegel. Das Ganze verlieh den Eindruck einer ganz normalen Super-Nachtbar.

Später unterhielten wir uns mit der Chefin des Etablissements, der »Puffmutter«. Irgendwann führte man uns durch das ganze Haus und wir konnten uns die tollen, nach entsprechenden Themen ausgestalteten Zimmer ansehen, soweit diese nicht gerade belegt waren. Es gab ein ägyptisches Zimmer mit einer riesigen Figur von Tutanchamun, ein indianisches Zimmer mit einem Tipi über dem Bett und überall Fellen, ein afrikanisches Zimmer mit großen Tiger- und Pantherskulpturen, ein Künstlerzimmer – moderne Bilder mit Frauen im Mittelpunkt von Düsseldorfer Künstlern –, ein Spiegelzimmer mit einem großen runden Bett und ringsum an Wänden und Decke Spiegel. Die meisten Zimmer verfügten über große Wannen für zwei bis vier Personen. Es gab auch größere Zimmer für Gruppen, eine Sauna und eine Folterkammer. Alles ganz toll und natürlich nur für stinkreiche Freier und Gäste.

Die Atmosphäre war sehr harmonisch, fast familiär. Die Mädchen und Frauen sahen alle sehr gut aus – flott und eigentlich gar nicht nuttig. Die meisten waren Ausländerinnen aus Brasilien, Ägypten, Thailand, Afrika und sonst woher; auch aus Deutschland waren viele. Fast alle waren auch recht gebildet, beherrschten mehrere Fremdsprachen und man konnte sich nett mit ihnen unterhalten. Was mich am meisten verwunderte: Sie waren fast alle verheiratet oder lebten in einer festen Beziehung.

Wieder in der Bar angelangt, Champagner getrunken und mit Gloria, einer älteren dunkelhäutigen »Dame«, getanzt und unterhalten. Sie sagte, sie käme aus Costa Rica, ihre Mutter stamme aus Brasilien und ihr Vater aus Panama. Gloria war eine sehr nette, selbstbewusste und interessante Person. Ihre Hautfarbe war fast schwarz, ihre Bewegungen beim Tanzen eine Augenweide. Da ich sie jünger geschätzt hatte, als sie war, spendierte sie eine Flasche Champagner.

Für Klaus und mich war der Abend, oder besser gesagt die Nacht, wahnsinnig interessant. Die Stunden vergingen wie im Flug und unser Alkoholspiegel war langsam auch höher, als wir es gewöhnt waren. So beendeten wir unseren ersten Puffbesuch und wurden mit einer riesigen Limousine nach Hause gefahren.

Am 1. Advent hatten Axel und Azira uns in ein sehr gutes Restaurant eingeladen. Gegen 17 Uhr wurden wir, Axel, Azira, Kevin, Klaus und ich, wieder mit der Limousine abgeholt und quer durch die Stadt kutschiert. Es war ein unglaublich tolles Gefühl, zumal Klaus und ich durch unseren Konkurs arm wie die Kirchenmäuse waren.

Am nächsten Tag fuhren wir dann wieder nach Hause.

Wir hatten uns eigentlich auf Heiligabend mit Nicole und besonders Marc gefreut, aber meine Tochter wollte nicht mit uns das Weihnachtsfest verbringen. Es war für Klaus und mich ein maßlos trauriger 24. Dezember, damit hatten wir nicht gerechnet.

Am 1. Feiertag kamen beide zum Essen mittags gegen 13 Uhr zu uns herüber. Meine Tochter war sehr kurz angebunden, sie sprach kaum mit uns und Fragen beantwortete sie kurz und bündig. Marc, der sehr an uns hängt, spielte schön, baute Fahrzeuge zusammen und dergleichen.

Für die anstehende Silvesterfeier hatten wir uns Karten beim Italiener im Haus gekauft. Nicole und Marc gingen mit.

Am Montag, dem 31.12.2001, hatten wir so gegen 18.5o Uhr geklingelt, beide waren fertig gestylt, aber Marc wollte noch »Sandmännchen« zu Ende gucken.

Wir hatten einen Tisch im Wintergarten. Es gab ein 9-Gänge-Menü, dazu tranken wir einen sehr guten Pinot Grigio. Später kam der Chef mit seiner Frau, einer Chinesin, deren Familie und seiner Tochter Linda. Das Töchterchen war etwas älter als Marc, der inzwischen 5 ½ Jahre alt war. Die beiden haben sich ausgezeichnet verstanden, sie haben schön miteinander gespielt und auch getanzt. Ein sehr reizendes kleines Pärchen.

Das Programm begann, eine Bauchtänzerin mit einer 52 Kilogramm schweren Schlange, die sie Marc um den Hals legte. Danach tauchte sie wieder mit einer Vogelspinne auf, was mich veranlasste, still und unauffällig den Saal zu verlassen. Es war eine sehr schöne und harmonische Feier.

Unser kleiner Enkel besuchte neuerdings eine Schwimmgruppe. Gut für uns, denn wir wurden noch gebraucht, um unseren geliebten Kleinen zur Schwimmhalle und wieder zurück zu begleiten. Bis seine Mama von der Arbeit kam, konnte er noch mit zu uns rüberkommen.

Klaus hatte inzwischen zwei Termine bei einem Psychologen, aber er sprach nie mit mir darüber. Ich wollte natürlich wissen, was der Psychologe gesagt hatte, denn schließlich ging es ja um unsere Ehe. Einmal sagte Klaus, er habe jetzt keine

Zeit, dann wieder, ob ich denn nichts anderes im Kopf hätte; kurz gesagt, er drückte sich um eine eigentlich längst fällige Aussprache. Es belastete mich ungemein, dass mein Mann sich für meine Wünsche und Bedürfnisse überhaupt nicht interessierte. Schließlich sagte ich ihm, dass ich mich scheiden ließe, wenn sich nicht bald etwas ändern würde.

Anfang Februar reiste ich anlässlich des Geburtstages meines Sohnes nach Köln. Ich war echt froh, eine Zeit lang dem häuslichen Stress zu entfliehen. Um 21.3o Uhr kam ich mit dem ICE an. Mein Axel stand auf dem Bahnsteig, genau vor der Tür, aus der ich ausstieg. Kevin schlief schon und Azira war bei der Arbeit. So konnte ich mich ausgiebig mit meinem Sohn unterhalten. Er freute sich sehr über meinen Besuch und hatte sich fast die ganze Woche frei genommen.

In Köln herrschte Ausnahmezustand, es war Karneval! Die Geburtstagsfeier war für den folgenden Freitag geplant.

Alle vier brachen wir in die City auf, um Einkäufe zu machen. Die Geschäfte und Kaufhäuser hoben sich immer noch erheblich von denen bei uns im Osten ab. Abends gingen wir ins Stammlokal von Axel und Azira, wo wir viele nette Bekannte trafen. Da Karneval war, gab es keine freien Plätze und wir lümmelten uns vor die Theke. Es war ein sehr schöner Abend.

Am 8. Februar hatte Kevin Geburtstag, einen Tag nach seinem Vater. Von 12 bis 16 Uhr war zunächst Kindergeburtstagsfete, und Axels Party war für 19 Uhr angesagt. 20 Gäste wurden erwartet, gekommen waren rund 40! Den ganzen Tag hatten wir mit Vorbereitungen und Aufräumen zu tun.

Axels Kochkünste wurden wie immer sehr gelobt, das Essen war echt super. Es wurde natürlich auch erheblich getrunken, sodass sich ein Pärchen unmöglich zu streiten anfing. Sie wurden schließlich gebeten, die Feier zu verlassen. Ansonsten war es eine tolle Party bis in die Morgenstunden.

Ich war als Erste »frühmorgens« um 10.3o Uhr putzmunter, kümmerte mich um den Abwasch und die Spurenbeseitigung und deckte den Frühstückstisch. Die junge Familie kam auch aus den Federn. Azira bekam einen Anruf und sagte, sie müsse kurz weg. Sie restaurierte schnell Farbe und Stuck, zog sich an und stolzierte davon. Axel und ich schauten uns nur verständnislos an. Kevin protestierte, er war sehr enttäuscht, dass seine Mama an ihrem freien Tag allein wegging.

Es war nicht zu übersehen, dass es in der Ehe kriselte.

Am nächsten Montag war Rosenmontag, wo in Köln alles unterwegs ist, das Beine hat. Wir hatten spät und reichlich gefrühstückt und uns fertig gemacht, um uns den Rosenmontagszug anzusehen. Kevin schlüpfte in ein Löwenkostüm, Axel und ich setzten einen großen Hut auf und zogen uns warme Sachen an. Es war eiskalt und stürmisch, und wir waren ja einige Stunden auf der Straße. Für Kevin hatte Axel in einen kleinen Rucksack Limo und Brötchen gepackt, für uns hatte er eine Umhängetasche mit zwölf Flaschen Bier dabei. So zogen wir in die City und mussten noch zwei Stunden warten, bis die ersten Wagen zu sehen waren.

Ich, als waschechter Sachse, hatte so etwas noch nicht erlebt! Zigtausende Menschen in der Stadt, fast alle kostümiert und viele schon total besoffen. Die Polizei kam auf Pferden, um für die Wagenkolonne den Weg frei zu halten. Vor uns waren plötzlich dicke Reihen von Menschen, selbst auf der Fahrbahn. Ergo – umsonst brav stundenlang an der Bordkante gewartet. Riesengetümmel, über 70 große Wagen, Kapellen, Vereine – tonnenweise Bonbons, Süßigkeiten und Ähnliches wurde von den Wagen geworfen. Die Leute stürzten sich wie besessen darauf, die Erwachsenen schlimmer als die Kinder. Ich fand das unmöglich. Der Spuk dauerte ungefähr zwei Stunden, dann gingen wir schnell wieder nach Hause.

Noch ein paar turbulente Tage in Köln, wobei leider immer öfter Zank und Streit bei den jungen Leuten an der Tagesordnung waren. Azira fühlte sich als große Dame, trank ständig Champagner und ließ ihre schlechte Laune an Kevin und Axel aus. Mir gegenüber hatte sie sich eigentlich normal verhalten.

Am Samstag, den 16.2., stand ich früh auf, packte meinen Koffer und nach dem gemeinsamen Frühstück fuhren wir zum Bahnhof.

X.

Ich war froh, wieder in meiner Heimatstadt zu sein, trotz meiner nicht gerade rosigen Lebensumstände.

Mein Bruder Wolfgang musste ins Herzzentrum, ihm wurde ein Herzschrittmacher eingesetzt. Das war für den gerade 53 Jahre alten Mann ein ziemlicher Schock.

Von unseren Nachbarn, Nicole und Marc, hörten oder sahen wir leider sehr selten etwas. Ich freute mich immer, wenn ich mittwochs meinen Enkel zur Schwimmhalle begleiten durfte, da konnte ich für ein paar wenige Stunden seine Gegenwart genießen.

Im Juli wollten die beiden ausziehen. Ich konnte mir nicht vorstellen, warum. Aus der idealen Wohnung mitten in der City in eine abgelegene, nicht sehr schöne Gegend? Vielleicht störte meine Tochter unsere Nähe? Wir waren sehr traurig darüber, Marc auch.

Der Umzug sollte schon am 30.5. stattfinden. Als fleißige Helfer kamen meine älteste Tochter Heidi, deren Mann sowie ihre beiden inzwischen erwachsenen Söhne. Zusammen mit den Hallensern unternahmen wir nach getaner Arbeit einen Zoobesuch. Es war ein wunderschöner Tag, Marc war glücklich und zufrieden.

Am 1. Juni fuhr ich mit Klaus in Deutschlands Norden, um uns eine Woche in Husum und eine Woche in Aurich zu erholen. Vor allem wollten wir endlich die Nordsee kennenlernen. Marc wäre sehr gern mitgefahren, aber seine Mama hatte es nicht erlaubt.

Es war ein sehr schöner, erholsamer Urlaub, auch das Wetter spielte mit und wir sahen viel Neues. An einem Sonntag, den 16.6., fuhren wir wieder nach Hause. Nach unserer Ankunft riefen wir gleich bei Nicole und Marc an und die Sehnsucht nach unserem Enkel führte uns gleich zu ihnen. Sie hatten Besuch von Marcs anderer Oma und Tante väterlicherseits.

Wir klingelten, der Kleine kam zur Tür, »Oma!«, sprang mir um den Hals und drückte mich lange, lange. Beide waren wir happy.

Am folgenden Freitag war ich auf dem Gemüsemarkt einkaufen. Ich bummelte über den Markt und schaute mich um – plötzlich wurde ich, ohne irgendein Anzeichen, ohnmächtig. Natürlich fiel ich mit dem Hintern in die einzige Pfütze weit und breit. Ich sah entsprechend aus. Passanten halfen mir wieder auf die Füße, die Taschen hatte ich noch in den Händen. Ich war mächtig schockiert, so etwas war mir noch nie passiert. Allen Mut musste ich zusammenraffen, um am Nachmittag in der nächstgelegenen Passage einzukaufen und Lotto zu spielen. Ständig hatte ich Angst, wieder umzukippen.

Gleich in der folgenden Woche ging ich zur Computertomografie, den Kopf untersuchen zu lassen und im Körper nach eventuellen Metastasen zu sehen. Das Ergebnis war allerdings nicht aufregend, der Radiologe meinte, es sei nur ein kleiner Aussetzer gewesen.

Im Juli bekam mein Mann, nach einer Darmspiegelung mitgeteilt, dass er ein Karzinom im Darm habe. Er wurde sofort zur Operation ins Krankenhaus eingewiesen. Zum Glück hatte der Tumor noch keine Metastasen gebildet.

So war ich plötzlich allein in der Wohnung ein ungewohntes Gefühl. Da ich während dieser Zeit ein Fernstudium an der »Schule des Schreibens« absolvierte, hatte ich eine Aufgabe und natürlich Ablenkung. Es machte mir sehr viel Spaß.

Nicole und Marc kamen jetzt öfter und wir fuhren meistens zusammen ins Krankenhaus, um Klaus zu besuchen. Nach dem Krankenbesuch aßen wir manchmal zusammen und verbrachten mehr Zeit als sonst miteinander. Inzwischen war es

Anfang August. Klaus ging es sichtlich besser, und wir konnten ihn aus dem Krankenhaus abholen.

Nicole und ihr Söhnchen fuhren ein paar Tage an die Nordsee, um Urlaub zu machen. Braungebrannt und strahlend kamen sie zurück. Nicole musste gleich einkaufen gehen und eine Torte backen, ich hatte eine große Zuckertüte fertig gepackt – am nächsten Tag war Marcs Schulanfang. Es war ein wunderschöner Tag und Marc war sehr glücklich. Mein Enkel war in die *International School* eingeschult worden. Sein Lehrer war ein Mister Marc, das fand mein kleiner Liebling komisch.

Wir gingen gemeinsam ins Klassenzimmer, es wurde viel geknipst und gefilmt. In der Klasse waren sechzehn Kinder. Nach der offiziellen Einschulung feierten wir bei meiner Tochter zu Hause. Marcs Vater sowie seine Mutter und seine Schwester feierten zusammen mit noch einigen Bekannten und Verwanden Marcs großen Tag.

Für den 3. September hatten wir eine Einladung nach Köln erhalten, da meine Enkelin Amanda ebenfalls eingeschult wurde. Klaus war gesundheitlich keinesfalls in der Lage, zu verreisen. Ich wollte allein fahren. Ein paar Tage Auszeit hätten mir sicher gut getan. Ich selbst hätte nie den Wunsch geäußert zu fahren, einerseits wegen meinem Mann, andererseits aus finanziellen Gründen. Er hatte zwar neulich gesagt, dass ich ruhig ein paar Tage fahren könne, er käme schon allein zurecht. Dann sagte er wieder: »Du kannst mich doch nicht alleinlassen!« Das eine Mal zu teuer, das andere Mal zu lange – ein ewiges Hin und Her. Amanda hätte ich sehr gern einmal wiedergesehen, aber unter diesen Umständen ließ ich es lieber.

Ici, ihr älterer Bruder, hatte an diesem Wochenende einem Kumpel geholfen, seine Wohnung herzurichten. Da dieser ganz in unserer Nähe war, kam er am Sonntagabend kurz bei uns vorbei. So hatte ich ihm die Zuckertüte und ein Geschenk für Amanda mitgegeben und ihn am Abend zum Flieger gebracht. Nichts war's mit ein paar Tagen Köln.

Klaus´ Zustand machte mir Kummer; außerdem der ständige Streit mit ihm, all das ging mir mächtig an die Substanz.

Eine erfreuliche Neuigkeit: Nicole hatte eine neue Arbeitsstelle bekommen.

Marc gefiel es übrigens sehr in der Schule, das ließ hoffen!

Mein Gatte bekam seine erste Chemo; sie bekam ihm gar nicht gut, er fühlte sich schlecht und hatte Schmerzen in der Brust. Deshalb rief ich den Onkologen und den Hausarzt an – Klaus sollte ein bisschen in der Wohnung umherlaufen und, wenn es schlimmer werden sollte, den Notarzt rufen

Abends gegen 22 Uhr fingen die Schmerzen in der Brust wieder an, so rief ich den Notarzt an. Gegen 22.4o Uhr kam er, untersuchte den Patienten, machte ein EKG, dann gab er ihm ein Spray in den Mund. Daraufhin ging es ihm deutlich besser, es war kein Infarkt. Ich schlief sehr schlecht, stand früh auf und rief den Hausarzt an. Wir sollten sogleich zu einem Kardiologen fahren. Dieser bestellte, nachdem er Klaus kurz untersucht hatte, einen Krankentransport zum Herzzentrum. Hier wurden ihm Stents zur Erweiterung der Gefäße eingesetzt.

Auch nach dem Krankenhausaufenthalt musste Klaus weiter die Chemotherapie über sich ergehen lassen. Das war für uns eine schwierige Zeit. Klaus tat mir sehr leid mit dieser bösartigen Krankheit, aber irgendwie war unser Verhältnis eigenartig angespannt. Wir waren inzwischen zehn Jahre verheiratet, aber von einem normalen Eheleben waren wir weit entfernt. Er versprach mir immer wieder, sich zu ändern und zu bemühen, aber leider blieb alles beim alten.

Ich habe mich immer öfter sehr »bescheiden« gefühlt, da mir die intime Seite des Ehelebens fehlte, und außerdem kränkte mich das Verhalten von Klaus, meine Gefühle und Bedürfnisse einfach zu ignorieren.

Ich bekam Minderwertigkeitskomplexe und es belastete mich sehr. Inzwischen fiel es mir schwer, seine Nähe zu ertragen, und ich hoffte, dass unser schon lange geplanter Urlaub etwas Abwechslung bringen würde.

Da wir eine Reise nach Paris geplant hatten, besuchte ich einen 8-tägigen Kompaktkurs Französisch, damit ich wenigstens die Speisekarten und Hinweisschilder lesen konnte. Aber bis zu unserer Reise war noch etwas Zeit.

Ansonsten war es für mich eine ausgesprochen bescheidene Situation: die missglückte Ehe, Klaus´ Krankheit, keine Arbeit und chronischer Geldmangel. Von meinem Optimismus war nicht mehr viel übrig, ich fragte mich, ob mir das Leben überhaupt noch etwas zu bieten hatte!

Endlich wieder ein Lichtblick, ich hatte ein paar Tage Köln geplant, anlässlich des Geburtstages meines Sohnes. Darauf freute ich mich riesig.

Klaus hatte mich zum Flieger gebracht und mein Axel mich zwei Stunden später vom Flughafen Köln-Bonn abgeholt. Meine Schwiegertochter war sehr erkältet, so half ich, die Geburtstagsfeier für den nächsten Tag vorzubereiten. Es waren, wie stets bei Axel, sehr viele Gäste eingeladen. Die Fete ging bis nach 3 Uhr morgens. Nachdem alle Spuren beseitigt waren, mussten wir die nächste Feier vorbereiten, da Kevin einen Tag nach seinem Vater Geburtstag hat. Da kamen auch meine drei anderen Kölner Enkel zum Kindergeburtstag; ich freute mich besonders darüber, da zu der Zeit mein Verhältnis zu meiner Tochter Simone gestört war. Mit anderen Worten, Simone und ich hatten keinerlei Kontakt mehr miteinander. Ich hatte die Kinder länger nicht mehr gesehen.

An dem folgenden Dienstag ging ich mit der Schwester meines ersten Mannes zum Kaffeetrinken zu deren Tochter Ulla. Zu der Familie meines ersten Gatten hatte ich über die Jahre ein ungestörtes Verhältnis. Ulla hatte ich sehr lange nicht mehr gesehen und inzwischen war sie Mutter einer reizenden kleinen Fee geworden. Gemeinsam gingen wir dann im Hofgarten spazieren und abends besuchte ich mit meiner ehemaligen Schwägerin das *Theater an der Kö*. Am nächsten Vormittag war ich wieder mit ihr in der City verabredet, wir wollten gemeinsam einen Stadtbummel machen und gingen anschließend noch ins Kino.

Am Abend vor dem geplanten Rückflug hatten wir, Axel, Azira und ich, eine »fürstliche« Einladung von Axels Freund, dem Bordellchef, und seiner Frau in ein Superrestaurant in der Altstadt. Es war ein unvergesslich schöner Abend.

Wir wurden mit einer Stretch-Limousine abgeholt und zum Restaurant gefahren. Das allein war schon abenteuerlich, der lange Wagen durch die engen Gassen, was eigentlich auch nicht erlaubt ist.

Die junge Mutter mit ihrem Baby sowie das Kindermädchen waren schon da. Zur Begrüßung wurde ein super Champagner gereicht, auf das Wohl des Kleinen. Mexikanische Livemusik spielte eigens für uns. Es war einfach toll, dazu gab es erlesene Speisen und Getränke. Die Stunden vergingen wie im Flug! Danach, frühmorgens, ging es nicht etwa nach Hause, sondern in eine teure japanische Karaoke-Bar. Die beiden Gastgeber waren hier natürlich keine Unbekannten, und so konnte der Kleine in einem Nebenraum im Kinderwagen ungestört schlafen.

Schließlich waren wir nach 6 Uhr zu Hause. Der Wecker klingelte um 7.3o Uhr, da ich so früh zum Flieger musste. Damit ich nicht zu fest einschlafe, hatte ich mich halb angezogen aufs Bett gelegt und neben mir das Fenster geöffnet. Trotz der frischen, eiskalten Luft war ich eingeschlafen und bin erst 9.45 Uhr aufgewacht. So ein Mist, das Flugzeug war ohne mich gestartet! Wie sollte ich nun nach Hause kommen? Azira hatte mir fest versprochen, mich zu wecken! Es war mäuschenstill in der ganzen Wohnung, alle schliefen noch fest. Ich bekam natürlich die Panik und weckte alle auf. Axel schimpfte auf seine Frau; dann hat er telefonisch versucht, einen Rückflug für mich zu buchen. Von Köln aus war alles ausgebucht; schließlich hatte er einen Rückflug von Düsseldorf nach Dresden über Frankfurt gebucht, für 113 €. Mehr als das Doppelte, ich hatte weit weniger für hin und zurück bezahlt. Zu der Zeit gab es noch sehr günstige Angebote, man musste nur länger vorher buchen. Ich bin in den Jahren öfter geflogen, es war billiger als die Bahn. Da ich arm wie eine Kirchenmaus war, hatte Azira die Kosten übernommen.

Die schönen, ereignisreichen Tage in Köln waren vorbei und die alten Sorgen wieder da.

Mitte März fuhr Klaus drei Wochen zur Kur. Ich hätte ihn zwar begleiten können, aber dazu hatte ich absolut keine Lust. Unser Verhältnis war so zerrüttet, dass ich froh war, einige Zeit allein zu sein.

Mein Mann tat mir zwar sehr leid, aber Mitleid ist kein ausreichender Grund für ein Zusammenleben. Ich genoss es sehr, jeden Augenblick tun zu können, wonach mir gerade zumute war. Ich konnte essen und trinken, was und wann ich wollte, konnte spazieren gehen, entspannt fernsehen, was ich wollte. Mit anderen Worten, ich fand es ideal, allein zu leben!

Am Sonntag vor Klaus' Heimkehr war ich im Renaissance-Hotel zu einem Lichtbildervortrag »Paris«. Es war sehr informativ und ich freute mich auf unsere bevorstehende Reise.

Ich hatte mir vorgenommen, mit meinem Mann nach unserer Rückkehr aus Paris zu sprechen. Ich wollte mich von ihm trennen.

Nicole hatte eine Arbeitsstelle in einem Steuerbüro gefunden, am 1. April – kein Aprilscherz – sollte es losgehen. So musste ich zweimal wöchentlich meinen Marc von der Schule abholen, worüber ich mich natürlich sehr freute.

Unser gespanntes Verhältnis und in die Stadt der Liebe reisen – irgendwie kurios! Da wir nur für eine Woche ein tolles Tauschquartier hatten und noch nie in Paris gewesen waren, buchten wir noch eine Woche bei einem für Parisreisen spezialisierten Reisebüro dazu.

Wir wollten mit dem Auto reisen, so hatten wir einen kurzen Zwischenstopp in Köln geplant. Ich freute mich wie immer sehr auf Axel und seine Familie. Am Abend wollte mein Sohn mit uns und Azira ausgehen, aber Klaus hatte keine Lust, da wir am nächsten Tag möglichst früh weiterfahren wollten. Er ging also früh schlafen und wir verbrachten allein einen tollen Abend in der Rhein-Metropole. Das gespannte Verhältnis zwischen Klaus und mir war den jungen Leuten natürlich nicht entgangen. Sie meinten, ich könne jederzeit bei ihnen Quartier beziehen, wenn es gar nicht mehr gehe.

Am nächsten Vormittag sind wir nach einem gemeinsamen Frühstück in Richtung Paris gefahren. Das Wetter war sonnig, was ich von Klaus' Laune nicht unbedingt sagen konnte. Irgendwann gegen Mittag kamen wir in Paris, in der Rue de Buci, an. Wir holten uns den Schlüssel für das Quartier und suchten eine Parkmöglichkeit für die gesamte Woche.

Die Wohnung war winzig klein, in einem großen, gepflegten, älteren Haus. Sie war alles andere als komfortabel, hatte aber eine tolle Aussicht auf das pralle Pariser Leben!

Unser angespanntes Verhältnis, die Anstrengung der Anreise, die hochsommerliche Hitze und dazu die räumliche Enge trugen dazu bei, dass bei uns die Luft brannte. Es hätte nicht viel gefehlt und wir wären postwendend, allerdings nicht zusammen, wieder abgereist. Aber letztlich hat die Vernunft gesiegt und wir haben uns alles Sehenswerte angesehen und eine schöne Woche in der Pariser City verbracht.

Die zweite Woche hatten wir eine etwas außerhalb, aber unmittelbar an der U-Bahnstation gelegene Ferienwohnung. Sie war das ganze Gegenteil zu der ersten. Sie war sehr geräumig, hatte ein riesengroßes Wohn-/Schlafzimmer, einen riesigen Korridor, ein traumhaftes Bad und eine Küche mit allen Drum und Dran. Dazu einen schönen Balkon. Die Einrichtung war sehr edel und die hohen Räume, trotz tropischer Außentemperaturen, angenehm kühl. Einfach fürstlich! Hier wäre ich am liebsten geblieben, aber allein.

Es war ein sehr erlebnisreicher Urlaub. Wir waren beide vom schönen Paris begeistert. Ein Glück, dass wir eine vernünftige Basis gefunden und unseren letzten gemeinsamen Urlaub doch ziemlich harmonisch verbracht hatten. Nach der Heimkehr wollten wir uns aussprechen.

Wieder daheim und die Atmosphäre bei uns war, wie schon zuvor, vergiftet. Ich ließ es noch ein paar Tage so dahingehen, bis ich mich aufraffte, die Fronten zu klären. Klaus tat mir leid, ich wusste, dass er allein nicht so gut zurechtkommen würde. Aber für mich war der Zustand unerträglich geworden. Ich sagte ihm, dass er mich nicht mehr als seine Frau betrachten solle und dass ich mich ab sofort von ihm trenne.

Er war etwas erschüttert, hatte es aber schon erwartet. »Wer soll denn da für mich kochen …«, war seine erste Reaktion sowie seine Sorge, Marc nicht mehr sehen zu können.

Ich sagte ihm, dass ich mich und nicht Nicole von ihm trenne. Das Verhältnis zwischen Nicole, Marc und ihm werde sich nicht ändern.

»Wir können eine Zeit lang hier zusammen wohnen bleiben, jeder nimmt ein Zimmer. Ich schlafe auf der Couch. Wirtschaften könnten wir auch noch zusammen, das heißt ich kümmere mich weiterhin ums Essen und die Wäsche. Ansonsten mache ich, was ich will; was du machst, interessiert mich nicht. Die Kosten werden wir uns teilen. Ich denke, das müsste vorübergehend machbar sein.«

Allzu überraschend kam für Klaus die Trennung nicht. Er hatte schon ein paarmal angenommen, dass ich von einer Reise nach Köln nicht zurückkommen, sondern bei meinen Kindern bleiben würde.

So hatten wir uns arrangiert und lebten einige Monate in

einer Wohnung zusammen. Es gab niemals Zank und Streit. Da Klaus einen Minijob hatte, war er ohnehin nicht ständig zu Hause.

Ich fühlte mich innerlich befreit und unbeschwert, genoss meine mir selbst zurückgegebene Freiheit. Auch mein Selbstwertgefühl, das mir verloren gegangen war, kam langsam zurück. Den neuen, vermutlich letzten Lebensabschnitt wollte ich nach meinen Vorstellungen, Bedürfnissen und Wünschen gestalten. Die ganze mir verbleibende Zeit wollte ich nur für mich nutzen; ich war niemandem mehr Rechenschaft schuldig.

Eines Tages bummelte ich bei herrlichem Sonnenschein durch die City. Ich blieb stehen und sah mir eine Auslage an. Da spürte ich, dass mich jemand anschaute. Als ich mich umdrehte, erblickte ich einen jungen, sehr gut aussehenden, exotisch wirkenden Mann. Ich ging schnell in eine Passage, hatte irgendwie Herzklopfen.

Nach ein paar Tagen war ich wieder in der Stadt unterwegs, plötzlich steht er vor mir und sieht mir in die Augen. Mir blieb für einen Moment glatt die Spucke weg. Diesen Blick werde ich nie vergessen, er hatte mich, wenn es auch bescheuert und kitschig klingt, tief ins Herz getroffen. Ich war völlig verwirrt, wie eine 16-jährige Pennälerin kam ich mir vor. Dass einem so etwas noch passieren konnte, ich war immerhin um die 60 Jahre. Er hätte altersmäßig locker mein Sohn sein können. Das war der Beginn einer großen, etwas außergewöhnlichen Liebesbeziehung.

Ich schick und stadtfein, er in angeschmuddelten Arbeitsklamotten: Irgendwie waren wir ein recht auffälliges Pärchen. Er nahm mich ganz selbstverständlich bei der Hand und zog mich ins nächste Café. Er lud mich zu einer Tasse Kaffee ein. Da es Mittagszeit war, fanden wir kaum ein Eckchen, wo man sich ungestört unterhalten konnte. Dass er aus der Türkei stamme, 37 Jahre alt und seit ungefähr acht Jahren hier sei, sagte er mir. Ich war völlig durcheinander. »Da bin ich leider viel zu alt für Sie!«, erwiderte ich. Aber er meinte, ich sei ihm nicht zu alt, sollte aber froh sein, dass er noch jung sei. Je jünger ein Mann, umso glücklicher könne er eine Frau machen. Er hielt mich fest an der Hand und versuchte mich zu küssen. Ich rückte etwas zur Seite, er war echt kaum zu bremsen. Mir war das etwas zu viel fürs Erste und sagte, ich müsse jetzt gehen. Er schrieb seine Handynummer auf und ich versprach, ihn am kommenden Montag anzurufen. Ich wollte gehen, aber er hielt meine Hand so fest, dass ich nicht aufstehen konnte; er sah mir dabei in die Augen und küsste mich plötzlich heftig auf den Mund. Wie von der Tarantel gestochen riss ich mich los und stürmte mit hochrotem Kopf aus dem inzwischen voll besetzten Lokal hinaus.

Irgendwie war ich schockiert über die rasante Vorgehensweise des jungen Mannes, ich hatte ihn mir etwas zurückhaltender vorgestellt und auch gewünscht. Nach diesem ersten Treffen war ich im Zweifel, ob er für mich der Richtige ist. Trotzdem konnte ich die ganze Zeit an nichts anderes denken als an ihn.

Als ich ihn an dem folgenden Montag wie vereinbart anrief, hörte ich im Hintergrund eine Frauenstimme und Kindergeplärre. ›Aha‹, dachte ich, ›er ist also verheiratet.‹ Aber das war ja zu erwarten, außerdem wollte ich ohnehin keinen neuen Lebenspartner. Bei unserem nächsten Treffen stotterte er etwas von »Cousine zu Besuch«. Ich sagte ihm, dass er mich bitte nie belügen solle, und so erzählte er von seiner Heirat und Familie.

Wir gingen durch eine Parkanlage und er zog mich zur nächsten Bank. Inzwischen war es stockdunkel geworden. Er küsste mich so intensiv und heftig, dass mir fast die Sinne schwanden. Ich bin bestimmt keine Pastorentochter und bin in meinem Leben von vielen Männern geküsst worden, aber keiner war wie er! Er fing an, meinen Körper zu betasten.

Nach zehnjähriger Abstinenz war das Ganze unglaublich berauschend für mich. Ich war wieder Frau!

Das getrennte Zusammenleben von Klaus und mir wurde allmählich unerträglich. So beschlossen wir in aller Freundschaft, unsere Wohnung aufzugeben und zwei kleinere zu suchen.

Während Klaus noch einen Job ausführte, hatte ich genügend Zeit, im Internet und auf Annoncen bezahlbare Wohnungen zu suchen. Irgendwann wurden wir fündig. Ich zog in ein Ein-Raum-Appartement mit schönem großen Balkon in Citynähe.

Die Möbel und den Hausrat haben wir uns brüderlich geteilt. Die Umzüge und allen anstehenden Arbeiten haben wir gemeinsam in freundschaftlicher Weise erledigt. So friedlich und harmonisch läuft gewiss nicht jede Trennung ab.

In meiner neuen Wohnung fühlte ich mich von Anfang an sehr wohl, sie war für mich und meine Bedürfnisse einfach ideal. Sie war sowohl geräumig als auch preiswert, denn jetzt musste ich alle festen Kosten von meiner schmalen Rente allein begleichen. Trotz erheblicher Einschränkungen machte mir mein eigenständiges Leben viel Freude. Die alten, in der Vergangenheit etwas vernachlässigten Freundschaften hatte ich wieder aufleben lassen. Veranstaltungen, Kino, Gaststätten hatte ich mir angewöhnt, allein zu besuchen.

Mit meiner neuen Liebe, nennen wir ihn aus Rücksicht auf seine familiäre Situation einfach Ali, war es die ersten Wochen sehr toll. Aber im Laufe der Zeit gab es immer mal wieder »Sendepausen«. Doch irgendwie haben wir uns immer wieder zusammengefunden. Unsere Beziehung war eben einfach nicht alltagstauglich. Wir waren viel zu verschieden, ja in mancher Beziehung sogar gegensätzlich. Er war eben in einer völlig anderen Welt aufgewachsen. Trotz allen Unterschieden hatten wir sehr glückliche Stunden miteinander, auf die wir beide nicht verzichten wollten.

Wieder einmal hatte Ali sich fast vier Wochen nicht gemeldet, worüber ich sehr traurig war. Es gab Tage, da wollte ich ihn für ewig und alle Zeiten vergessen, aber so einfach war das nicht.

Es war Hochsommer und traumhaftes Wetter. Meine jüngste Tochter und ich hatten geplant, mit Marc ein paar Tage an die Nordsee zu fahren. Das lenkte mich etwas von meinem Kummer ab. Ich freute mich sehr darauf, mit meinen beiden Lieben zusammen zu sein. Es wurde eine sehr schöne Woche.

Kaum waren wir wieder zu Hause, rief Ali an und wir trafen uns wieder einmal. Es war eine ziemlich anstrengende Affäre, mal hip und mal hop.

Anfang September telefonierte ich mit meiner besten Freundin Carla. Ihr ging es sehr schlecht, sie sollte wieder ins Krankenhaus zur Bluttransfusion. Sie tat mir unendlich leid; sie ist ein so liebenswerter Mensch mit ihren vielen schweren Erkrankungen.

Seit einiger Zeit gehe ich zum Frauenstammtisch – organisiert von der VHS. Es ist sehr interessant, man trifft dort die unterschiedlichsten Frauen aus allen Schichten, aus Ost und West.

Mit meiner Tochter Simone telefoniere ich auch wieder sehr oft und lange. Ihr wäre es am liebsten gewesen, wenn ich meine neue Wohnung in Köln genommen hätte. Leider waren dort die Mieten wesentlich höher als bei uns und somit mit meiner kleinen Rente nicht bezahlbar.

Es war der 16.09.2004 und ich total aus dem Häuschen. Ich hatte mich mit zwei attraktiven jungen Männern in einem Café auf eine Stellenanzeige hin getroffen. Ihr Angebot hörte sich so verlockend gut an, dass ich skeptisch nach einem Haken suchte. Für 5 x 4 Stunden pro Woche ein Gehalt von 800 € zzgl. Provision und Spesen! Leider erwies sich das lukrative Angebot als Luftnummer. Wäre ja auch zu schön gewesen. Seit meinem Konkurs hatte ich ständig Bewerbungen abgeschickt, aber umsonst. Ich hätte gern ein paar Stunden gearbeitet und etwas Geld verdient.

Eine Woche später bin ich wieder einmal nach Köln gefahren. Marc und Nicole hatten mich zum Zug gebracht. Mein Enkel Ici holte mich vom Zug ab und ich schlief die erste Nacht bei ihm. Seine Wohnung war eiskalt, denn es gab keinen einzigen Heizkörper.

Am 26.9. war der neunte Geburtstag meiner Enkelin Amanda. Samstag Abend bin ich mit Ici auf eine große Party gegangen, wo wir Axel und seine vielen Freunde und Bekannten getroffen haben. Ich konnte mich endlich wieder ausgiebig mit meinem Sohn unterhalten, mit dem ich mich absolut blendend verstehe.

Am folgenden Dienstag bin ich früh in die City gefahren, ging zum Kaufhof und stellte fest, dass meine Brieftasche weg war. Vielleicht lag sie bei meiner Tochter zu Hause? Ich rief sie an – nichts!

Ich fuhr zu Simone und wir durchsuchten ihre und Icis Wohnung – nichts! Als erstes Sparkasse angerufen, EC-Karte sperren lassen. Alle Ausweise, Führerschein, Geld, Fotos – alles fort. Dann bin ich mit Amanda zur Polizei gefahren, zwecks Diebstahlmeldung. Die Brieftasche konnte mir nur auf der Party am Samstag geklaut worden sein. Für meine Enkelin war es interessant auf der Polizei. Für mich war es ein richtiger Scheißtag!

Am Freitag sind wir mit John, Amandas Vater, nach Oberhausen in ein riesiges Einkaufszentrum gefahren. Es war ein sehr schöner Nachmittag, leider fehlten mir die finanziellen Mittel.

Am nächsten Abend holte mich Axel ab; jetzt wohnte ich bis zu meiner Rückreise bei meinem Sohn, Azira und Kevin. Axel und ich machten eine Biertour durch die Stadt, wir besuchten diverse Kneipen, später einen Jazz-Keller und schließlich noch eine tolle Nachtbar. Am Sonntag lud Simone uns zum Essen ein, danach waren wir am Hafen spazieren. Mein Besuch in Köln ging wieder zu Ende, Axel brachte mich am nächsten Montag zur Bahn.

Wieder zu Hause – wieder Alltag. Mal traurig und voller Sorgen, mal glücklich und zufrieden. Ich habe mich wieder öfter mit meinen Freundinnen getroffen und viel mit Simone telefoniert. Das Verhältnis zu und mit meinem Ali kam auch allmählich meinen Vorstellungen näher.

Wenn mich Kummer und Sorgen belasten, denke ich daran, dass ich schließlich Löwe bin (Geburtstag 26.7.) und lasse mich nicht unterkriegen. Stets bemühe ich mich, die positiven Seiten in jeder Situation zu finden. Zum Glück verfüge ich auch über eine große Portion Humor, auch wenn dieser manchmal makaber ist.

Wieder einmal stand Weihnachten vor der Tür. Klaus hatte mich abgeholt und wir gingen gemeinsam zu Nicole und Marc, um mit ihnen und Marcs Vater Heiligabend zu verbringen. Denselben Personenkreis hatte ich am 1. Feiertag zum Essen eingeladen.

Am 29.12. bin ich nach Köln gereist, um mit meinen dort ansässigen Kindern und Enkeln die letzten Tage des Jahres zu verbringen. Zur Silvesterfeier bin ich mit Simone, Amanda und John zu dessen Familie ins Saarland gefahren. An den folgenden beiden Tagen habe ich noch weitere Geschwister von John besucht und kennengelernt. Sie wohnten ebenfalls in dieser Gegend in Süddeutschland. Bei der Gelegenheit machten wir noch einen Abstecher ins nahe gelegene Luxemburg. Die Stadt gefiel mir sehr gut, nur leider war die Zeit viel zu knapp. Noch schnell unterwegs einen Kaffee getrunken, und ab ging's in Richtung Köln. Die restlichen Tage meiner »Westreise« wohnte ich bei Axel.

Wieder zu Hause angekommen, traf ich mich des Öfteren mit meinen beiden Freundinnen. Bei Carla war ich mit Klaus

zum Geburtstag. Ali hatte ich in der letzten Zeit selten gesehen, was mich sehr belastete. Leider machte sich auch Nicole und damit auch Marc sehr rar. Sie war mir gegenüber
manchmal ziemlich eigenartig. Ich war immer für sie da, aber
sie ist seit geraumer Zeit sehr abweisend zu mir. Warum ich
nicht nach Köln gezogen bin, frage ich mich immer öfter, dort
bin ich immer gern gesehen. Aber die nächste Reise dahin war
schon geplant, gegen Ende Februar.

Simone arbeitete in der Parfümerie Douglas in der Kölner
City. Da vor Feiertagen wie Ostern oder Weihnachten stets
Aushilfskräfte eingestellt wurden, hatte ich mich dort für das
bevorstehende Ostern angemeldet, um die Waren als Geschenke für die Kunden zu verpacken. Es war ziemlich anstrengend,
aber es hat mir Spaß gemacht. Außerdem war es irgendwie
aufregend, nach fast neun Jahren wieder einmal arbeiten zu
gehen. Ein wenig Geld gab es auch und vor allen eine große
Tüte mit Parfüm und Kosmetik als Belohnung.

Mit Axel war ich auf einer Superparty in Meerbusch und
mehrmals in der City in diversen Bars und Discos. Es war eine
turbulente Zeit.

Im Juli wollte Marc gern mit mir für eine Woche nach Köln
fahren. Dann rief er an, er wolle nur drei oder vier Tage, und
letztlich ist er doch lieber bei seiner Mama geblieben. Ich ärgerte mich sehr darüber. So fuhr ich dann eben wieder allein.
Axel und Kevin holten mich vom Bahnhof ab, und sofort ging
für mich die Sonne auf. Kummer und Sorgen waren vergessen.

Simone hatte mich überredet, mit nach Spanien zu kom-
men. Sie fuhr jedes Jahr mit ihrer Familie an die Costa Brava.
John besaß einen großen Campingwagen, der immer dort vor
Ort blieb.

Die Reisevorbereitungen waren sehr chaotisch, aber irgendwie sind wir, bei großer Hitze und sehr durstig, in Blanes angekommen. Wir fuhren zum Parkplatz, auf dem lauter

Wohnwagen abgestellt waren. John wollte von Simone den Schlüssel zu seinem Wohnwagen, aber den hatte sie zu Hause vergessen. Das trug nicht gerade dazu bei, die ohnehin gereizte Stimmung zu glätten.

Schließlich richteten wir uns auf dem Campingplatz für die erste Nacht ein. Alles andere hatte Zeit bis zum nächsten Tag. Ich bekam ein schmales, unbequemes Notbett und kaum Platz für Klamotten. Aber ich hatte ohnehin nichts Brauchbares zum Anziehen dabei, ich hatte ursprünglich nur eine Woche in Köln bleiben wollen. Nun kamen drei Wochen Campingurlaub in Spanien dazu. So musste ich mir ein paar billige Fähnchen kaufen und ein Paar Badelatschen.

Es war ungewohnt und anstrengend, aber auch interessant. Außerdem war täglich tolles Badewetter!

Einen Tag wollten wir nach Barcelona fahren, aber eh wir losgefahren sind … na ja, ein paar Stunden waren es doch noch. Ich fand die Stadt toll und wollte unbedingt noch einmal hinfahren. Ein Höhepunkt war das jedes Jahr in Blanes stattfindende Feuerwerk-Festival. Außerdem hatte ich meinen 65. Geburtstag. Dazu lud ich die Familie auf ein Schiff ein, um von See aus das Feuerwerk zu genießen. Es war ein wunderschönes Erlebnis.

Nach den drei Wochen ging es wieder nach Köln und am nächsten Tag nach Dresden, nach Hause.

Die folgenden Tage und Wochen habe ich mich ziemlich gelangweilt, meine Tochter Nicole, Marc und auch mein Lover haben sich länger nicht gemeldet. Das hat mich sehr traurig gemacht. Es ist gar nicht immer einfach, Löwe zu sein und über den Dingen zu stehen. Manchmal kam ich mir ziemlich überflüssig vor!

Eines Tages habe ich, entgegen meiner Einstellung, eine Annonce in der Zeitung beantwortet. Ich hatte es schon vergessen, da kam abends gegen 22.3o Uhr ein Anruf. Der Inserent, ein Journalist, bat mich, in eine Bar in der City zu kommen. Ich dachte, na ja, besser als Langeweile und Frust, und ging hin. Er war ein ganz sympathischer Typ. Bei einigen Drinks unterhielten wir uns sehr nett und angeregt. Ansonsten konnte ich nicht viel mit ihm anfangen. Wir trafen uns noch zwei oder drei Mal, aber das war's dann. Kontaktanzeigen sind absolut nicht mein Fall!

Ich traf mich mit meiner Freundin, die mir von ihrem Unglück erzählte. Ihr langjähriger Partner hatte sich in eine jüngere Frau verliebt und sich von ihr getrennt. Außerdem hatte sie auch Kummer wegen Problemen ihrer Tochter und den Enkeln. Fazit – auch anderen geht es nicht viel besser als mir. Also Kopf hoch!

Es war Ende September und ich fuhr wieder einmal nach Köln. Mit meinem Axel hatte ich am Abend eine tolle Party besucht. Am nächsten Tag hatte meine Enkelin Geburtstag. Ihr Vater John teilte mir mit, dass ein Neffe von ihm in Saarlouis heiraten werde und wir alle zusammen hinfahren würden.

John stammte aus Ex-Jugoslawien und somit wurde die Hochzeit nach den dortigen Gebräuchen gefeiert. Sie fand in einem riesigen umgebauten Lokschuppen irgendwo außerhalb von Saarlouis statt. Es war für mich zwar ganz interessant, aber ziemlich turbulent und gewöhnungsbedürftig.

Am übernächsten Tag erholte ich mich, wieder zurück in Köln, in Begleitung von Axel und Kevin im Wildpark. Es war ein herrlicher Oktobertag. Ich verbrachte noch ein paar sehr schöne Tage bei Axels Familie. Abends gingen wir stets aus, in den Jazz-Keller oder in eine Nachtbar. Nach vier Wochen fuhr ich dann wieder nach Hause, nach Dresden.

Es war ein schöner, sonniger Herbst, ideal zum Spazierengehen im Park. Aber leider machte mir wieder einmal mein rechtes Knie mächtige Probleme.

Eines Abends rief mich Azira an und eröffnete mir, sie wolle sich von Axel trennen. Bei den beiden war schon bei meinem letzten Besuch die gestörte Atmosphäre zu spüren gewesen. Sie hatten sich irgendwie auseinandergelebt. Kevin tat mir leid, er hatte am meisten darunter zu leiden.

Mein Schwager Achim, der Mann meiner verstorbenen Schwester, der seit einiger Zeit in einem Pflegeheim lebte, hatte Geburtstag. Seine Kinder, Enkel und deren Angehörige hatten eine Kaffeetafel in seinem Zimmer aufgebaut und wir haben wie in alten Zeiten zusammen gefeiert und geschwatzt.

Es hätte mich auch sehr gefreut, wenn ich meine einzige in Dresden lebende Tochter und meinen Enkel öfter hätte sehen können. Leider war unser Verhältnis alles andere als normal. Es bereitete mir sehr viel Kummer, dass meine liebsten beiden mich wie eine Fremde behandelten. Wir sahen uns kaum noch. Ich war doch immer für sie da, aber jetzt brauchten sie mich nicht mehr, sodass ich bei ihnen abgeschrieben war. Das tat mir unheimlich weh. Da Nicole nicht mit sich reden ließ, hatte ich mich aufgerafft und ihr einen Brief geschrieben. Es erfolgte leider keine Reaktion.

Eine Woche vor Weihnachten fuhr ich dann wieder nach Köln. Dort hatte ich immer das Gefühl, sehr willkommen zu sein. Weihnachten verbrachte ich bei Simone und die Silvesterfeier ins Jahr 2006 mit Axel und seiner Familie.

Mein Rückflugticket hatte ich für den 11.01. um 17.3o Uhr ab Düsseldorf gebucht, da ab Köln kein preiswerter Flug zu haben war.

Leider verlief die Fahrt von Köln nach Düsseldorf mit vielen Hindernissen – Stau, Baustellen usw. –, sodass wir zu spät zum Airport kamen. Der Flieger war bereits auf der Startbahn! Inzwischen war auch der letzte durchfahrende Zug in Richtung Dresden weg. So konnte ich erst am nächsten Tag nach Hause fahren. An diesem Tag hatte meine Freundin Carla Geburtstag – den 70.! Klaus und ich waren eingeladen. Es war eine sehr schöne Feier. Carlas gesundheitlicher Zustand hatte sich, seit wir uns das letzte Mal gesehen hatten, sehr verschlechtert. Sie tat mir unendlich leid. Meine Nichte Bärbel rief an, ihr Mann Ebi hatte eine Chemotherapie hinter sich gebracht. Er war im Jahr zuvor an Blasenkrebs erkrankt.

Nach langer Zeit hatte ich wieder einmal einen Vorstellungstermin bei Kabel Deutschland. Leider stellten sie nur Vollzeitkräfte ein. Für mich kamen aber aufgrund meines Gesundheitszustandes nur halbe Tage in Frage, zur Aufbesserung der mageren Rente.

Mitte Februar hatte ich einen Termin zur Einarbeitung in einem Callcenter. Ich schloss einen Arbeitsvertrag zum 06.03.2006 ab. Toll, endlich etwas Taschengeld in Aussicht. Nach fast neun Jahren wieder täglich zur Arbeit zu gehen, war zwar ungewohnt, aber ich war sehr froh. Manchmal hatte ich schon das Gefühl, die Decke falle mir auf den Kopf. Das würde sich nun bald ändern. Eine Woche Frühschicht, eine Woche Spätschicht. Ich fand das recht gut und freute mich schon darauf.

Ich wollte mit meiner Freundin Angie meine erste Türkeireise unternehmen, die recht günstig war, da sie zum Teil vom BuchClub gesponsert wurde. Angie war sich allerdings noch nicht sicher, ob sie mitffahren würde, da sie Angst vor der Vogelgrippe und vor Terror hatte. Letztlich entschied sie sich doch dafür. Klaus wollte uns netterweise zum Flughafen fahren; ich wollte Angie morgens telefonisch wecken, da ich eigentlich immer früh zeitig wach werde. An jenem Morgen weckte mich ein Anruf von Klaus: »Wir sind in zehn Minuten bei dir!«

Großer Gott, verschlafen! Klaus hatte zuerst meine Freundin abgeholt und danach wollten sie mich abholen. Ich schnell Katzenwäsche, anziehen, kein Frühstück, nicht einmal Kaffee – geschafft!

Es war eine sehr interessante Reise. Jeden Tag waren wir von früh bis spät mit dem Bus unterwegs, besuchten eine Teppichweberei und eine Goldschmiede und lernten natürlich auch Land und Leute kennen. In der Schmuckmanufaktur lernte ich einen recht gut aussehenden Mann kennen. Er hatte sich sehr viel Mühe gegeben, mir ein Collier oder anderes Schmuckstück zu verkaufen, aber ich hatte ihm gesagt, dass ich nichts kaufen werde, und dabei blieb es. So holte er zwei Gläser Rotwein und wir tranken und unterhielten uns recht nett. Ich versprach ihm, dass ich ihn irgendwann allein in Antalya besuchen würde, und so schrieb ich ihm meine Handynummer auf und er gab mir seine Visitenkarte.

Als wir mit der Reisegruppe eine zweitägige Tour zu den Kalksinterterrassen von Pamukkale unternahmen, traf ich in der Lobby eine ehemalige Schulkameradin. Das war eine Überraschung! Wir hatten uns etliche Jahrzehnte nicht gesehen, aber doch wiedererkannt. Wir tauschten Adressen und Telefonnummern aus, um uns zu Hause kontaktieren zu können. Sie erzählte mir, dass sie seit nunmehr ein paar Jahren regelmäßig Klassentreffen abhielten. Das fand ich klasse!

Nach dem Rückflug hatte Klaus uns wieder vom Airport abgeholt. Zu Hause standen Osterglocken auf dem Tisch, die Wohnung war geheizt und das Nötigste zu essen eingekauft. Einen besseren Freund als Klaus gab es nicht, es tat mir leid, dass ich ihn nicht mehr lieben konnte.

Meine Bekanntschaft aus Antalya, Ahmet S., wollte, dass ich im Juli hinkomme. Ich wollte es ja auch sehr gern, aber mir fehlte das Geld. Vorher stand wieder eine Köln-Reise an. Es war wie immer sehr abwechslungs- und erlebnisreich an der Rhein-Metropole. Während der Zeit war auch die Fußball- WM. Einige Bauchtanz-Veranstaltungen standen an, bei denen auch meine Enkelin Amanda auftrat, der letzte Schultag mit Abschlussfeier, Kirmes und vieles mehr.

Als ich von Köln zurückkam, holten mich Marc, Nicole

und Klaus vom Bahnhof ab. Darüber freute ich mich sehr. Am folgenden Samstag lud mein Töchterchen mich zum Frühstück ein und später gingen wir noch mit Marc in die City Eis essen.

Bärbel hatte mich angerufen und mir mitgeteilt, dass Ebi Metastasen in der Lunge hatte, wobei eine Seite bereits operiert worden war. Auch meine lebe Freundin Carla hatte mir mitgeteilt, dass es ihr absolut schlecht ging. Da konnte ich von Glück reden, bis auf Kniebeschwerden ging es mir recht gut, trotz meiner Nieren-OP vor nunmehr acht Jahren.

Ich dachte jetzt ständig an meinen geplanten Urlaub in Antalya. Ahmet S. teilte mir mit, dass er wegen der Saison Urlaubssperre habe. Er hätte aber zwei Tage frei bekommen und ansonsten könnten wir ja ab 18 Uhr gemeinsam etwas unternehmen. So buchte ich per Internet bei Condor einen Flug nach Antalya sowie einen Rückflug. Da die meisten Hotels von Reiseveranstaltern reserviert waren, hatte ich keine große Auswahl, auch in Hinblick auf meine magere Kasse. So buchte ich schließlich für zwei Wochen ein Zimmer in einem einfachen Familienhotel. Voller Hoffnung, einen unvergesslichen Urlaub zu erleben, verabschiedete ich mich von meinen Verwanden und Freunden und flog am 28. Juli, zwei Tage nach meinem Geburtstag, zu meiner interessanten Bekanntschaft nach Antalya. Ich war zum ersten Mal mutterseelenallein in einem anderen Land und sehr gespannt auf das Wiedersehen.

XI.

Endlich war der 28.07. und der Flug sollte um 19.15 Uhr starten. Nicole und Marc brachten mich zum Flughafen. Marc wollte am liebsten den schweren Koffer hinterherziehen und die Reisetasche tragen. Er wollte zeigen, wie stark er war, der süße Kleine. Ganz tapfer schleppte er die schwere Tasche, in der sich ein Kosmetikkoffer, einige Bücher, Schuhe und anderes befanden.

Den Koffer hatten wir bereits abgegeben, bis zum Abflug hatten wir noch genügend Zeit und konnten uns noch ausgiebig unterhalten. Mein Enkel wäre sehr gern mitgeflogen. Eine Stunde vor dem Start musste ich in den Transitraum und meine Lieben fuhren nach Hause.

Mit 30 Minuten Verspätung traf endlich die Maschine ein, die mich an meinen Urlaubsort bringen sollte. Es war eine Boeing 757-300, die anlässlich des 50-jährigen Jubiläums ganz toll bemalt worden war – bunte miteinander verbundene Herzen und an der Heckflosse beidseitig eine 1,60 m große Fliege. Ich hatte einen Fensterplatz im hinteren Teil der Maschine. Den Flug genoss ich sehr und außerdem war ich mächtig gespannt, dem umwerfend interessanten Mann gegenüberzustehen. Seit unserem Kennenlernen waren immerhin fünf Monate vergangen. Ich malte mir in den schillerndsten Farben aus, wie wunderschön das Wiedersehen sein würde.

Planmäßig sollte der Flieger um 23.15 Uhr Ortszeit landen, aber aufgrund der Verspätung und der Zeitspanne, bis ich endlich als fast letzter Passagier aussteigen konnte, war es nach 24 Uhr. Ich stieg in ein Taxi. Mein schöner Ahmet war natürlich nicht am Airport, aber er musste ja schließlich am nächsten

Morgen zur Arbeit. Ich hätte ihn im umgekehrten Fall zu jeder Zeit abgeholt, aber ich bin eine Frau und Frauen sind bekanntlich wesentlich belastbarer als Männer. Da er aber nichts dafür kann, als männliches Wesen geboren zu sein, verzieh ich ihm natürlich.

Der Taxifahrer konnte so viel Deutsch wie ich Türkisch, also absolut null. Ich zeigte ihm den Computerausdruck mit Name und Adresse des Hotels. Der Mann hatte überhaupt keinen Schimmer, wo das sein könnte. Unterwegs hatte er mehrmals angehalten, um in anderen Hotels nach dem Weg zu fragen. Straßenschilder gab es hier auch fast keine und von einem Stadtplan hatte der gute Mann auch noch nie etwas gehört. Das Hotel befand sich 17 Kilometer vom Airport am westlichen Stadtrand in einem großen Stadtteil. Ich versuchte ihm klarzumachen, dass unser Weg 17 und nicht 170 Kilometer sei! Es war eine endlose Odyssee.

Nach 75 Minuten waren wir endlich am Ziel. Das Unvermeidliche folgte – der Fahrpreis! Ich dachte natürlich nicht daran, die Unfähigkeit des »Fahrers« zu finanzieren. Der Nachtportier sprach einigermaßen gut deutsch und bemühte sich den Streit zu schlichten. Letztlich zahlte ich die Hälfte des geforderten Preises, was immer noch viel zu viel war. Aber inzwischen war es 1.3o Uhr und ich war total müde und verärgert.

Als ich das Hotelzimmer betrat, traf mich der nächste Schlag! Die Bude war das blanke Grauen, ich kam mir vor wie in einem alten Krimi, der irgendwo im Hafen von Marseille oder London spielte. Zwei spartanische Betten, bei deren Matratzen die Stahlfedern nicht zu übersehen waren. Die Kopfkissen circa 30 x 50 Zentimeter, mit Wattebällchen oder Ähnlichem gefüllt. Zwischen den Betten ein winziges Tischchen aus blankem Holz. Zur Beleuchtung dienten eine nicht abgedeckte Neonröhre und ein grünes Wandlämpchen, das maximal 10 Watt abstrahlte. Neben dem Bett stand eine Art

Frisierkommode mit zwei kleinen Schubkästen. In dem einen brachte ich meine BHs und Slips unter. Über diesem Möbel hing ein Spiegel, sogar mit Schliff. In der anderen Ecke neben dem Fenster stand eine Art Gestell, auf dem der Fernseher stand; ein vorsintflutliches Teil mit einem 32-Zentimeter-Bildschirm, mit dem man nur türkische Sender empfangen konnte! Kein Radio, also absolute Funkstille! Ein winziges Tischchen und zwei ebensolche Stühle ergänzten die Einrichtung.

Der »Kleiderschrank« war ganz zeitgemäß eingebaut, zwei Türen aus total abgeschabten Spanplatten, die Kleiderstange ersetzte ein roher, mit riesigen Splittern versehener hölzerner Besenstiel. Na ja, an Schlaf war momentan eh nicht zu denken, so beschloss ich, meinen Koffer auszupacken. Im Schrank hing ein Plastikbügel mit Quersteg – in der Beschreibung des Inventars war von einem »Hosenbügler« die Rede gewesen – und ein Drahtbügel aus einer chemischen Reinigung. Ich hatte erfahrungsgemäß immer für Blusen und Kleider leichte Bügel im Gepäck. So packte ich geduldig Stück für Stück meine Sachen aus und hängte sie auf den Besenstiel. Beim letzten Stück, mein schönes weißes Jackett, machte es plötzlich »Rumms«. Alle Bügel einschließlich der Stange lagen unten! Ich bin ein sehr geduldiger Mensch, aber ich hätte am liebsten in diesem Moment alles aus dem Fenster geschmissen. Ein lauter Fluch brachte meine kühle Vernunft zurück. So stieg ich etwas bang auf eines der Stühlchen und brachte die Stange einschließlich der Bügel mühsam in die beiden Plastikösen. Geschafft! Das Wichtigste in dem Zimmerchen von 3 x 3,5 m war bei den Außentemperaturen von rund 40 Grad natürlich die Klimaanlage. Die Installation derselben hätte jedem deutschen, handwerklich begabten Menschen die Haare zu Berge stehen lassen. Aber egal, obwohl sie mit Klebeband repariert worden war und ziemlich viel Krach machte, sie funktionierte! Natürlich nur, solange nicht gerade der Strom weg war. Wenn sie länger in Betrieb war, tropfte das Kondenswasser peng, peng, peng auf den Fernseher. Ein »Badezimmer« gab es natürlich auch in diesem Appartement, das erst im Jahre 1995 erbaut worden war laut der Info im Internet. Ein Waschbecken, in das unablässig der undichte Wasserhahn seine Tropfen plumpsen ließ, ein Toilettenbecken, in das nach orientalischer Art ständig Wasser zur Säuberung der besten Körperteile aus einer separaten Leitung lief. Hier wurde besagte Leitung offensichtlich nachträglich verlegt und mit Hilfe von Klebestreifen an der Zuleitung des Spülkastens befestigt, und sie setzte den gesamten hinteren Teil des Raumes stets einen Zentimeter unter Wasser. Daneben grenzte ein Kunststoffvorhang die Duschecke ab. Leider war die Dusche auch kaum als solche erkennbar, das heißt das Wasser kam in unregelmäßigen Strahlen irgendwo herausgeplätschert. Ein kleiner Spiegel, eine winzige Ablage und eine finstere Lampe ergänzten das Ganze.

Nach der Beschreibung im Internet konnte man aber dieses Hotel durchaus für recht passabel halten.

Gegen 3 Uhr legte ich mich endlich zur Ruhe. Um kurz vor sieben weckten mich die hellen Sonnenstrahlen und der einsetzende Straßenlärm. Ich setzte mich auf und schaute aus dem Fenster – der Ausblick überraschte mich total. Im Hintergrund waren Berge wie in den Alpen, davor die aufgehende Sonne. Ein Blick in die andere Richtung: in etwa 400 Metern Entfernung war das Meer. Das ließ mich die schreckliche vergangene Nacht vergessen.

Als positiv denkender Mensch beschloss ich, durchzuhalten und das Beste daraus zu machen. So duschte ich mich, machte mich in aller Ruhe zurecht und ging hinunter zum Frühstück auf die Terrasse. Bei der zweiten Tasse Kaffee überlegte ich, wie ich den Tag am besten verbringen könnte. Nach dem Frühstück inspizierte ich zunächst das Hotelgelände. Zwei kleine Pools mit einigen Liegen auf der Terrasse, die auch als Gaststätte genutzt wurde. Anschließend erkundete ich die umliegenden Straßen und sah mich auch nach Einkaufsmöglichkeiten um. Nach knapp zwei Stunden musste ich aufgrund der Hitze meine Inspektion abbrechen. Ich hatte mir kaltes Wasser gekauft und begab mich erst mal wieder ins kühle Hotelzimmer. Von Ahmet, dem eigentlichen Grund meiner Reise, hatte ich noch nichts gehört. So sendete ich ihm und meinen Lieben daheim erst einmal eine SMS.

Später antwortete Ahmet, dass er erst gegen 19 Uhr kommen könne. Bis dahin waren noch ein paar Stunden Zeit, also nahm ich ein Buch und die Brille und streckte mich genüsslich unter den tropischen Pflanzen am Pool aus. Nach 17 Uhr ging ich langsam wieder in mein »Traumappartement«, duschte mich eiskalt und machte mich für den Mann meiner Träume zurecht. Ich bekam Herzklopfen und konnte kaum erwarten, ihm gegenüberzustehen. Gefiel er mir noch so wie vor fünf Monaten oder war er vielleicht ganz anders? Endlich war es 19 Uhr, aber kein Ahmet, kein Anruf!

Etwa eine halbe Stunde später klingelte mein Handy – er hatte das Hotel nicht gleich gefunden, er käme später, etwa 20 Uhr. Um 20.3o Uhr war er noch nicht da, so zog ich mich wütend aus und legte mich enttäuscht aufs Bett. Kurz danach rief er wieder an, er sei gleich da! Ich mich flugs wieder angezogen und aus dem Fenster geschaut. Vor dem Gartentor des Hotels stand ein großer, schwarzhaariger Mann mit weißem Pilotenhemd und dunkelblauer Hose. Vom vierten Stock aus war er nicht so deutlich zu erkennen und außerdem stand er vor den Schlingpflanzen über dem Eingangstor. Jetzt nahm er sein Handy und wählte eine Nummer – im nächsten Augenblick klingelte es bei mir.

Mit gemischten Gefühlen ging ich zu meinem unbekannten Bekannten. Ich trat aus der Hotelhalle, er stand noch immer am Tor, drehte sich mir zu und schaute mich erwartungsvoll an. Wir begrüßten uns wie alte Vertraute, wobei ich gestehen muss, ich hätte ihn so einfach auf der Straße nicht wiedererkannt. Irgendetwas an ihm war verändert, vielleicht war er etwas kräftiger geworden, eine neue Brille, ein anderer Haarschnitt – ich weiß es nicht. Er küsste mich auf beide Wangen und flüchtig auf den Mund; er meinte, ich sei noch hübscher, als er mich in Erinnerung hatte. Dies war das erste und einzige Kompliment, das er mir machte. Wir gingen Hand in Hand wie Hänsel und Gretel zur Strandpromenade. In der nächstbesten Kneipe setzten wir uns einander gegenüber, schauten uns an und machten uns bei einem Bier etwas näher bekannt. Er sagte, dass er keine Wohnung in Antalya habe, er teile sich mit einem Kollegen ein Zimmer in einer Art Pension, die sich nahe der Goldmanufaktur befinde und wo die Mitarbeiter wohnen könnten und auch versorgt würden.

Wir schlenderten langsam zum Hotel zurück und Ahmet sprach mit dem Hotelchef, um ein paar Tage bei mir bleiben zu können. Im Zimmer angekommen, ließ er gleich seine durchgeschwitzten Sachen fallen und ging schnurstracks in die Dusche. Da mir meine Kleider auch völlig nass am Körper klebten, dachte ich mir: ›Was soll´s!‹, zog mich ebenfalls splitternackt aus und folgte ihm ins Bad.

Noch etwas schüchtern berührten wir uns sehr sanft mit den Augen und den Händen. So nass, wie wir waren, fielen wir gleich aufs Bett. Es war unvergleichlich schön, er war ein ganz toller Liebhaber, eine Art sanfter Stier. Wir setzten uns dicht beieinander aufs Bett und Ahmet erzählte mir von sich und seiner Familie. Er stammte aus der Nähe von Ankara. Seine Eltern seien beide sehr groß, deshalb überragte er die meisten seiner Landsleute. Seine Großfamilie, wie in der Türkei üblich, lebe auch noch größtenteils dort. Seine beiden Kinder, die noch die Schule besuchten, würden dort ab nächste Woche die Ferien verbringen. Seine Frau und die Kinder lebten in Belgien, er nach der Trennung von seiner Frau hier in Antalya. Er wollte wieder in Europa leben, da war die Entlohnung wesentlich höher als in der Türkei. Außerdem würde er lieber mit einer europäischen Frau zusammenleben, da deren Lebensart eher seinen Vorstellungen entspreche.

Ich hatte nicht erwartet, dass er mir gleich am ersten Tag so freimütig von sich und seinem Leben erzählen würde.

Er musste frühmorgens zur Arbeit gehen und ich fuhr, nachdem ich ausgeschlafen hatte, in die City. Es war ein strahlend heißer Sonntagmorgen. Haltestellen oder Fahrpläne, wie wir es gewöhnt sind, gab es hier nicht. Die Busse hielten irgendwo an der Straße, wenn man dem Fahrer ein Zeichen gab. So wartete ich im Schatten eines Baumes auf einen Bus in Richtung City.

Nach 30 Minuten kam endlich ein Bus der von mir gewünschten Linie. Die Busse sind hornalte Kutschen mit Platz für circa fünfzehn Personen, meistens steigen aber mindestens doppelt so viele Fahrgäste ein. Jeder Fahrgast entrichtet seinen Fahrpreis bar, 1 YTL, das entspricht zirka 0,60 €. Die Entfernung spielt keine Rolle, ob man 200 Meter oder 1 Stunde fährt, der Preis ist immer derselbe.

Antalya verfügt über eine riesige, interessante Altstadt und eine romantische, traumhaft schöne Hafengegend, den Yachthafen. Es war ein sehr schöner, aber sehr anstrengender Spaziergang bei sengender Hitze. So beschloss ich, wieder ins Hotel zurückzufahren. Ich besaß zwar einen kleinen Stadtplan, aber Buslinien waren nicht darauf verzeichnet. Hier gibt es zig Kilometer lange Einbahnstraßen, sodass die Busse auf Hin- und Rückfahrt unterschiedliche Trassen befahren. Für Fremde ist das sehr verwirrend.

Endlich hatte ich eine Zustiegsmöglichkeit für einen Bus in meine Richtung erreicht. Ich fragte den Fahrer nach meinem Hotel – er kannte es nicht! An einer Straßenecke der Strandpromenade ließ mich der Fahrer aussteigen und zeigte mir die Richtung, in die ich zu gehen hatte. Falsch! Die Häuser sahen sich hier unheimlich ähnlich. Ich war inzwischen kaputt, bei 39° C. An der nächsten Bushaltestelle, zu der ich kam, stieg ich wieder in einen Bus und fragte den Fahrer wieder nach meinem Hotel. »Ja, steigen Sie ein!« Ich bezahlte und nach ein paar weiteren Haltestellen fragte ich noch einmal. Zwei Haltestellen sollte ich noch mitfahren, meinte der junge Mann. Ich war inzwischen überzeugt, in die falsche Richtung gefahren zu sein. Ich stieg aus und ging erst einmal in ein nahegelegenes Hotel. Ich fragte den Portier nach dem Weg zu meinem *Hotel Koblenz*. Eine sehr nette junge Frau und ein weiterer Mann kamen dazu. Mit Hilfe meines PC-Ausdruckes und des Stadtplanes, der übrigens nur einen Teil Antalyas darstellte, fanden sie schließlich heraus, wo denn das sagenhafte Hotel sein müsse. Die junge Frau nahm mich bei der Hand und ging mit mir zur nächsten Straßenecke. Sie wartete mit mir auf einen Bus. Sie gab mir zu verstehen, dass ich auf dem Fußweg bleiben sollte, ging allein zum Bus, sprach mit dem Fahrer und kam zurück. Es war nicht der richtige. Beim nächsten Bus klappte es endlich. Sie half mir noch beim Einsteigen und wünschte mir noch einen schönen Urlaub.

Ich wurde bis vor mein Hotel gefahren. Als Erstes ging ich eine halbe Stunde unter die eiskalte Dusche, anschließend legte ich mich aufs Bett, um auszuruhen. Nachmittags rief Ahmet an, er käme gegen Abend und da wollten wir gemeinsam zum Strand gehen. Bis dahin waren noch ein paar Stunden Zeit, so zog ich ein Strandkleid über und legte mich mit meinem Buch an den Pool. Gegen 19 Uhr ging ich wieder ins Zimmer, um auf meinen Herren zu warten. Plötzlich stand er in der Tür. Als ich ihn sah, musste ich laut lachen und sagte spontan: »Wie siehst du denn aus?« Er trug Shorts, ein Poloshirt, Sandalen und Socken, dazu ein knallrotes Basecap. Dieser große Mann, den ich nur im Anzug beziehungsweise eleganter Kleidung kannte, sah wirklich sehr putzig aus.

Er machte einen etwas müden und in sich gekehrten Eindruck, er hatte keine Lust, mit mir rauszugehen. »Lass uns hier bleiben, Schatz, ich habe Bier mitgebracht.« Wir unterhielten uns, und er erkundigte sich so nebenher über Verdienste und

Arbeitsmöglichkeiten derzeit in Deutschland. Ich erzählte ihm von meiner beruflichen Entwicklung vor und nach dem Fall der Mauer und dass ich derzeit keine Arbeit hatte. Er musste am nächsten Morgen schon um 5 Uhr aufstehen und gehen, aber bis dahin verbrachten wir noch ein paar schöne und glückliche Stunden gemeinsam. Ahmet war ein exzellenter Liebhaber. Mit seinem derzeitigen Leben war er nicht zufrieden, er musste immer nur arbeiten, hatte kein Geld, dazu Streit mit seiner Familie, und eigentlich war er immer allein. Irgendwie tat er mir leid, aber ich war ja auch nicht gerade ein Glückspilz.

Nach dem Frühstück, so gegen neun, ging ich zum Bus, um in die Innenstadt zu fahren. Wieder diese Bullenhitze! Die City fand ich sehr schön, es gab hier viele tolle Läden, wo man luxuriöse Designerklamotten kaufen konnte, aber auch eine Menge Geschäfte mit billigem Kram. Besonders weckten natürlich die Lederboutiquen meine Aufmerksamkeit, ich liebe Leder! Ganz reizende Motorradjacken für Kinder aus verschiedenfarbigem Leder und mit toller Reklame; ich dachte sofort an meinen Marc. Aber mein weniges Geld musste für die kommenden zehn Tage reichen.

Genug gesehen, erst mal wieder nach Hause, ins Kühle. Als Erstes, wie immer hier, unter die eiskalte Dusche. Bis Ahmet kommen wollte, war ja noch ein ganzes Weilchen. Ich dachte an ihn, er war eigentlich ganz anders, als ich ihn in Erinnerung gehabt hatte. Wenn ich ihn, so wie er jetzt ist, zum ersten Mal getroffen hätte, wäre sicher alles anders verlaufen. Ich hätte mich nicht für ihn interessiert. Trotzdem fühlte ich mich irgendwie zu ihm hingezogen und freute mich, ihn bald wiederzusehen. Schließlich hoffte ich auf einen unvergesslich schönen Urlaub. Es wurde 19 Uhr und Ahmet kam nicht; 19.3o klingelte mein Handy. Er schickte mir eine SMS, er könne leider nicht kommen, für 21 Uhr habe sich noch eine Reisegruppe angemeldet. Ich war sehr enttäuscht. Es konnte wirklich so sein, aber ich glaubte eher an eine Ausrede. Es war deprimierend – war ich so hässlich oder langweilig? Ich beschloss am nächsten Vormittag zum Strand zu gehen und zu überlegen, was ich am besten mit meinem Urlaub hier allein anstellen könnte. Hier konnte ich mich entspannen, das Rauschen des Meeres, eine sanfte Brise, die meinen Körper streichelte, und dazu aus dem Strandcafé schöne Musik, auf die ich im Hotel leider verzichten musste. Ich, als Löwe, habe mich natürlich nicht unterkriegen oder etwa mir meine Laune verderben lassen. Aus den gegebenen Umständen machte ich das Beste. Spätnachmittags ging ich zurück ins Hotel die Haare waschen und ausgiebig zu duschen. Gegen Abend fuhr ich in die City. Im Bus erhielt ich plötzlich eine SMS von Ahmet: *Schade, Schatz, muss für einige Tage nach Istanbul arbeiten, weiß nicht, wann ich wieder zurück bin!* Ich bekam Wut. ›So ein Mistkerl‹, dachte ich.

Als ich am nächsten Morgen aufwachte, spürte ich starke Schmerzen unterhalb der linken Brust. Die Milz? Ich bemühte mich, ruhig zu atmen, und blieb zunächst liegen. Das fehlte mir gerade noch, hier krank zu werden. Die Schmerzen gingen nicht weg, ich stand vorsichtig auf und ging frühstücken. Danach ging ich wieder in mein Zimmer. Die Schmerzen blieben. Plötzlich musste ich zur Toilette. Bis Mittag war ich dann noch sechs Mal! Ganz allmählich ließ der Schmerz nach, so entschloss ich mich, mein »Luxusappartement« zu verlassen, und ging zum Bus. Im Reiseführer hatte ich gelesen, dass Antalya ein sehr interessantes Museum besitzt. Hier war es herrlich kühl, der Bau war sehr modern und besaß eine hervorragende Klimaanlage. Ich fühlte mich hier wie neu geboren. Die archäologischen Exponate stammten ausnahmslos aus Anatolien und waren ungeheuer interessant. Auch die Gestaltung und Anordnung faszinierten mich. Vom Museum gegenüber befand sich eine Straßenbahn-Endstation, sodass ich zwanzig Minuten später in der Altstadt war, am berühmten Hadrianstor. Gegenüber war das Basarviertel, wo ich auf einem schattigen Platz einer sehr schönen Kneipe für 12 YTZ, das entspricht rund 7,5o €, gut und genüsslich speiste. Der hübsche junge Kellner machte mir Komplimente und wollte sich unbedingt mit mir treffen, am liebsten am selben Abend. Wir unterhielten uns nett; er nannte mir seinen Namen: *Ahmet.* Ich schätze, er war 26 Jahre alt; er beschwatzte mich förmlich, wollte mich später sogar von meinem Hotel abholen, obwohl ich ihm sagte, dass das Hotel sich am Ende der Zivilisation und der Welt befinde. Vielleicht war er ein »Hobby-Gigolo«? Auf jeden Fall sah er blendend aus und ich versprach ihm, dass ich ihn am nächsten Abend nach Feierabend abholen und mit ihm ausgehen würde. Das war natürlich ein leeres Versprechen, ich hatte für die nächste Zeit die Nase voll von Männern!

Einen Tag später kam wieder eine SMS von »meinem« Ahmet: *Schatz, ich komme heute Abend mit dem Flugzeug nach Antalya. Werde 19 Uhr zu Dir kommen. Kaufe bitte etwas kaltes Bier und buche das Zimmer für mich!* Ich war erstaunt, nach einigen Tagen doch wieder von ihm etwas zu hören. Morgens saß ich beim Frühstück und überlegte, was ich den Tag über machen könnte, bis vielleicht am Abend Ahmet kam.

Ein Gast, den ich hier noch nicht gesehen hatte, sprach mich an. Zuerst versuchte er es auf französisch, dann auf englisch, bis er mitbekam, dass ich aus Deutschland kam. Mit seinem Outfit passte er nicht hierher. Er war mittelgroß, hatte ziemlich lange schwarze Haare, die geölt und streng nach hinten gekämmt waren. Eine Brille verlieh ihm ein gelehrtes Aussehen. Das Auffälligste an ihm aber war sein Schmuck. Sein Hemd war fast bis zum Nabel aufgeknöpft, damit seine große, dicke Goldkette mit einem riesigen Anhänger besser zur Geltung kam. Ums Handgelenk trug er ein dickes goldenes Gliederarmband mit irgendeinem Namensschild und auf zwei Fingern einen ebenfalls auffälligen Klunker. In einem fast akzentfreien Deutsch erklärte er mir, dass er in Deutschland studierte und in Aachen promoviert habe. Jetzt lebe er in England und sei nur drei oder vier Tage hier, seine alte Heimat zu besuchen. Ich hatte echt Mühe, diesen bunten Vogel loszuwerden. Ich nahm den ersten Bus und fuhr in die City und machte einen ausgiebigen Stadtbummel. Der Abend kam, aber mein Ahmet natürlich wieder einmal nicht!

Nach dem Frühstück legte ich mich mit meinem Buch an den Pool. Es dauerte nicht lange, da kam mein toller Doktor. Dieses Mal trug er eine Art Safarilook und Schmuck aus Silber. Er begrüßte mich wie eine alte Bekannte, zog sich eine Liege näher heran und machte es sich neben mir bequem. Wo ich denn gestern Abend gewesen sei, er habe mich beim Essen vermisst, er wollte noch mit mir ausgehen. Der Seniorchef des Hotels kam zu uns herüber und schimpfte mit meinem Kavalier, auf türkisch natürlich – weil dieser mit seinen Sandalen die Liege berührte. In dieser verrotteten Bude geradezu lächerlich! Sicher war er ihm nur unsympathisch und wollte sich etwas aufspielen. Dem Doktor war es sichtlich peinlich obwohl er sich keiner Schuld bewusst war. Er fragte mich dann, ob mein Zimmer auch so eine unmögliche Bude sei wie seins. Da ich sein Zimmer weder kannte noch kennenlernen wollte, antwortete ich, dass wahrscheinlich alle Zimmer gleichermaßen schäbig und vergammelt seien.

»Heute Abend treffen wir uns vielleicht, da könnten wir ja gemeinsam in die Stadt fahren. Ich weiß gar nicht, wie ich dahin komme, aber Sie waren ja schon da. Ich schaue gegen 21 Uhr nach Ihnen.«

Ich sagte, dass ich es nicht versprechen könne, da ich vielleicht Besuch bekommen würde. Endlich zog er wieder ab in Richtung Strand.

Als ich vom Bierholen zurückkam, ging ich zum Fenster, um nach Ahmet Ausschau zu halten – im selben Moment kam er zur Tür herein. Er machte einen recht aufgeräumten Eindruck und drängte mich, schnell mitzukommen. Sein Kollege stehe unten mit dem Firmenwagen und wolle uns ein wenig durch die Gegend fahren, wofür ich natürlich etwas Benzin bezahlen sollte. Das machte mich wütend, ich sagte ihm, dass ich schon mehrmals, als er die ganze Woche weg war, die Gegend per Fuß und Bus erkundet hatte. Anschließend wollten die beiden auch noch von mir in irgendein Lokal eingeladen werden. Da fielen mir die Worte des Reiseleiters meiner vorigen Türkeireise ein: »Ein türkischer Mann würde niemals eine Frau in einer Gaststätte bezahlen lassen, so wie in Europa.« So machte ich gute Miene zum bösen Spiel. Ich ging mit, da ich mir nicht auch noch den Freitag verderben wollte. Ahmet nahm mich bei der Hand und los ging es. Vor dem Hotel stand der Mercedes. Der Fahrer stieg aus und begrüßte mich freundlich. Dann dachte ich mir, dass Ahmet es sicher gut gemeint hatte, denn hier war das Autofahren nicht so selbstverständlich wie bei uns. Er war so gut drauf und drückte ständig meine Hand; er kam mir vor wie ein glücklicher kleiner Junge. So fuhren wir eine Weile und landeten wieder an der Strandpromenade in einer der zahlreichen Gaststätten mit Livemusik, ganz romantisch. Der Mond spiegelte sich malerisch im ruhig daliegenden Meer. Bei einem Glas Efes-Bier unterhielten wir uns sehr angeregt. Ahmet erklärte mir, dass unser Fahrer der Kollege sei, mit dem er das Zimmer teile, und dass sie sich beide sehr gut verstünden. Dessen Familie lebe irgendwo in den Bergen, Richtung Ankara. Plötzlich klingelte Ahmets Handy. Er sprach viel und lange und gab dann seinem Kollegen den Apparat weiter. Dann sprach Ahmet wieder, ich hatte natürlich kein Wort verstanden, und jetzt gab er mir das Telefon mit der Bemerkung: »Das ist mein Chef, er möchte auch mit dir sprechen.«

Ich meldete mich und ein sehr netter Herr fragte mich, wie es mir gehe und wie es mir in Antalya gefalle, und noch ein paar mehr Höflichkeiten mehr. Das Ganze verwunderte mich sehr, da ich ja inzwischen wusste, dass Ahmet noch verheiratet war, und in der Türkei ist man zu derlei Dingen recht konservativ. Wieso wusste sein Chef von unserer Beziehung und unterhielt sich mit mir? Irgendwie bekam ich den Eindruck, dass Ahmets Beziehung zu mir gar nicht so oberflächlich sei, sondern er ein beständiges Verhältnis anstreben würde.

Ahmet wollte, dass sein Kollege uns zurück zum Hotel brachte. Aber da dieser ständig gähnte, meinte ich, dass er nach Hause fahren solle und wir beide noch ein Weilchen bleiben und den kurzen Weg zu Fuß gehen. Als der Kellner kassieren kam, legte ich einen Schein hin und wollte noch ein paar Lire aus dem Portemonnaie suchen, da legte Ahmet schnell den Rest drauf. Es war ihm wahrscheinlich doch ein wenig peinlich, aber er war ziemlich pleite. Im Verlaufe des Gespräches hatte ich den beiden Herren zu verstehen gegeben, dass ich aus Ostdeutschland komme und dort die Leute weniger Geld verdienten als die im Westen.

Wir gingen Hand in Hand die Strandpromenade entlang in Richtung Hotel. Ahmet war richtig gut drauf, er küsste mich sogar unterwegs, was ja in der Türkei nicht gerade üblich ist. Ich fühlte mich irgendwie glücklich und zufrieden. Im Hotelzimmer angekommen, entledigten wir uns gleich unserer Sachen, duschten und liebten uns lange und intensiv. Ich hoffte, die zweite Woche meines Urlaubs würde jeden Tag und jede Nacht so schön sein. Wir lagen auf dem Bett, knabberten zwischendurch gesalzene Nüsse und tranken Bier, um uns in der nächsten Minute wieder zu umarmen. Ich glaube, ich hatte mich inzwischen in diesen Mann verliebt, was eigentlich nicht meine Absicht gewesen war.

Am nächsten Morgen musste er um 6.3o Uhr zur Arbeit gehen. Er küsste mich zum Abschied und ich sagte: »Tschüss bis heute Abend!« Ich schlief noch gut zwei Stunden, ging frühstücken und überlegte, was ich diesen Tag anstellen könne. Strand war erst einmal tabu, da ich mir das Fell versengt hatte. So fuhr ich wieder in die mir inzwischen recht vertraute City.

Es kam wieder eine SMS von Ahmet: *Schatz, ich muss wieder in Istanbul arbeiten, wahrscheinlich bis Montag. Dann komme ich wieder nach Antalya!* ›So eine Scheiße‹, dachte ich, ›das Wochenende allein! Na ja, ich werde am Sonntag zum Hafen gehen.‹

Ich fuhr mit dem Bus bis zum Atatürk-Denkmal und ging zur Mauer, die den oberhalb der Altstadt zum Hafenviertel gelegenen Platz abgrenzt. Zwischen zwei alten Häusern stieg ich eine versteckte alte Steintreppe hinab. Ein Gewirr von alten steilen Gassen mit uralten, teils renovierten Häusern lag vor mir. Landestypische Dinge, die man eigentlich nicht braucht, sowie Gewürze, Teppiche und vieles mehr bekam man überall angeboten. Das Ganze gab ein reizvolles, buntes Bild ab. So stieg ich langsam, die orientalische Atmosphäre genießend, die halsbrecherische Stiege hinab. So kam ich zum Yachthafen. Es war ein ganz toller Anblick, die strahlende Sonne, das blaue Meer und die vielen bunten Ausflugsschiffe sowie schicke moderne Yachten. Oberhalb des Kais erstreckte sich eine sehr schöne Parkanlage mit vielen einladenden Sitzgelegenheiten im Schatten von Palmen; an der anderen Seite reihten sich am Hang Gaststätten verschiedener Preislagen aneinander. Es war ein wunderschöner und interessanter Ort zum Verweilen, Ausspannen und seinen Kummer zu vergessen. Als ich später meine Schritte durch die etwas oberhalb gelegenen Gassen lenkte, hatte ich ein unglaubliches Erlebnis. Es war absolut kurios.

Tierisch schwitzend vor Hitze und Anstrengung krauchte ich förmlich eine der sonnenüberfluteten, steilen, mit Kopfsteinpflaster ausgestatteten Gassen bergauf. Rechts von mir erstreckte sich eine etwa drei Meter hohe Mauer, die durch einen breiten Torbogen unterbrochen war. Dort stand ein bildschöner Jüngling, der mir sofort auffiel. Schätzungsweise war er Anfang zwanzig, ziemlich groß, sehr schlank, hatte mittelblondes, lockiges, bis auf die Schultern reichendes Haar. Sein Gesicht war sehr schmal, er hatte wunderschöne Augen, so zwischen blau und grün, und ein makelloses Gebiss. Er sah aus wie aus einer anderen Welt und vor allen kein bisschen türkisch. Bekleidet war er sehr europäisch, mit Jeans und hellem Hemd. Als ich an ihm vorübergehen wollte, sprach er mich auf englisch an. Er fragte, wo ich herkäme, ich sagte: »Aus Germany.«

»Dann können wir uns ja auf deutsch unterhalten«, erwiderte er. Ob ich ein paar Minuten Zeit habe, er wolle mir etwas Schönes zeigen.

Ich wurde neugierig und ein paar Minuten hat man ja immer im Urlaub. Er bat mich einzutreten. Ich ging durch das Tor und fand mich in einem märchenhaft schönen Garten wieder; eine Oase zwischen all den Häusern und Gassen. Der Garten war schätzungsweise 40 x 50 Meter groß, bestand aus saftig grünem, gepflegten Rasen. An der linken Seite befanden sich Gebäude, die anderen drei Seiten waren von einer Mauer umgeben. Auf dem Rasen standen einige Bäume, an denen drei oder vier Stoffbehälter, eine Art Taschen, hingen, die früher als Babybettchen benutzt wurden, wie ich richtig erriet. Da und dort standen blühende Pflanzen und durch die Schatten spendenden Bäume war es angenehm kühl. Wunderschöne Pfauen stolzierten durch dieses Paradies und am hinteren Teil, gleich neben den Gebäuden, war ein riesengroßes Aquarium mit Piranhas von einer Größe, wie ich sie noch nie gesehen hatte.

Wir gingen zu den Gebäuden, die wunderschön rekonstruiert worden waren. Der schöne Jüngling erklärte mir, dass das Haupthaus früher der Harem gewesen sei. Da ich mich für so gekonnt renovierte alte Gebäude sehr interessierte, konnte ich mich gar nicht satt sehen an der Schönheit des Anwesens. Da mein Führer mir alles so fachgerecht erklärt hatte und er überhaupt einen sehr gebildeten Eindruck auf mich machte, nahm ich an, dass das Ganze eine Art privates Museum sei. Er nannte mir seinen Namen, Efes, oder so ähnlich, aber ich hatte ihn gleich wieder vergessen. Er sagte, dass dieses tolle Anwesen ihm und seinem Cousin gehöre. Sie hatten sich gemeinsam um die Restauration gekümmert, was ihn offensichtlich mit Stolz erfüllte. Zu Recht! Weil ich so begeistert war, durfte ich mir das Haus auch von innen ansehen. Als Erstes registrierte ich, da es draußen sehr heiß war, dass dieses Gebäude eine hervorragende Klimaanlage besaß. Wir stiegen eine hübsche schmale Treppe hinauf. Die Räume hier waren auch alle ganz toll restauriert. In einigen Zimmern waren wunderschöne Stuckdecken, die anderen mit dunklem Holz getäfelt und mit Schnitzereien versehen. Die Schränke waren in die Wand eingelassen, sodass nur die durchbrochenen dunklen Holztüren mit orientalischen Motiven zu sehen waren. Die Wände blendend weiß. Die Einrichtungen bestanden aus niedrigen Polstermöbeln, ähnlich wie Couchs, davor kleine Tischchen und überall Teppiche. Wir setzten uns beide und er bot mir ein erfrischend kaltes Getränk an. Es war sehr bequem und gemütlich hier zu sitzen und ich war von den Eindrücken total überwältigt. Ich kam mir vor wie in einem Märchen aus Tausendundeiner Nacht! Ich glaubte, dass dieses Haus ein ganz privates Wohnhaus mit Museumscharakter war und ich mit Sicherheit am Ende um einen Obulus gebeten würde. Ebenso war ich überzeugt, dass der gebildete Efes Student war, so fragte ich ihn, was für ein Fach er studiere. Darauf antwortete er, dass er nicht studiere. Auf meine Frage, was er denn beruflich mache, sah er mich etwas verständnislos an und sagte: »Nichts, nur das Haus!«

Sein Cousin kam herein und stellte sich vor – Ahmed! Auch er war ein außergewöhnlich hübscher Kerl, aber ein völlig anderer Typ als Efes. Er war ein ganzes Stück kleiner, hatte einen dunklen Teint, schwarze Augen und auch etwas längere, aber schwarze Haare. Er war vielleicht zehn Jahre älter als Efes und hatte einen »ausziehenden« Blick. Wenn er einen anschaute, hatte man das unangenehme Gefühl, nackt da zu stehen. Alle drei gingen wir hinunter in einen großen Raum im Erdgeschoss. Auf dem Gang sah ich noch einen sehr jungen, sehr gut aussehenden Mann. Das machte mich stutzig, aber ich dachte mir noch nichts dabei. Wir nahmen Platz in einer gemütlichen Sitzecke. Ansonsten waren in dem ziemlich großen Raum rundum Berge von Teppichen. Jetzt glaubte ich das Geheimnis gelüftet zu haben: Teppichhändler. Fehlanzeige! Ahmed erzählte, dass er vor Jahren in viele europäische Länder Teppiche verkauft habe, aber das lohne sich nicht mehr. Ich machte mir noch Gedanken, wie man sowohl das Haus (zur Besichtigung) als auch die vielen Teppiche am besten vermarkten könnte, und diskutierte mit Ahmed darüber. Er meinte, es sei nichts. Ich saß neben Efes auf einer Couch. Ahmed meinte, wir sollten etwas dichter zusammenrücken und Efes sollte mir seinen Arm um die Schulter legen – Ahmed hatte eine Kamera dabei und fotografierte uns. Efes hatte mir schon oben in dem Zimmer gesagt, dass er mich toll finde und er eine Frau wie mich suche. Das hatte ich allerdings nicht so direkt aufgefasst und noch ein Späßchen darüber gemacht. Ich hatte beiläufig erwähnt, dass ich allein hier sei, um mit einem Freund zusammen zu sein. Ahmed fragte mich, wie alt mein Freund sei, vierzig oder so? Ich bejahte dies und er sagte überzeugend, dass ein Zwanzigjähriger mich viel glücklicher machen könne als ein Vierzigjähriger. Sein Cousin wolle mich. Er brauche unbedingt eine Frau wie mich und wir sollten uns endlich küssen! Ich solle locker sein und mich einfach fallen lassen, ich würde es sicher nicht bereuen!

Wamm! Wie konnte ich nur so naiv sein?! Ich sah Efes an, er sagte, er liebe mich und ich solle mit ihm kommen (sicher in ein anderes Zimmer?). Der Vorhang vor meinen Augen fiel, ich bekam Herzklopfen und überlegte krampfhaft, wie ich blitzschnell hier wegkam. Damit hatte ich nicht gerechnet, die beiden waren Gigolos! ›Mein Gott‹, dachte ich, ›so blöd wie ich kann man doch gar nicht sein!‹ Plötzlich klingelte Efes' Handy, er stand auf und ging hinaus. Im selben Moment stand Ahmed neben mir, packte mich bei der Hand und wollte, dass ich ihn wenigstens einmal küsse. Das konnte ich auf keinen Fall, er hätte mich einfach nicht mehr losgelassen. Sein begehrlicher Blick machte mir etwas Angst; klingt zwar lächerlich, aber auch ich bin nur ein Mensch. Ich riss mich ruckartig los und stürzte förmlich aus dem Haus. Efes stand vorn am Tor, drehte mir den Rücken zu und telefonierte. Ich flugs an ihm vorbei auf die Straße. Ich musste laut lachen über meine Naivität und hätte auf der Stelle eine kalte Dusche gebraucht.

So stieg ich den steilen Pfad weiter hinauf. Am äußersten Rand der Altstadt sprach mich ein Teppichhändler an. Er wollte nur eine Frage von mir beantwortet haben: »Woher kommen Sie, sind Sie Deutsche?«

Meine Antwort lautete: »Ja!« Ich ging weiter.

Er: »Nur eine einzige Frage!«

Ich sagte, die eine Frage hätte ich schon beantwortet.

»Bitte, nur noch eine Frage; mein Cousin und ich streiten uns, welche die älteste Stadt in Deutschland sei. Er meint Trier, ich denke Köln.«

Ich überlegte; so genau wusste ich das auch nicht, aber ich würde meinen, Trier! Der Teppichhändler bequatschte mich förmlich, und ich ließ mich schließlich auf ein hier überall übliches Glas Tee ein. Von außen sehen die meisten Läden sehr klein aus, aber drinnen findet man sich meistens in sehr großen und sehr gut gekühlten Räumen wieder. Der Herr sprach ein sehr gutes Deutsch. Wir setzten uns ans Fenster an ein winziges Tischchen. Sein Cousin setzte sich zu uns. Sie waren so um die 55 bis 60 Jahre und machten einen sehr gebildeten Eindruck, was ich ihnen auf den ersten Blick, vielleicht wegen ihres nicht gerade gepflegten Aussehens, nicht angesehen hatte. Der Teppichhändler erzählte, dass er schon dreimal verheiratet war, einmal mit einer deutschen Frau. Da passt mein alter Spruch: »Männer und Frauen passen einfach nicht zusammen!«Wir sprachen auch über Antalya, wie es mir gefiele und was ich hier so alles anstellen wolle. Ich sagte, dass ich mir schon allerhand hier angesehen hatte, unter anderem das sehr schöne Museum. Ich sagte, dass ich hier nicht überall alleine hingehen könne, so wie bei uns, besonders abends werde man doch sehr eigenartig beäugt. Er sagte, das sei nicht böse oder aufdringlich gemeint, hier hätten eben die Menschen eine andere Mentalität. Außerdem würde man mich ansehen, weil ich hier auffalle mit meinen »schönen« blonden Haaren und weil ich sehr hübsch und feminin aussehen würde. Ein großartiges Kompliment! Weiterhin erzählte er, dass in den 80er und 90er Jahren, als die Türkei als Urlaubsland von den Deutschen entdeckt worden war, einige anrüchige Dinge durch die Presse gingen, sogar durch die deutsche. Er bot sich mir als Fremdenführer an, er kenne sich aus wie kein Zweiter und könne mir interessante Ecken zeigen, die kaum einer kenne. Das glaubte ich ihm sogar und bedankte mich höflich mit Hinweis, an den nächsten Tagen käme ich darauf zurück. Langsam fühlte ich mich unbehaglich und verabschiedete mich. Ich hielt Ausschau nach einer Vertrauen erweckenden Kneipe, da ich inzwischen Hunger hatte. Ich entdeckte bald ein Dönerhaus, das recht gut, aber teuer war. Übrigens war ich kein einziges Mal in einer Gaststätte, sondern immer unter freiem Himmel. Ich fand das herrlich. Gesättigt und zufrieden schlenderte ich noch die mit Palmen gesäumte Prachtstraße, Atatürk Caddesi, entlang und kaufte mir ein Paar Sandalen, da meine drohten, den Geist aufzugeben, und ich hatte nur noch ein Paar mit 11 Zentimeter hohem Absatz im Gepäck. Danach fuhr ich wieder in meinen »Palast«.

Am nächsten Morgen, einem Montag, wachte ich mit starken Kopfschmerzen auf, sodass ich beschloss, einen Ruhetag einzulegen. Nach dem bescheidenen Frühstück hatte ich mir, wie jeden Tag, kaltes Wasser gekauft und mich mit Haar- und Nagelpflege beschäftigt. Danach ging ich doch noch zum Strand. Von Nicole und von Simone, die aus Spanien zurückgekehrt war, hatte ich Nachrichten – SMS – erhalten. Auch von Ahmet erwartete ich wieder eine SMS mit dem Inhalt: *Tut mir leid, Schatz ...* Irrtum, es kam keine Nachricht von ihm, aber er kam auch nicht! Wieder einen stinklangweiligen Abend auf meinen »Liebsten« gewartet. Nach 20 Uhr sendete ich ihm eine SMS, aber er reagierte nicht darauf. Ich ärgerte mich, seinetwegen alle anderen netten Einladungen abgelehnt zu haben. Letzten Endes wollte ich einen schönen Urlaub und keinen neuen Mann fürs Leben! Inzwischen war es 23 Uhr, aber an Schlafen war nicht zu denken. Mir war es richtig schlecht. Ich dachte: ›Das Verhältnis mit Ahmet ist ohnehin sinnlos, so werde ich, als positiv denkender Mensch, wenigstens die letzten drei bis vier Tage nutzen.‹ Dienstag Vormittag wollte ich zum Strand und nachmittags in die City.

Gegen 9 Uhr kam eine Nachricht von Ahmet, es tue ihm so leid, aber er komme vielleicht am Donnerstag nach Antalya zurück. Nach fast sechs Tagen! Ich war sauer. Mit ihm hatte ich wirklich mehr Kummer als Freude. Wie sage ich immer so schön: »Männer sind keine Menschen!« Ich packte meine Strandtasche und machte es mir unter einem Sonnenschirm für die nächsten Stunden bequem. An den beiden nächsten Tagen war es hier nicht so voll besetzt, da es sehr stürmisch war und hohe Wellen an den Strand klatschten.

Zu allen Übel hatte ich mir auch noch eine Erkältung zugezogen. Zum Glück war in der Nähe eine Apotheke und ich konnte mir Aspirin kaufen. Gegen 17 Uhr machte ich mich auf den Weg in die Altstadt. Als ich so durch die Straßen schlenderte, sprach mich ein netter junger Kellner an, ob er mich zu einem Kaffee oder Tee einladen dürfe. In diesem Moment fand ich es sehr angenehm, mich mit einem netten Menschen zu unterhalten. Der junge Mann war sehr unaufdringlich, nicht so ein Gigolo-Typ wie der Ahmed in dem anderen Lokal. Die Gaststätte, der Freisitz natürlich, war auf einem recht belebten schönen Platz, die Tische waren mit sehr schönen Leinendecken und die Stühle mit passenden Sitzkissen versehen. Da ich schon länger nichts mehr gegessen hatte, bestellte ich mir ein saftiges Lammkotelett und ein leckeres Bierchen. Der nette Kellner kam immer mal an meinen Tisch und unterhielt sich mit mir. Er fragte, ob ich schon in einer Disco in Antalya war. Ich verneinte und sagte, dass es keinen Spaß machen würde, allein in eine Disco zu gehen. Er sagte, dass gegenüber vom Museum, auf halbem Weg zu meinem Hotel, eine ganz tolle Disco sei und er mich sehr gern dorthin begleiten würde. Er wolle sich aber auf keinen Fall aufdrängen! Es kamen viele Gäste und mein kleiner Kellner musste erst wieder arbeiten. Im Vorbeigehen sagte er, ich solle ihn in zwei Stunden abholen, da habe er Feierabend; wir könnten ein wenig spazieren gehen oder irgendwo ein Bier trinken und alles Weitere wegen dem Disco-Besuch besprechen. Er war so nett, ich konnte einfach nicht nein sagen. Ich bummelte noch ein Weilchen durch die Straßen und machte mich auf den Rückweg zum Hotel. Der nette Kellner tat mir zwar leid, aber ich war absolut nicht in der Stimmung, so ließ ich ihn eben warten. Eigentlich blöd von mir, so hatte ich auch noch zwei sicher sehr schöne Abende verpasst.

Am Mittwoch früh hatte ich plötzlich Durchfall. Bis Mittag lief ich ständig zur Toilette. Als es später nachließ, ging ich zum Strand. Dort konnte ich nicht lange bleiben, da ich mich immer mieser fühlte. Mein Kopf schmerzte fürchterlich – vielleicht hatte ich einen Sonnenstich – mein Unterbauch tat mir weh und die Niere. So ging ich in mein »Luxus-Appartement« und legte mich aufs Bett. Die Augen fingen an zu brennen und ich konnte nur schwer atmen. Mein Kopf war kochend heiß, ich musste ziemlich hohes Fieber haben. Zum Glück hatte ich mir Aspirin gekauft.

Als ich liegend zu meinem Handy griff, fiel es mir aus der Hand und knallte auf den Fliesenboden. Ein Teil des Gehäuses sprang gleich weg. Oh Schreck, auch das noch! Das Display war schwarz. So ein Mist, wenn das Handy kaputt war, war ich ja völlig von der Welt abgeschnitten. Ich suchte das fehlende Teil, setzte alles zusammen und drückte auf »on« – es ging wieder! Ich schickte Ahmet eine SMS, ob er denn am Donnerstag kommen würde, da ich am Freitag zurückflöge und wir uns sonst wahrscheinlich gar nicht noch einmal sähen. Keine Antwort. Nach 17 Uhr hatte ich mich wieder aufgerafft, mich angezogen und war zum Yachthafen gefahren. Unterwegs ging es mir zusehends besser. Ich spazierte gemächlich durch das schöne Hafenviertel, die Sonne sank auch schon langsam und die Temperatur war angenehmer. Den wunderschönen Abend wollte ich genießen und setzte mich in ein schickes, um einen Springbrunnen angelegtes Open-Air-Restaurant. Ich leistete mir ein fürstliches Mahl und trank zwei leckere Forster's Pils. Es war mein vorletzter Abend.

Nach 21 Uhr war ich wieder im Hotel. Ich rief Ahmet an, der zu meiner Verwunderung sofort ans Telefon ging. Er teilte mir mit, dass er viel zu arbeiten hätte und morgen nicht nach Antalya kommen könne. Ich legte auf und fühlte mich wie vor den Kopf geschlagen. Meine eigene Dummheit, wie konnte ich einem Mann, dazu noch einem Türken, vertrauen?! Ich würde nie wieder an einen Kerl Gefühle verschwenden! Ich war ziemlich deprimiert.

Am nächsten Morgen machte ich mich zum Frühstück fertig, aber ich hatte weder Hunger noch Appetit. Mein Magen war geschlossen, der Kopf tat weh. Ich trank nur eine Tasse Kaffee und aß ein wenig trockenes Weißbrot. Der Anblick des obligatorischen Frühstückstellers löste in mir Übelkeit aus. Dann ging ich langsam zu meiner netten Verkäuferin in den kleinen

Supermarkt und kaufte mir wie immer kaltes Wasser. Da ich mich körperlich angeschlagen fühlte, dazu mein dröhnender Kopf, ging ich nicht zum Strand, was ich eigentlich vorgehabt hatte, sondern in mein tolles Zimmer und schluckte einige Aspirin-Tabletten. Mein Zimmer ging mir plötzlich so sehr auf den Nerv, dass ich mein Buch und meine Brille schnappte und es mir auf einer Liege am Pool gemütlich machte. Ich genoss es richtig, den sanften Wind auf meinem geplagten Körper zu spüren statt der Zugluft der wahnsinnig lauten Klimaanlage. Nach einer reichlichen Stunde musste ich fliehen, da kein Zentimeter Schatten mehr zu finden war. Ohnehin wollte ich noch einmal in die Stadt fahren, einen abschließenden Stadtgang unternehmen und einige Mitbringsel für Marc und die anderen Daheimgebliebenen kaufen. Ich hatte vor Tagen schöne Schuhe gesehen, die nur einen Bruchteil von unseren Preisen kosteten. Die Sonne brannte so unerbittlich, dass ich noch eine Weile warten und die Zeit totschlagen musste. Wohl oder übel ging ich noch einmal hoch ins Zimmer und legte mich wie ein geprellter Frosch aufs Bett. Mein Blick fiel zufällig auf den gefliesten Fußboden, ich erstarrte! 30 Zentimeter neben dem Bett, genau in der Ecke, saß ein schwarzes Vieh. Es hatte einen Durchmesser von zwei Zentimetern und dazu viele Beine – ob sechs oder acht, konnte ich ohne Brille nicht sehen. Ein Graus! Niemand in der Nähe, keine Hilfe zu erwarten. Schreien hätte auch nichts genützt. Obwohl mein Zimmer so hässlich war, wollte ich es nicht mit einem ekelhaften Vieh, einer Spinne, Kakerlake oder was auch immer teilen. Der Schweiß stand mir ohnehin schon auf der Stirn, ich nahm all meinen Mut zusammen und schlug mit meinem Latschen auf das Vieh. Es kippte auf den Boden und zappelte. Mir sträubten sich die Haare und es lief ein Schauer über meinen Rücken. Da schlug ich noch einmal zu – tot. Ich atmete tief durch, nahm einen von den herumliegenden Prospekten, schaufelte die Leiche auf das Papier, dann zwei Meter zum offenen Fenster, geschafft!! Mein

Herz schlug heftiger als beim ersten GV. So stolz war ich schon lange nicht mehr auf mich gewesen. Noch nie zuvor hatte ich so viel Courage aufgebracht.

Nun begann ich mich für die City anzuziehen. Ich fühlte mich schwach und lustlos, wie durch den Wolf gedreht. Mit dem Bus fuhr ich bis zum Atatürk-Denkmal und suchte einige Lederboutiquen auf. Ich ging in Geschäfte, schaute nach diesem und jenem, aber ich hatte keine Lust und mir wurde zunehmend schlechter. Die Hitze machte mir zu schaffen, mein Kopf dröhnte, mir wurde schwindlig. Schweiß trat mir aus allen Poren. So brach ich unverrichteter Dinge meinen Stadtbummel ab und machte mich auf den Weg zur Bushaltestelle.

Meine Gedanken wanderten zu Ahmet. Für mich war die Liaison beendet, wir würden uns nie wiedersehen.

Den ganzen Tag hatte ich wieder einmal nichts außer Wasser zu mir genommen. So beschloss ich, mich unten auf die Terrasse zu setzen und etwas zu essen. Ich hatte das Gefühl, dass mich alle komisch ansahen. Ich war hier als einziger deutscher Gast im Hotel ohnehin eine Art bunte Kuh. Nach dem Essen ging ich wieder in meine trostlose Bude, um meine Sachen zu packen. Mit dem Hotelchef hatte ich am Abend zuvor abgesprochen, dass sein Cousin mich für 20 € zum Airport fahren würde. Am Morgen nach dem Frühstück machte ich mich reisefertig. Ich brachte mein Gepäck in die Halle, verabschiedete mich vom Hotelchef, der übrigens recht liebenswürdig war, natürlich mit einem Trinkgeld. Ich setzte mich, bis mein Fahrer kam, auf einen bequemen Sessel.

Mein Chauffeur war ein recht netter Mensch. Er sprach nicht Deutsch, ich nicht Türkisch, so halfen wir uns mit Englisch aus. Er sprach nicht sehr gut Englisch, aber doch wesentlich besser als ich. Trotzdem verstanden wir uns gut, sodass die Fahrt recht kurzweilig war. Wir verabschiedeten uns ganz herzlich und ich hatte noch drei Stunden Zeit bis zum Abflug. Die Frau neben mir im Flugzeug betrachtete mich verständnislos, weil ich das Essen nicht anrührte und sie sicher noch Hunger hatte. Der zollfreie Verkauf wurde angekündigt. Ich wollte wenigstens für meinen kleinen Marc ein Modellflugzeug kaufen und für meinen Kummer eine Flasche Johnnie Walker, Black Label. Da zuerst der Wagen mit den Zigaretten durch den Gang geschoben wurde, legte ich meine Brieftasche einstweilen vor mich auf den heruntergeklappten Tisch.

»Bitte anschnallen, Lehnen und Tische hochklappen, wir landen in zwanzig Minuten!«

Ich schreckte hoch, sah meine Brieftasche vor mir liegen – Mist, ich war total weggetreten und hatte kein Mitbringsel!

Die Boeing 757-300 war gelandet. Ich schleppte mich mühsam mit meinem Handgepäck, das mir vorkam, als würde es zwei Zentner wiegen, die endlose Gangway entlang, Treppen und Gänge bis zur *baggage claim*. Meine Beine waren wie aus Gummi und mein Kopf heiß vom Fieber. Endlich, nach zwanzig Minuten, hatte ich meinen Koffer. Es war inzwischen 3.2o Uhr. Ich ging durch die Sperre und sah meinen Ex-Mann, der mich netterweise abgeholt hatte.

›Noch eine reichliche halbe Stunde und ich liege in meinem Bett‹, dachte ich erleichtert.

XII.

Ich war wieder zu Hause; allerdings hatte ich noch einige Tage zu tun, meinen Virus auszukurieren. Meine Reise war nicht ganz so verlaufen, wie ich dachte, aber c´est la vie!

Nach einigen Wochen kündigten Nicole und Marc ihren Besuch an, worüber ich mich riesig freute. Wir aßen gemeinsam, schauten Bilder an und ich quatschte wieder einmal ausgiebig mit meiner Tochter. Das Wichtigste, ich konnte endlich meinen kleinen Marc wieder drücken!

Aziras russische Freundin Anastasia musste in Leipzig zum russischen Konsulat. Deshalb hatte sie mich gefragt, ob sie ein paar Tage bei mir wohnen könne, da von Dresden aus Leipzig schnell erreichbar sei. Aber natürlich!

Ich holte sie gegen 21 Uhr vom Bahnhof ab und wir unterhielten uns an dem Abend noch stundenlang. Am nächsten Morgen, es war ein Sonntag, kam Nicole und wir frühstückten gemeinsam. Leider war Marc nicht mit, er war mit seinem Vater unterwegs. Später war ich mit Anastasia im Zoo und anschließend noch in einer Gartenschänke. Am Montag fuhren wir gemeinsam nach Leipzig, wo sie dann im Konsulat war, und am Mittwoch fuhr sie wieder nach Köln.

Ein paar Tage später rief Axel an und teilte mir mit, dass Azira und er sich scheiden lassen. Na ja, das war zwar nicht gerade schön, besonders für Kevin, aber es war vorauszusehen.

Ganz unerwartet kam eine SMS von Ali, ich dachte, er hätte mich längst vergessen – ich hatte mich bemüht, es zu tun. Fünf Minuten später war er bei mir. Er sah echt super aus in einem hellen Anzug. Wir hatten eine fantastisch schöne »Schäferstunde«.

Mehr wollte ich gar nicht als ab und zu ein Stündchen Glück. Ansonsten genoss ich es, allein zu leben. Eine Partnerschaft mit Wohngemeinschaft oder irgendwelche Verpflichtungen kämen für mich ohnehin nie mehr in Frage.

Eines Tages traf ich meine Freundin Kathi in einem Restaurant in der City. Sie sah sehr mitgenommen aus und erzählte mir, dass sich ihr langjähriger Partner von ihr getrennt hatte. Sie konnte es gar nicht begreifen und litt offensichtlich sehr darunter.

So ist das mit dem Glück, man kann es nicht festhalten!

Es war schon Ende September, aber noch immer herrliches Sommerwetter. Mit meiner Freundin Angie war ich des Öfteren in umliegenden Wäldern oder Parkanlagen spazieren.

Am 1. Oktober fuhr ich wieder einmal, in der Hoffnung einen Job zu finden, zu einer Einstellungs-Veranstaltung nach Gera. Der Vortrag war blendend und überzeugend, aber die Bewerber sollten vorher ein sogenanntes Startpaket finanzieren, was ich sehr unseriös fand. Außerdem hätte ich das Geld gar nicht aufbringen können. Es war wieder einmal ein Flop.

Momentan war ich wieder etwas »neben mir«, die ewigen Geldsorgen. Leider war der Monat stets länger als die Rente!

Um auf andere Gedanken zu kommen, war ich am 26.10. abends im Kabarett *Academixer* in unserer Nachbarstadt. Der Titel lautete passend: »Das wird nie was!« Akteure waren die Spitzenkräfte Katrin Weber und Bernd Lutz Lange. Es war super!

Am Wochenende rief mich mein Enkel Andy an und wir schwatzten eine gute Stunde. Er war glücklich und zufrieden und plante, nach Weihnachten nach Dresden zu kommen.

Auch meine alte Freundin Kathi rief an, sie war umgezogen und ich sollte und wollte ihr helfen, Möbel hin und her räumen, Kisten auspacken und Schränke einräumen. Als Dankeschön lud sie mich dann am Abend zum arabisch Essen ein.

Für Ende November hatte ich wieder eine Reise nach Köln geplant. Vorher hatte ich noch einmal ausgiebig mit Marc gespielt, ich musste ja vier Wochen auf ihn verzichten.

Die erste Woche war etwas langweilig, da Axel noch in Spanien war. Bei Simone zu Hause herrschte gereizte Stimmung, sie war unzufrieden und unglücklich mit ihrem Partner John.

Inzwischen war Axel zurück und zwischen ihm und Azira war mächtiges Theater. Schade, nirgends ein wenig Harmonie!

Nur bei meiner ältesten Tochter Heidi in Halle war die Welt noch in Ordnung.

Schließlich gingen Axel, Kevin und ich mit Simone und Amanda zum Airportfest. Es war ein sehr schöner Nachmittag. Am nächsten Abend gingen wir zusammen mit John in die City in eine Brauerei-Kneipe zum Essen und Biertrinken, das heißt hier Kölsch und hat mit Bier wenig zu tun. John hatte uns eingeladen. Danach ging leider diese maßlose Zankerei weiter und ich freute mich auf meinen baldigen Heimflug. Simone versuchte zwar, mich zum Bleiben zu überreden, aber ich wollte endlich wieder meine Ruhe genießen. Dieses Mal wurde ich am Flughafen regelrecht gefilzt, Leibesvisitation, Handgepäck völlig ausgepackt und sogar die Stiefel durchleuchtet. Trotzdem hatte ich einen guten Flug.

Endlich konnte ich wieder mit meinem Marc spielen. Eines Tages sagte er: »Oma, wir backen Stollen! Du kannst mir dabei helfen!«. Ich hatte schon ein paar Jahre keine Stollen mehr gebacken, aber wenn mein Enkel es will, tun wir es einfach. So häuteten und hackten wir schon am Vortag Mandeln und legten Rosinen in Rum ein, von denen Marc kosten wollte. Er aß sonst nie Rosinen, aber die Rumrosinen schmeckten ihm und er wollte immer mehr. Das ging natürlich nicht, Marc mit seinen zehn Jahren und der hochprozentige Rum! Also musste er sich fügen, musste die Näscherei beenden und durfte dafür noch das Mehl sieben und alle Zutaten bereitstellen. Am nächsten Tag durfte er nur für sich einen kleinen Stollen formen und allein in den Ofen schieben. Alle zwei Minuten wollte er nachsehen, ob er schon fertig sei.

Am Morgen des 13. Dezember fuhr ich mit Klaus zum Flughafen, um meine Gäste abzuholen, Axel und ein befreundetes Ehepaar, Vicky und Dieter. Es waren unvergesslich schöne Tage. Axel und ich zeigten den beiden unsere schöne Stadt, besuchten den Zoo, sahen uns einige Kirchen an, besuchten etliche Restaurants und natürlich den traditionellen Dresdner Striezelmarkt.

Heiligabend feierte ich, wie stets in den letzten Jahren, bei Nicole. Marcs Vater und Klaus waren auch da. Am ersten oder zweiten Feiertag lud ich sie dann immer zum Essen ein.

Am 27.12. hatte ich nachmittags ganz lieben, aber seltenen Besuch. Nadine, Andy und Lena, Andys Freundin waren ein paar Tage in Dresden. Ich freute mich riesig darüber. Zu Nadine hatte ich all die Jahre nach der Scheidung von meinem Sohn ein sehr herzliches Verhältnis. Andys Freundin kennenzulernen freute mich sehr, Andy war immer etwas Besonderes unter meinen Enkeln.

Am 29.12. fuhr Nicole mit Marc zu ihrer großen Schwester nach Halle, ich reiste frühmorgens nach Köln. Zum Airport musste ich die Bahn nehmen. Da um 4.45 Uhr die Fahrstühle und Rolltreppen noch nicht in Betrieb waren, musste ich meinen schweren Koffer und die schwere Reisetasche die Treppen hochschleppen. Das war ziemlich anstrengend. Endlich auf dem Flughafen angekommen, stand eine Riesenschlange quer durch die ganze Halle bei der Handgepäck- und Personenkontrolle. Na toll! Meine Reinigungsmilch musste ich wegwerfen, weil die Flasche mehr als 100 Milliliter fasste. So ein Mist! Nur Stress und Ärger vor Reisebeginn. Hoffentlich ging das nicht so weiter!

Mein Axel holte mich in Köln ab, da war die Stimmung gleich wieder gut.

Silvester feierten wir bei einem Griechen, zusammen mit

Vicky und Dieter sowie Simone, Amanda und John. Es war eine sehr schöne Feier, denn mit Axel kommt niemals Langeweile auf. Von da aus gingen wir noch in Axels Stammlokal und waren schließlich um 7.3o zu Hause.

Am 02.01.2007 zog Azira aus. Am nächsten Tag packte ich mit Axel seine Gläser, Klamotten usw. ein, da er auch eine kleinere Wohnung in Aussicht hatte.

Am folgenden Sonntag war in Köln herrlicher Sonnenschein bei 17° C. Wir gingen in der City und am Rhein spazieren und tranken da und dort einige Bierchen. Es waren wahnsinnig viele Leute unterwegs, die den herrlichen Tag genossen.

Zwei Tage später flog ich wieder zurück – Check-in total leer, Personenkontrolle – kaum ein Mensch. Absolut problemlos. Vierzehn Tage später rief Amanda an, ich solle kommen und ihr in Mathe helfen.

Nicole und Marc hatten Klaus und seine neue Partnerin Gisela eingeladen, mit ihnen zum Wintersport zu fahren. Ich hatte Marc seit Weihnachten nicht mehr gesehen, das machte mich maßlos traurig.

Am 6. Februar hatte ich beim Urologen einen Untersuchungstermin – Blase spiegeln und Ultraschall. Es handelte sich um turnusmäßige Nachuntersuchungen nach meiner Nierenkrebs-OP.

Da bis dato keine Metastasen aufgetreten waren, hieß es 2003, nach fünf Jahren, gesund oder geheilt. Eine Aussage, die ich aus heutiger Sicht überhaupt nicht verstehen oder akzeptieren kann.

Anfang März rief Kathi an, sie komme mich abholen, sie hatte sich ein neues Auto gekauft. Zusammen bummelten wir durch die City und trafen, wie meistens, jede Menge Bekannte von ihr.

Ich hatte mich über verschiedene Anzeigen als Babysitter beworben, aber leider nichts Passendes gefunden. Die eine Familie wollte, dass ich mehrmals pro Woche bei ihnen schlafe, weil sie öfter abends ausgingen. Zuletzt war ich bei einer jungen Familie mit einem 7 Monate alten Baby. Sie wohnten leider in der vierten Etage, ohne Aufzug. Das konnte ich leider aus gesundheitlichen Gründen auch nicht annehmen. Also wieder nichts.

Ich hatte Simone und Amanda versprochen zu kommen, so versuchte ich per Internet einen billigen Flug zu buchen. Leider streikte mein PC wieder einmal. Ich probierte ewig, dann wählte das Modem nicht. Plötzlich ging es wieder. In vierzehn Tagen konnte ich fliegen!

Am Abend kam mein Lover. Er sah super aus und war ungewöhnlich liebenswürdig. Es war wunderbar, so müsste es öfter sein!

Einen Tag vor meinem Abflug hatte ich meinen kleinen Marc bei mir. Wir spielten zusammen *Mensch ärgere dich nicht* und ich hatte ein lustiges Buch (Comics) von Uli Stein für Marc gekauft, das wir uns zusammen ansahen und lasen.

Danach hieß es Koffer packen, für fünf Wochen.

Die ersten zwei Wochen verbrachte ich fast ausschließlich mit Amanda und ihrem Mathe-Problem. Ich begleitete sie, zusammen mit Simone, in ein neues Tanzstudio. Während ihres Tanzunterrichts ging ich mit Simone in der City spazieren und Kaffee trinken. Hier kam ich mir wie eine Ausländerin vor, mit blonden Haaren und ohne Kopftuch. So viele Frauen mit Kopftuch wie hier liefen nicht einmal in der Türkei umher. Gewöhnungsbedürftig!

Axel hatte inzwischen eine schöne, kleine Wohnung bekommen. Sie befand sich ganz in der Nähe seiner bisherigen, gegenüber einer Grünanlage. Er hatte sie supertoll und zweckmäßig hergerichtet.

Karfreitag unternahmen wir einen Ausflug und gingen alle zusammen in den Duisburger Zoo. Es war ein schöner und harmonischer Ausflug, interessante Tiere, sehr schönes Wetter.

Allerdings war dieser Zoo längst nicht so schön, wie der Dresdner oder gar der Leipziger.

Nach Ostern schlug ich mein Domizil bei meinem Sohn auf. Es war natürlich wesentlich ruhiger und harmonischer als bei Simone.

Dann lud mein Enkel Ici zu einer Gartenparty anlässlich seines Geburtstages ein. Einen Nachmittag machte ich mit meiner Freundin Vicky einen ausgedehnten Citybummel, anschließend saßen wir an den Rheinterrassen und tranken ein Gläschen Wein – oder zwei ... oder drei ...

Amanda hatte an einem Bollywood-Kurs teilgenommen. An einem Freitag fand in dem Studio ein orientalisches Tanzfest statt, zu dem wir alle gemeinsam hinfuhren. Die Vorführungen waren alle sehr gut und abwechslungsreich; verschiedene Gruppen, Soli, die unterschiedliche Stile vorführten. Amanda trat mit einer Bollywood-Kindergruppe auf. Die Vorführung war ganz toll und Amanda sah als Inderin geschminkt, sehr süß aus. Später zeigte sie noch ein Bauchtanz-Solo, für das sie viel Beifall und Lob bekam. So spitzenmäßig hatte ich sie noch nie tanzen sehen.

Mein Aufenthalt in der Rhein-Metropole ging wieder zu Ende. Amanda, Simone und Jim brachten mich zum Flughafen.

Am Tag nach meiner Ankunft zu Hause besuchten mich Nicole und Marc, worüber ich mich riesig freute. Auch mein schöner Geliebter kam wieder einmal zu einem unsagbar glücklichen Schäferstündchen. Er war etwa eine Generation jünger als ich, und ich fragte mich manchmal, wie lange oder wie oft mir noch diese glücklichen Stunden vergönnt sein würden.

Mein jüngster Enkel hatte Geburtstag, den wir – seine Mama, sein Papa, Klaus und ich – mit ihm feierten. Da sehr schönes Wetter war, schlug Marcs Vater vor, einen Spaziergang zu machen. So fuhren wir zum Cospudener See, wo er uns sein neues Segelboot zeigte. Es trug den Namen »MARC«.

Kurz vor den Sommerferien rief Marc mich an, ob ich mit zum Schulfest komme. Ich sagte ihm, er solle erst mit seiner Mutter reden. Dann rief er zurück: »Oma, du kannst mitkommen, hat die Mama gesagt!« Schön, ich freute mich natürlich. Das Fest fand in einem Schlösschen, hauptsächlich in der schönen Außenanlage, statt. Eine sehr schöne Kulisse. Es herrschte reger Betrieb bei sengender Hitze. Marc hatte sich natürlich gleich zu seinen Klassenkameraden abgesetzt. Nicole führte mich umher und stellte mir viele Leute vor. Es gab Kaffee und Kuchen und nette Unterhaltung. Nicole wollte mir unbedingt etwas ganz besonders Interessantes zeigen. Wir gingen auf eine junge Frau zu, die gerade in ein Gespräch vertieft war. Sie drehte sich uns zu – ich war völlig verblüfft! Sie sah Nicole so frappierend ähnlich. Als sie sich beide zum ersten Mal gesehen hatten, waren sie beide baff, erzählten sie. Sie fühlten sich sicher so, als ständen sie sich selbst gegenüber. Sie war US-Amerikanerin und an der Schule Lehrerin. Ich nahm jede in einen Arm und sagte: »Wie toll, jetzt habe ich zwei gleiche Töchter, Zwillinge!«

Da der Befund meiner letzten Routine-Untersuchung o.k. war, beschloss ich nach Köln zu fahren und Simones Minijob zu übernehmen, während Simone Urlaub hatte. Zum Glück hatte ich im Internet einen Billigflug für 19.95 € erwischt. Sonst hätte ich sicher laufen müssen, denn ich war total pleite. Am Nachmittag vor meinem Abflug besuchten Nicole und Marc mich noch einmal zum Abschied. Marc wollte wissen, warum ich schon wieder nach Köln fahre. Ich sagte ihm, dass ich dort arbeiten müsse, um etwas Geld zu bekommen. »Das Geld hättest du doch von uns kriegen können!« Er ist eben meine ganz große Liebe!!

Während der ersten Tage nach meiner Ankunft fuhr Axel mit mir nach Venlo in Holland. Wir gingen von Laden zu Laden und natürlich sahen wir uns die hübsche kleine Stadt an.

Das Wetter war fantastisch. Am Wochenende gingen wir stundenlang in einem hübschen Vorstädtchen spazieren, und das alles mit meinem schmerzenden Knie! Ich hatte schon Angst, dass ich den Job bei Douglas nicht antreten konnte, wegen der starken Schmerzen.

Bei Simone stand wieder die obligatorische Spanienreise an, zu der sie mich beschwatzen wollte, mitzufahren. Ich wollte aber lieber ihren Job in Köln übernehmen. So ging ich, nach langen Jahren, an dem kommenden Montag arbeiten, während die junge Familie sich reisefertig machte und gegen 18 Uhr losfuhr. Ich blieb mit Snoopie, Simones Hund, zu Hause. Täglich musste ich mit dem Hündchen viermal Gassi gehen. Am zweiten Tag komme ich von der Arbeit nach Hause – Snoopie hatte die Wohnung von hinten bis vorn total beschissen! Der arme Kerl hatte Durchfall, aber ich habe mich entsetzlich geekelt. Nie wieder würde ich einen Hund hüten!

Endlich kam die Familie aus Spanien zurück, Simone konnte ihren Job wieder selbst ausführen und sich um ihren Hund kümmern. Noch ein paar Tage und ich konnte wieder nach Dresden fliegen. Morgens um 7 Uhr brachte mich meine Tochter per Linienbus zu Airport. Da Simone zur Arbeit musste, wollte sie gleich mit demselben Bus zurückfahren. Ich sah nach der Abflugtafel – kein Flug nach Dresden?! Ich ging zum Info-Schalter und erfuhr, dass der Flug gestrichen worden war. Mit der Benachrichtigung war etwas schiefgelaufen. Samstag ging gar kein Flug nach Dresden, erst Sonntag, aber zu 173 €. Das war für meine Verhältnisse zu teuer. So stand ich da mit meinem Gepäck. Ich versuchte schnell, Simone anzurufen, es klappte sogar, sie befand sich noch vor dem Flughafen. So schnell ich konnte, rannte ich mit meinem schweren Gepäck raus zur Bushaltestelle. Der Bus stand da, aber völlig leer. ›So ein Mist‹, dachte ich, ›keine Schlüssel und alle auf Arbeit und in der Schule!‹ Ich stieg in den Bus ein, da kam plötzlich

Simone. Gott sei Dank!

Den günstigsten Rückflug bekam ich für 90 €, aber leider erst fast eine Woche später. Die Bahn wäre allerdings noch teurer gewesen. Ich war traurig, ich hatte mich auf ein paar Tage mit Marc gefreut. Es war seine letzte Ferienwoche!

In Dresden holten mich Klaus und Marc mit einer roten Rose ab. Das freute mich riesig, auch konnte ich ein schönes Wochenende mit meinem jüngsten Enkel verbringen. Seine über alles geliebte Mama war allein auf Reisen in Amerika, Marc währenddessen bei seinem Vater.

Anfang August bekam ich die traurige Nachricht, dass Eberhard, der Ehemann meiner Nichte Barbara, seinem Krebsleiden erlegen war. Es war eine riesige Trauerfeier. Alle Verwandten von Barbara, einschließlich Kinder und Enkel, die Kinder und Enkel von Eberhard sowie zahlreiche Freunde und Bekannte, insgesamt etwa 120 Personen. Eine Beerdigung ist eine sehr traurige Angelegenheit, aber da kommen alle Verwandten und Freunde zusammen; sonst sieht man sich selten und findet kaum Zeit, sich auch einmal ohne Anlass hin und wieder zu treffen. Schade!

Am 29. August hatte ich einen Termin in einem Callcenter. Ich war eingestellt und würde am Montag, den 3. September, anfangen zu arbeiten! Die erste Stunde hatte ich den Mitarbeitern zugesehen, dann hatte ich es selbst probiert. Das Center befand sich mitten in der City, also für mich günstig zu erreichen. Allerdings sah alles ein bisschen »na ja« aus, die Fenster waren mit Stofftüchern anstelle von Sonnenrollos verhängt und zwischen den APL gab es keine Schalltrennwände. Ich arbeitete in Schichten zu je vier Stunden früh, mittags oder abends und bekam monatlich 400 €.

Seit Tagen freute ich mich auf ein Konzert in der Arena. Ich hatte mir eine Karte geleistet, da der Star des Abends, Joe Cocker, mein Lieblingssänger war. Es war ein toller Abend.

Einige Tage später hatte ich ein riesiges Pech. Meine Brücke war zerbrochen, ohne dass ich auf etwas Hartes gebissen hätte.

Dafür hatte ich dann am Abend Glück, mein Ali kam mit seinem Freund zu Besuch. Dieser war ein recht sympathischer Mensch und wir drei unterhielten uns sehr nett.

Durch die Schichtarbeit verging die Zeit scheinbar noch schneller. Der Herbst mit seinem kalten, stürmischen Wetter nahm mir die Lust, spazieren zu gehen und durch die City zu bummeln. Auf den Friedhof musste ich trotzdem gehen, meine Mutter hätte ihren 100. Geburtstag gehabt.

Jetzt hieß es wieder Weihnachtsgeschenke besorgen. Zu Heiligabend war ich, wie immer in den letzten Jahren, bei Nicole und Marc eingeladen. Am 28.12. hatte ich einen Flug nach Köln gebucht, um den Jahreswechsel mit meinen dort ansässigen Kinder und Enkeln zu feiern. Axel hatte sich etwas Besonderes für Silvester einfallen lassen! In seiner neuen Wohnung hatte er gekocht (Hirschbraten und Klöße), dazu hatte er drei Pärchen eingeladen. Bis 21 Uhr hatten wir dort gegessen, getrunken und uns nett unterhalten, bis wir mit einer riesigen Stretchlimousine, einem Hummer, abgeholt wurden. Das tolle Auto wurde natürlich von den Gästen bestaunt, besonders die Innenausstattung. Sie enthielt eine Bar und wir tranken auf der Fahrt Champagner. Zuerst ging es zu Fred in die Bar des Bordells, die von Axel super gestaltet worden war. Fred begrüßte uns ganz herzlich und stieß mit uns an. Kurz vorgestellt, ein wenig geschwatzt und weiter ging´s. Alle stiegen wieder in den XXL-Hummer und wir fuhren in ein Nachtlokal in der City. Hier haben wir gefeiert, getanzt und natürlich weitergetrunken, in sehr angenehmer Atmosphäre. Wir sind super ins Jahr 2008 gekommen!

Am 13. Januar ging es wieder nach Hause, ich musste wieder zur Arbeit. In der Zwischenzeit waren in der Firma 18 Leute entlassen worden. Es herrschte eine Art Endzeit-Stimmung. Am Montag hatte ich Spätschicht. Es lief ziemlich schlecht, zusätzliche Kriterien mussten eingebracht werden.

Nach der Arbeit ging ich mit Angie in eine große Buchhandlung zu einer Lesung und Vortrag von Dennis Scheck, einem namhaften Literaturkritiker und Autor. Es war eine sehr schöne interessante Veranstaltung. Am Mittwoch hatte ich Frühschicht. Es lief noch schlechter, wir mussten noch mehr Kriterien – eigentlich Schwindelsätze – einbringen. Es war belastend. Ich hatte es ziemlich satt, die Leute am Telefon zu beschwindeln und zu verarschen. Obwohl ich dringend das Geld brauchte, wollte ich demnächst kündigen. Manchmal mussten wir schon nach zwei oder zweieinhalb Stunden Schluss machen, da es nichts mehr zu tun gab. Wenn es so weiterging, würde ich sicher gekündigt, sodass ich die Kündigung, die ich bereits geschrieben hatte, nicht abzugeben brauchte. Schließlich kündigte ich zum 15.02.2008. Den letzten Dienstag wurde im Callcenter ein neues Programm eingespielt, das besser lief, als ich dachte. Die Chefin meinte, sie brauche nur noch sechs bis zehn Personen pro Schicht. Sie versuche die Krise zu überstehen und ich könne jederzeit zurückkommen.

Simone hatte mit ihrer Chefin gesprochen, ich könne zur Osterzeit bei Douglas Geschenke verpacken. Das wäre toll! So hatte ich für den 10.03. einen Flug gebucht.

XIII.

Am Donnerstag, den 06.03.2008, hatte ich einem Termin bei meiner Internistin, weil ich genau wie vor zehn Jahren so komische Schmerzen hatte. Leider war das Untersuchungsergebnis auch dieses Mal wieder sehr besorgniserregend, Befunde in der Bauchspeicheldrüse!

»Diese müssen umgehend abgeklärt werden, es sind wahrscheinlich Metastasen«, meinte die Frau Doktor.

Ich dachte, mir bliebe das Herz stehen! An so etwas hatte ich nach all den Jahren nicht gedacht, zumal man mir nach fünf Jahren mitgeteilt hatte, dass ich geheilt sei. Ich stand wieder einmal völlig neben mir. Warum sprechen die Ärzte nach fünf Jahren von Heilung, wenn man der entsprechenden Literatur entnehmen kann, dass bei einem Nierenzellkarzinom noch nach Jahrzehnten Metastasen auftreten können? Scheißspiel, ich musste mich jetzt schnellstens um eine radiologische Untersuchung kümmern. Mein Hausarzt hatte mir einen kurzfristigen CT-Termin für den 10.03. früh um 8 Uhr gemacht, am Abend ging mein Flug nach Köln!

Das Ergebnis war natürlich erwartungsgemäß: eine beziehungsweise mehrere Metastasen in der Bauchspeicheldrüse. Der Radiologe meinte, dass ich diese nicht erst seit gestern oder heute hätte, und wunderte sich über die nachlässige Nachsorge meines behandelnden Urologen. Scheiße, warum schon wieder ich?! Nach der CT-Untersuchung ging ich gleich wieder zum Hausarzt, der sich mit der Internistin beriet, wer denn in Dresden OP's am Pankreas durchführe. Schließlich sollte ich in die Uni-Klinik, zu einem Professor J. Mein Hausarzt bemühte sich um einen Termin und wollte mich schnellstens zurückrufen. So packte ich in der Zwischenzeit meinen Koffer und bereitete meine Reise vor.

Kurz darauf rief der Herr Doktor an und teilte mir mit, dass ich die CD aus der Radiologie und die Überweisung bis 15 Uhr in die Uni bringen sollte. Ich lief schnell los zur Straßenbahn und flott ins Klinikum. Der Professor war nicht anwesend, so überreichte ich seiner Sekretärin beides. Sie war nicht sehr freundlich und fragte mich prompt, in einem ziemlich schnippischen Ton: »Sind Sie Privatpatientin?«

Das fühlte sich an wie eine Ohrfeige!

»Nein«, antwortete ich, »aber ich denke, das sollte keine Rolle spielen!«

Sie: »Wie sich die niedergelassenen Ärzte das vorstellen – Überweisungen zum Professor!«

Ich sagte nichts mehr und dachte nur: ›So eine blöde Kuh!‹ Sie schickte mich kurz aus dem Zimmer, um zu telefonieren, holte mich kurz darauf wieder herein und knallte mir einen Zettel hin. Dieser enthielt einen Termin für die chirurgische Ambulanz, am 2. April um 9 Uhr.

Das war ein bisschen viel an einem Tag – erst die erschreckende Diagnose, dann die arrogante Sekretärin. Sollte ich vom Hochhaus springen, heulen oder jemanden mörderisch verprügeln?! Ich atmete tief durch und ging nach Hause, um mich auf meinen Abflug vorzubereiten.

Nicole und Marc kamen, um mich zum Flughafen zu bringen. Die beiden verdrängten den Gedanken an mein »halbes Todesurteil«.

Gegen 22 Uhr holten mich Axel und seine Freundin Alexandra vom Airport Köln-Bonn ab. Sie strahlten glücklich, was mich natürlich sehr freute. Wir fuhren gemeinsam zu Simone. Als wir alle zusammensaßen, berichtete ich von meinem Unglück und dass ich nur heute und in den nächsten drei Wochen nicht mehr darüber sprechen wolle. So verdrängte ich meine erneute

Krebserkrankung und lebte hier nahezu unbekümmert.

Viel freie Zeit verbrachte ich mit Amanda, da sie Schulferien hatte. Einige Tage verpackte ich bei Douglas Geschenke für Ostern. Es war eine angenehme Atmosphäre in der Parfümerie und Spaß machte es mir auch. Die Entlohnung erfolgte in Form von Waren, was in meinem Fall viel mehr als fürstlich ausfiel. Ich freute mich sehr gefreut über all die edlen Cremes und Parfüms von Dior bis Estee Lauder.

An einem Nachmittag ging ich mit Axel zu Alexandra, um ihre Mutter und ihren Bruder kennenzulernen.

Irgendwann fand auch die große Geburtstagsparty von Fred W., Axels Freund und Bordellchef, statt, zu der auch Leute vom privaten Fernsehen zu Gast waren, die das Ganze auf Video aufnahmen. Es war eine unglaublich tolle Party in der Bar des Bordells. Gegen 3 Uhr drückte mir Axel 20 € in die Hand für ein Taxi, da die Limousinen gerade unterwegs seien. Er verabschiedete sich von mir und sagte, dass vor der Tür schon ein Taxi auf mich warte. Ich suchte schnell meine Jacke, verabschiede mich flüchtig von den anderen. Axel und Alex brachten mich vor die Tür – die XXL Hummer Limousine stand für mich bereit, natürlich mit Chauffeur in Livree! Das war eine große Überraschung. So wurde ich königlich zur Wohnung meiner Tochter Simone gefahren.

Den Ostersonntag feierte ich mit Simones Familie, am Ostermontag hatte Axel uns alle zum Essen eingeladen.

Noch einmal war ich mit Axel in meiner Lieblings-Nachtbar. Bei so viel Abwechslung und tollen Erlebnissen hatte ich alle Gedanken an meine bevorstehende OP völlig verdrängt.

Am Montag, den 31.03., brachten mich dann meine Lieben zum Flugplatz. Jetzt kamen natürlich die Gedanken an die mir bevorstehenden Tage und Wochen, aber ich hatte ja Kraft gesammelt. Nun musste ich meine Kinder trösten, mit der Feststellung, dass so ein hässlicher kleiner Krebs gar nicht gegen einen starken Löwen ankommen kann!

Wieder in Dresden, jetzt wurde es ernst. Am 2.4. musste ich in die chirurgische Ambulanz und am 4.4. zur Nuklearmedizin, um eine Skelettszintigrafie machen zu lassen. Die stationäre Einweisung erfolgte am 8.4.2008. Meine Freundin Kathi hatte mich hingebracht. Drei Tage wurde ich auf die OP vorbereitet, Einlauf, kein Essen, EKG, Blutproben sowie das Gespräch mit dem Chirurgen. Dieser erklärte mir die geplante Vorgehensweise und die Folgen der Operation. Auf meine Frage sagte er, dass er mir selbstverständlich einen OP-Termin beim Professor machen könne. Da der Herr Doktor, der übrigens aus Äthiopien stammte, so überzeugend auf mich wirkte, wollte ich mich lieber von ihm operieren lassen. Es sollte der Pankreas-Schwanz entfernt werden, wodurch ich zum insulinpflichtigen Diabetiker werden würde.

Auf der Station lagen auch Transplant-Patienten. Falls zu der Zeit ein Organ per Hubschrauber geliefert werden sollte, musste ich natürlich warten.

Am Donnerstag, den 10. April, waren die Vorbereitungen beendet – zwei Tage nichts gegessen – früh als Erste sollte sie stattfinden, da sie viel Zeit beanspruche. In der Nacht davor hörte ich einen Hubi und so wurde der Eingriff verschoben. Da am Wochenende keine OP's durchgeführt wurden, ging ich von Freitag früh bis Sonntagnachmittag nach Hause. Ich empfand es irgendwie als gewonnene Zeit. Sonntag musste ich um 15 Uhr nüchtern in der Klinik zurück sein.

Am Montag früh brachte mir die Schwester ein »Büßerhemd« und ein Paar »Krankenhausstrapse«; um 7 Uhr wurde ich in den OP-Saal gefahren. Es ist immer ein eigenartiges Gefühl so unmittelbar vor einem Eingriff. Ich dachte, wie auch vor zehn Jahren: ›Hoffentlich wache ich aus der Narkose auf, dann werde ich weitersehen.‹ Natürlich wachte ich auf, aber ich fühlte mich ausgesprochen elend. Nach der Visite erfuhr ich, dass mir auch die Milz entfernt worden war. Mehrmals täglich wurde eine Spülung des Bauchraumes, mittels einer großen

Spritze durchgeführt, falls an der Naht Spuren von Sekreten der Bauchspeicheldrüse austreten würden. Diese waren stark ätzend und würden großen Schaden anrichten. Ernährt wurde ich etliche Tage mit einer Infusion über eine Vene auf der Hand. An allen möglichen Stellen und Körperteilen hatte ich Kanülen und Schläuche. Das Allerschlimmste war, dass ich einige Tage nicht einmal ein paar Schlucke trinken durfte. Mein Mund war staubtrocken. Durst ist echt qualvoll! Außerdem ist die Atmosphäre in der Wachstation sehr nervig, es sind mehrere Betten in einem Raum, die nur mit Vorhängen abgeteilt sind. Jeder hat eine Reihe von technischen Einrichtungen und Überwachungen am Bett, sodass ständig irgendwelche nervigen Pieptöne und Rufzeichen zu hören sind. Dazu noch blinkende Lämpchen. Man kann kaum schlafen. Ich empfand es als »Vorhof zur Hölle«! Hier musste ich es acht Tage aushalten.

Endlich, am Abend des achten Tages, wurde ich auf die normale Station verlegt und durfte endlich wieder Wasser trinken! Draußen war es bereits dunkel. Ich kam in ein schönes Einzelzimmer und konnte durch das Fenster die nächtlich beleuchtete City sehen. Wie neu geboren kam ich mir vor – ich war richtig glücklich!

Am nächsten Tag bekam ich gleich eine Menge Besuch, Axel und Alexandra hatten sich für den kommenden Donnerstag angekündigt. Nun konnte es nur noch aufwärts gehen! Glaubte ich! Während Nicole und einige andere Besucher in meinem Zimmer weilten, kam der nette Chirurg herein. Er wollte sich nicht nur nach meinem Befinden erkundigen, er musste mit mir sprechen, sagte er. Das kam mir schon irgendwie eigenartig vor. Er kam schnell auf den Punkt und erklärte mir, dass ich in der Lunge auch Metastasen hätte und diese müssten schnell entfernt werden. Dazu wären zwei weitere Operationen notwendig. Ich konnte es nicht fassen! Den Doktor beschimpfte ich aufs Übelste, ich fühlte mich hintergangen. Ich hatte ihn bei unserem Gespräch vor der OP gebeten, mir in jedem Fall die Wahrheit zu sagen. Das hatte er offensichtlich nicht getan, er hatte mir die Hälfte verschwiegen. Ich war stinksauer und schwer enttäuscht! Wenn ich gleich gewusst hätte, dass drei OP's auf dem Plan standen, wäre ich unverrichteter Dinge wieder nach Hause gegangen und hätte meine mir noch verfügbare Zeit in alter Weise gelebt.

Als ich mich später wieder beruhigt und über alles nachgedacht hatte, wurde mir klar, dass der Doc genau deshalb mir die Metastasen in der Lunge verschwiegen hatte. Es tat mir leid, dass ich so ausgerastet war, und ich entschuldigte mich bei ihm. Er hatte Verständnis für meinen Ausraster und erklärte mir in aller Ruhe das weitere Vorgehen. Zuerst musste ich mich für die schwere OP erholen und stabilisieren und mich mit meinem Diabetes beschäftigen.

Mein Axel und seine Alex kamen für fast eine Woche nach Dresden, um mich zu besuchen. Die beiden verwöhnten mich unglaublich, saßen stundenlang im Krankenzimmer, brachten Geschenke und Alex cremte meine Beine mit der teuren Gesichtscreme von Shiseido ein. Die zwei reisten wieder ab und ich musste noch bis zum 20.5. in der Klinik bleiben. Da ich inzwischen wieder herumlaufen konnte, kannte ich mich in allen Ecken und Winkeln des Klinikums aus. Ich setzte mich in den kleinen Garten im Innenhof, lief über Gänge und Treppen. Nach und nach fühlte ich mich wieder einigermaßen okay. An das mehrmals tägliche Zuckermessen und das Spritzen hatte ich mich auch gewöhnt. Es war zwar sehr lästig, aber nicht zu ändern. Am 20.5. wurde ich endlich für zwei Wochen nach Hause entlassen, aber die häusliche Pflege musste täglich kommen, da ich noch Schläuche und Drainagen im Bauch hatte.

Danach musste ich wieder in das Krankenhaus, um die Metastase in der rechten Lunge entfernen zu lassen. Vor der OP wurden eine ganze Reihe Untersuchungen durchgeführt, zum Beispiel eine Bronchoskopie. Am dritten Tag ging es wieder einmal in den OP. Es war wie jedes Mal ein komisches Gefühl.

Als ich aus der Narkose erwachte, hatte ich ein Riesending, eine Thoraxdrainage, im Schlepptau. Dieses Ding musste ich drei Tage ertragen, dann wurde es endlich entfernt. Im Arztbericht stand dann der schöne Satz: *Am 12.06.08 konnten wir Frau Heuschkel bei subjektiven Wohl- und gutem Allgemeinbefinden aus der stationären Behandlung entlassen.*

Das war zwar noch nicht alles, aber ich bekam erst einmal eine Erholungsphase. Die linke Lunge sollte später operiert werden.

An den Rippen hatte ich oft starke Schmerzen und die rechte Brust, die bei der OP mit angeschnitten worden war, blieb ungefähr ein Jahr gefühllos; ich hatte immer den Eindruck, es befinde sich ein Stein darin, der die Brust nach unten zieht. Es war sehr unangenehm und dazu kam die Aussicht, dass links das Gleiche passieren könnte. Es gab Tage, da bereute ich es, mich überhaupt auf Operationen eingelassen zu haben, zumal ich vorher völlig schmerzfrei gewesen war.

Am 8.7. fuhr ich für vier Wochen zur Kur beziehungsweise AHB nach Lübben, damit ich wieder einigermaßen auf die Beine kam. Das war die allererste Kur in meinem Leben. Eigentlich hatte ich ja immer alles allein geschafft, aber nach den zwei schweren OP's war doch professionelle Hilfe nötig, um mich einigermaßen fit für die nächste OP zu machen. In einem schönen Einzelzimmer mit Balkon wurde ich untergebracht. Ein schöner großer Garten mit Liegestühlen befand sich hinter dem Gebäude. Bis zum nächsten Ort war es aus meiner Sicht unendlich weit! Das Wetter war toll, es war ja auch Juli.

Am 26. hatte ich meinen 68. Geburtstag. Schon am Morgen, vor dem Frühstück wurde ich zum ersten Mal an die Rezeption gerufen, um Blumen abzuholen, die meine Kinder und Freundinnen mir schickten, was sich noch mehrmals wiederholte. Mein Zimmer sah inzwischen aus, wie eine

Blumenhandlung. Darüber freute ich mich ungemein, da ich Blumen sehr liebe, vor allem aber darüber, dass mich meine Lieben nicht vergessen hatten. Klaus kam mich an diesem Tag besuchen und wir machten einen Ausflug in den Ort und eine Kahnfahrt. Es war ein sehr schöner Tag und für mich das erste Mal, dass ich das Kurgelände verlassen habe. Am nächsten Tag kam meine Freundin Kathi und wir erkundeten gemeinsam den Ort und kehrten in eine sehr schöne, uralte Gaststätte ein. Dabei merkte ich, dass es mir noch immer sehr schwerfiel, mehr als 100 Meter zu laufen. Kathi blieb über Nacht bei mir, sie bekam ein Gästebett in meinem Zimmer und so konnten wir noch gemeinsam frühstücken.

Am 5.8. ging es wieder nach Hause. Mein körperlicher Zustand hatte sich erheblich verbessert und auch mein Optimismus und mein Lebensmut hatten sich wieder eingefunden. Ich freute mich unendlich, meinen Marc, meine Nicole und auch meinen Ali wiederzusehen.

Am Tag meiner Rückkehr rief ich gleich meinen Hausarzt und meinen Chirurgen an – am 13.8. musste ich wieder in die Chirurgische Ambulanz. Der OP Termin wurde auf den 15.9. gelegt, so hatte ich noch reichlich vier Wochen »Galgenfrist«. Die wollte ich natürlich genießen, nach dem Motto: »Jeden Tag leben, als wäre es der letzte!«

Am Freitag, den 22.8., war ich in der City auf dem Wochenmarkt, um frisches Gemüse und Obst einzukaufen. Da klingelte mein Handy – Axel. Ich berichtete über die Untersuchungsergebnisse und den nächsten Krankenhaus-Termin.

»Schön, da hast du ja noch drei Wochen Zeit und kannst mit uns eine Woche nach Bulgarien fahren! Ich lade dich gern dazu ein!«

Ich sollte versuchen, hier in einem Reisebüro oder im Internet kurzfristig einen Flug und ein Zimmer zu buchen. Das fand ich absolut prima und wollte sogleich nach Hause an den PC. Unterwegs kam ich an einem Reisebüro vorbei, das spezialisiert war auf Bulgarien-Reisen, und ging hinein. Ich sprach mit einer sehr netten Dame mit einem starken slawischen Akzent, die sich sehr bemühte. Nach einigen Telefonaten, die sie offensichtlich mit einem Kollegen vor Ort führte, besorgte sie einen Flug für denselben Abend und ein Hotelzimmer im selben Ort wie Axel – *Sonnenstrand*. Das Hotel lag zwar am anderen Ende des Ortes und war einige Kategorien schlechter, aber immerhin klappte es noch so kurzfristig. Mein Flug ging in ein paar Stunden, um 22.3o Uhr. Es war unglaublich!

Ich schnell nach Hause, Koffer gepackt, Axel angerufen. Zum Flughafen geeilt.

So war ich schließlich bereits einen Tag vor Axel in Sonybeach. Mein Hotel war etwas »na ja!«, aber es war trotzdem eine wunderschöne, unvergessliche Woche. Jeden Tag unternahmen wir etwas Interessantes, wie zum Beispiel eine Katamaran-Tour, einen Besuch von Nessebar, eine Folklorefahrt oder einfach Faulenzen am schönen Sandstrand. Abends gingen wir meistens in eine gemütliche Bar. Es war ein absoluter Höhepunkt vor der nächsten Operation. Das Beste war, ich konnte eine ganze Woche mit meinem Sohn zusammen sein!

Am 15.9. um 10 Uhr fand ich mich wieder einmal in der Uni-Klinik ein, dieselbe Station wie bei der ersten Lungen OP. Dieses Mal sollte die Metastase minimal invasiv entfernt werden, das bedeutete, kein Schnitt! Die Prozedur war zwar auch schmerzhaft, aber nicht mit der vorigen OP zu vergleichen. Ich brauchte auch nur elf Tage im Krankenhaus zu bleiben.

Da ich bereits während der Kur Haarausfall hatte, was nach dem Krankenhausaufenthalt noch stärker wurde, suchte ich nach der Ursache und besorgte mir einen Termin beim Hautarzt. Mit größter Wahrscheinlichkeit war das Heparin, das man bei operativen Eingriffen als Schutz vor Thrombose bekommt, der Auslöser. Der Hautarzt meinte, es sei sehr gut möglich, dass die Schilddrüse der Auslöser sei. So schickte er mich zu einem Spezialisten, der eine Punktion der Schilddrüse vornahm – Diagnose: kalte Knoten. Das sei zwar nicht so schlimm, aber im Hinblick auf meine zahlreichen Metastasen sollte ich lieber eine OP vornehmen lassen. Er überwies mich an einen Professor L., der vorwiegend derartige Operationen vornahm, allerdings in einem anderen Krankenhaus. Da es nur drei Tage dauern sollte, willigte ich ein und erschien dort am 8.12.

Während der Zeit meiner vielen Krankenhaus- und Kuraufenthalte war meine liebe beste Freundin Carla verstorben. Da ich mit meinen Krankheiten zu tun hatte, hatten wir uns in letzter Zeit sehr selten gesehen. Es tat mir unendlich leid, es war ein großer Verlust, auch für mich. Sie war über viele Jahre meine zuverlässigste, treue Freundin gewesen und dazu der beste »Kumpel«, den man sich wünschen konnte. Am 23. Oktober war die Trauerfeier, zu der meine Nicole und Klaus mich begleiteten. Anschließend gingen wir zu meiner Tochter in die neue Wohnung, sie war vor ein paar Tagen umgezogen.

Anfang November war ich endlich wieder einmal nach Köln geflogen und musste am 1. Dezember zurück, da ich einige Arzttermine hatte, unter anderem in der Uni zur Nachkontrolle der letzten OP. Mit Nachthemd und Zahnbürste erschien ich am Montag, 8.12. im Krankenhaus St. G. zur Schilddrüsen-OP; am Donnerstag sollte ich mich wieder beim überweisenden Arzt vorstellen. Ich wurde in ein Zimmer eingewiesen, musste noch diese und jene Untersuchung über mich ergehen lassen, obwohl diese bereits vom einweisenden Arzt vorgenommen worden waren. Einige Fragebögen musste ich ausfüllen, dann wartete ich, dass es endlich losging. Der Vormittag war vorbei, der Nachmittag dämmerte langsam, aber mich hatten sie wahrscheinlich vergessen. Dann kam eine Schwester und erklärte mir, dass etwas dazwischen gekommen sei und ich käme gleich am nächsten Vormittag dran.

Der nächste Tag bestand auch wieder nur aus ständigem

Warten. Es wurde Abend und wieder nichts! Mir war inzwischen der Kamm geschwollen! Ganz bestimmt am Mittwoch früh, hieß es jetzt. Nachdem ich schon mehrmals nachgefragt hatte, kam endlich eine Schwester und meinte, ich solle meine Sachen alle aufs Bett packen, es gehe gleich los. Das kam mir sehr merkwürdig vor. Es ging auch gleich los, allerdings nicht zur OP, sondern in ein anderes Zimmer. Ich war sprachlos und beschwerte mich sofort. Daraufhin versuchte man mich zu besänftigen, mit der Zusage, dass es ganz bestimmt heute noch etwas werde mit der OP.

Kurz darauf kam die Schwester und brachte mir ein »Büßerhemd« und Krankenhaus-Strapse, sowie eine Tablette zur Beruhigung. Letzteres nehme ich sonst nie, aber nach dieser Aufregung schluckte ich sie. Zehn Minuten später kam die Schwester wieder ins Zimmer, ihre Miene sprach Bände! Ich sagte, sie brauche nichts zu sagen – »Ich weiß, heute wird es wieder nichts!« Da war meine Geduld zu Ende. Ich bin bestimmt ein einsichtiger Mensch, aber ich hasse es, für dumm verkauft zu werden.

»Mir reicht´s jetzt, ich gehe sofort nach Hause!«, sagte ich und begann mich anzuziehen.

»Das können Sie nicht!«, meinte die Schwester und ich sagte ihr, dass sie doch sehe, dass ich es könne.

»Sie haben doch schon die Medikation genommen, da könnte Ihnen unterwegs etwas zustoßen, wenn Sie mit der Straßenbahn nach Hause fahren.«

Ich sagte ihr, sie solle mir ganz einfach einen Taxischein ausstellen, und dann unterschriebe ich, dass ich auf eigene Verantwortung das Krankenhaus verlassen habe.

In diesem Moment klingelte mein Handy, meine Freundin Kathi rief an und wunderte sich, dass ich schon wieder so gut sprechen konnte. Nicht schon wieder, sondern immer noch, sagte ich ihr und dass ich im Begriff sei, das Krankenhaus zu verlassen. Sie war natürlich verwundert und sagte, sie hole mich ab, sie sei gerade mit dem Auto unterwegs zum Ratskeller zu einer kleinen Weihnachtsfeier, zu der ich gerne mitkommen könne. Ja, so schnell ändern sich manchmal die Dinge. Jetzt wollte ich erst einmal in Ruhe die Weihnachtszeit und das Weihnachtsfest mit meinen Lieben genießen, danach wollte ich mir einen Termin zur OP in der Uni bei meinem netten Chirurgen holen

Am 29.12. hatte ich abends einen Flug nach Köln, am Vormittag hatte ich noch einen CT-Termin wahrgenommen, am 6.1.09 kam ich zurück. An den darauffolgenden Tagen hatte ich gleich wieder jede Menge Arzttermine.

XIV.

Am 20. Januar 2009 hatte ich um 8 Uhr einen Termin in der Chirurgischen Ambulanz der Uni-Klinik. Die letzten CT-Untersuchungsergebnisse hatten eine erneute Metastasierung im Pankreaskopf gezeigt. Um sicherzugehen, schickte die Ärztin mich gleich zu einer PET-Untersuchung. Die Ärzte begutachteten die Bilder der unterschiedlichen radiologischen Verfahren und bestellten mich zur stationären Aufnahme am 27.01. Der Pankreaskopf musste auch noch entfernt werden. Es war zum Verzweifeln, hörte dieser Krebs denn nie auf, mich zu piesacken?

Da ich schon so viel hinter mich gebracht hatte und außerdem ein Löwe bin, hatte ich Mut gefasst und wollte dem hässlichen Schalentier beweisen, dass ich die Stärkere bin! Außerdem hatte ich großes Vertrauen in die Chirurgen, Ärzte und auch das Pflegepersonal der Klinik. Sie hatten sich vorbildlich um mich gekümmert während meiner Aufenthalte im Klinikum und auch bei der Nachsorge. Meine harmlose Schilddrüsen-OP musste noch warten.

So fand ich mich am vorgesehenen Termin in der Klinik ein. Nach der Einweisung musste ich wieder einige Untersuchungen wie EKG, Röntgen, MRT über mich ergehen lassen und dann zu einem Gespräch mit dem Anästhesisten und natürlich mit dem Chirurgen. Das zog sich wieder ein paar Tage hin, sodass ich mir wieder vom Freitagnachmittag bis Sonntag 18 Uhr »Heimaturlaub« genehmigt hatte. Am folgenden Montag früh wurde ich wieder einmal in den OP-Saal gebracht. Alle möglichen Geräte zur Kontrolle der Vitalfunktionen wurden angelegt und etliche Schläuche in die Venen, dann bekam ich die Spritze zum Einschlafen. Mein letzter Gedanke: »Na hoffentlich wache ich wieder auf!« Ich zählte 1, 2, 3 … das war's für die nächsten Stunden.

Wie nicht anders zu erwarten, bin ich dann irgendwann am Nachmittag aufgewacht und wurde auf die Intensivstation verlegt. Wieder folgten ein paar Tage, die ich als »Tierquälerei« empfand. Ernährung über die Vene der rechten Hand, also kein Hungergefühl. Appetit hatte ich ohnehin nicht. Müdigkeit und Schmerzen, aber am schlimmsten war wieder der Durst. Wie beim letzten Mal durfte ich ein paar Tage absolut nichts trinken. Ich fühlte mich, als wäre ich tagelang ohne Wasser durch die Wüste marschiert, ein quälendes Gefühl. Aber wie alles im Leben, gingen auch diese Tage vorüber und ich kam auf die normale Pflegestation und durfte wieder trinken! Auch ein wenig Süppchen bekam ich, aber nach kurzer Zeit kam alles in umgekehrter Reihenfolge wieder zurück.

So ging das eine ganze Weile, bis ein junger Arzt kam und mich fragte, worauf ich denn Appetit hätte. Ich sagte, ein Wurstbrötchen und Milchkaffee wären nicht schlecht. Eine Schwester brachte mir das Gewünschte, ich nahm es langsam und genüsslich zu mir – es blieb drin. Mit jedem Tag ging es mir etwas besser, ich lief auf Gängen und Fluren umher, trank viel Wasser und freute mich, bald wieder nach Hause zu dürfen.

Meine Diabetes-Medikation musste angepasst werden, da ich nun gar keine Bauchspeicheldrüse mehr hatte. Eine Kur sollte mich wieder auf die Beine bringen. Ich suchte mir eine Kurklinik in Bad Elster aus. Für die Anreise durfte ich mir ein Taxi nehmen. So rief ich den Sohn meiner kürzlich verstorbenen Freundin Carla an, der mit seinem Schwiegervater ein Taxi-Unternehmen betrieb. Wir kannten uns schon, seit er noch den Kindergarten besuchte. Er fuhr mich nach Bad Elster und wir unterhielten uns auf der Fahrt über Carlas Zustand und Lebensverhältnis kurz vor ihrem Tod. Es tat ihm sicher gut, über alle diese belastenden Dinge sprechen zu können. Dadurch verging die Fahrt sehr schnell und er brachte mich noch mit meinem Gepäck in das Kurheim. Dieses machte mir einen sehr guten Eindruck.

Nachdem ich mich in meinem Zimmer eingerichtet hatte, musste ich zur ärztlichen Untersuchung und bekam meinen Wochenplan für die durchzuführenden Aktivitäten. Hier gab es flexible Essenszeiten und auch freie Tischwahl. Das gefiel mir viel besser als bei der ersten Kur. Alles war irgendwie zwangloser. Da die Anlage sich auf einem Berg befand, konnte man sich mit einem kleinen Shuttlebus in den Ort und zurück fahren lassen. Bei meinem ersten Stadtgang, besser gesagt Ortsgang, hatte ich mir ein Programm des wunderschön renovierten Theaters mitgebracht. An dem einen Samstagabend stand *The Broadway Show* auf dem Plan und eine Woche später ein Konzert anlässlich der Mozartwoche. Ich kaufte mir Karten für beide Veranstaltungen. Beide Aufführungen sowie das Theatergebäude hatten mir sehr gefallen. In der Pause holte ich mir ein Gläschen Sekt und traf dabei an der Bar die nette Ärztin aus dem Kurheim mit ihrem Gatten. Sie freute sich offensichtlich, mich dort zu treffen und stellte mich ihrem Mann vor, als »die nette Patientin, über die ich dir erzählt habe!«. Nach der Veranstaltung wartete dann der Fahrer vom Shuttle Service vorm Theater und brachte mich und zwei andere Patienten wieder ins Kurheim.

An einem Sonntag besuchte mich Kathi. Wir bummelten gemeinsam über den Markt von Bad Elster und durch einige Boutiquen. Unterwegs besuchten wir ein schönes Café und am Abend gingen wir zu einem Italiener. Es war ein sehr schöner Sonntag.

Aufgrund meines Zustandes nach den zahlreichen OP's verlängerte die Ärztin meinen Aufenthalt um eine Woche. Am 31. März holte Klaus mich ab und ich freute mich, wieder in meiner Wohnung zu sein. Wie üblich standen wieder diverse

Arztbesuche an. An dem Sonntag besuchte mich meine Nicole mit meinem Marc, worüber ich mich sehr freute. Ich hatte ihn ja so lange nicht gesehen. Mein Enkel Andy kam ein paar Tage nach Dresden. Er machte Urlaub von seinem Job im Oman und besuchte alle seine Verwanden und Freunde. Von Mittag bis kurz vor Mitternacht verbrachte er einen Tag mit seiner Oma. Wir bummelten durch die City, gingen im Park spazieren und anschließend ins Kino. Danach machten wir es uns noch bei mir zu Hause gemütlich und er lud mir jede Menge Bilder aus dem Oman auf meinen PC. An diesem Tag war ich sehr glücklich, zumal Andy ein ganz besonderer Mensch war und ist. In dem April hatte ich noch einen Höhepunkt, ein Konzert mit Lionel Richie in der Arena.

C´est la vie – so ist das Leben – mal glaubt man, es geht nicht weiter, dann ist man wieder mal maßlos glücklich!

Am Samstag, den 9. Mai, feierte Klaus seinen 70. Geburtstag, wo ich natürlich auch Marc und Nicole getroffen habe. Bei dieser Gelegenheit konnte ich mich gleich für die nächste Woche verabschieden, da stand die Schilddrüsen-OP auf meinem Plan.

Am Montag, den 11.05., fand ich mich um 7 Uhr in der Uni-Klinik ein, um den »kalten Knoten« vom Oberarzt Dr. K., der die beiden Pankreas-OP´s vorgenommen und sich vorbildlich um mich gekümmert hatte, entfernen zu lassen. Leider hatte sich der harmlose Knoten ebenfalls als Metastase entpuppt! Schöner Mist, bis zum Hals hoch war der Krebs schon gewandert. Diese bösartige Krankheit würde ich wohl niemals mehr loswerden – so viel zu der Aussage: nach fünf Jahren geheilt! Jetzt hatte ich Angst, es könnten sich auch im Gehirn Metastasen ansiedeln.

Am folgenden Montag durfte ich wieder nach Hause. Meine nicht gerade rosige Stimmung wurde erst gegen 18 Uhr besser, da mein kleiner Marc zu seinem Geburtstag eingeladen hatte. Außerdem kam kurz darauf mein Geliebter Ali auf ein Schäferstündchen, was er in letzter Zeit recht regelmäßig tat. *Schäferstündchen* ist vielleicht auch nicht der richtige Ausdruck, es klingt so romantisch und irgendwie behutsam, während es bei unseren Zusammensein eher recht ungestüm zuging. Auf jeden Fall machte er mich sehr glücklich und darüber hinaus war es sehr positiv für mein Selbstwertgefühl.

Am 17. Juli flog ich wieder in meine zweite Heimat, nach Köln.

Als ich zu Simone kam, bei ihr hatte ich beabsichtigt mein Quartier aufzuschlagen, teilte sie mir mit, dass sie mit Mann und Kind am übernächsten Tag nach Spanien zum Camping fahren wolle. Das bedeutete, quer durch Frankreich bis zur Costa Brava im Auto sitzen! Ich wusste nicht, ob ich das durchhalten konnte nach den vielen OP's. Simone hatte es mir vorher nicht mitgeteilt, da sie dachte, dass ich dann gar nicht nach Köln gekommen wäre. So konnte sie mich überreden, mitzufahren. Da Axel unterwegs war, hätte ich allein in Simones Wohnung bleiben müssen, so willigte ich schließlich ein. Darauf war ich allerdings überhaupt nicht eingestellt, ich hatte nur hochhackige Schuhe und Citykleidung dabei. Simone und auch Amanda freuten sich, dass ich mit nach Spanien kam.

Die Fahrt war tatsächlich sehr strapaziös für mich bei meinem derzeitigen gesundheitlichen Zustand. Aber der Aufenthalt am Mittelmeer tat mir recht gut. Im Ferienort hatte ich mir Flipflops gekauft und ein paar Strandkleider, einen Badeanzug hatte ich ohnehin im Gepäck. In der zweiten Woche fuhren wir nach Barcelona zum Airport, weil mein Enkel Ici und seine Freundin, die ich noch gar nicht kannte, mit dem Flieger aus Köln kamen und mit uns im Wohnwagen noch vierzehn Tage Urlaub machen wollten. Ich war dieses Mal mit einer Campingliege unters Vorzelt gezogen. Hier gab es stets frische Luft, außerdem war es nicht so beengt wie im Campingwagen und ich hörte niemanden schnarchen oder andere unangenehme Geräusche. Meine Enkelin wunderte sich, dass ich keine Angst hatte, draußen vor der Tür zu schlafen. Aber ich sagte ihr, dass man mich ohnehin zurückbrächte, wenn man mich bei Tageslicht sehen würde. An einem Sonntag hatte ich Geburtstag und dazu lud am Abend die fünf in ein schönes Lokal in Strandnähe neben einem großen Rummelplatz ein.

Am 8.8. machten wir uns, bei äußerst schlechtem Wetter, auf die Rückreise. Diese war wesentlich beschwerlicher, da wir jetzt sechs Personen waren und eine Unmenge von Gepäck im Auto untergebracht werden musste.

Zurück in Köln, konnte ich noch eine Woche mit Axel und seiner neuen Freundin Alex verbringen. Am 16.8. war ich mit meinen Kölner Lieben zum Brunch bis 15 Uhr. Danach ging es zum Flughafen und ich reiste wieder heim. Das Leben ging wie gewohnt weiter; Arztbesuche, Treffen mit Marc und Nicole sowie meinen beiden Freundinnen und natürlich die wunderschönen Stunden mit Ali. Dazu kam noch, dass ich mich im Gesundheitssportverein angemeldet hatte und dienstags zum Aquajogging ging. Es machte mir viel Spaß und tat meinem geschwächten Körper recht gut.

Die Tage vergingen und ich hatte mich wieder mit meinem Krebs und auch mit meinem Diabetes arrangiert.

Es wurde Weihnachten. Heiligabend war ich wieder bei Nicole und Marc, Klaus mit seiner neuen Partnerin und natürlich Marcs Vater waren wie jedes Jahr ebenfalls da.

Am 27.12. flog ich früh morgens nach Köln, um dort den Jahreswechsel zu feiern. Axel und Alex hatten mir als Weihnachtsgeschenk eine Einladung zum Neujahrskonzert in die Kölner Lanxess Arena geschenkt. Es war ein schönes Erlebnis, ich sah und hörte André Rieu zum ersten Mal live. Wir drei hatten Plätze in der obersten Reihe. In der Pause gingen wir runter ins Foyer, um Bier zu trinken und natürlich damit die beiden rauchen konnten. Mit dem Bierglas in der Hand gingen wir langsam die Treppe wieder hinauf – und plötzlich schepperte es! Die Leute erschraken, ich natürlich noch mehr. Mit meinem spitzen Schuh war ich im eigenen Hosenbein hängen geblieben und mörderisch auf die Treppe gestürzt. Mein Bierglas hatte ich instinktiv nach oben gehalten, es war heil geblieben und nur ganz wenig Bier verschüttet. Aber mein Knie! Es war blutig, blau, total verformt und tat höllisch weh. Sehr mühsam schleppte ich mich nach oben. Die Schmerzen waren so stark, dass ich vom zweiten Teil des Konzertes kaum etwas mitbekam. Dann kam das größte Problem – die Treppen hinunter!

Wir fuhren sogleich zum Ärztlichen Notdienst: der Schleimbeutel war verrutscht, aber zum Glück nichts gebrochen. Die restlichen Tage bis zu meinem Heimflug am 17.01. verbrachte ich sitzend, während ich unablässig mein Knie kühlte.

Wieder zu Hause, verlief das Leben in gewohnter Weise: regelmäßige Arztbesuche, 1 x wöchentlich Aquajogging, 1 x Sauna, hin und wieder Treffen mit Freunden, Besuche von Nicole und Marc und die schönsten Stunden mit Ali. Ein paar Geburtstagsfeiern, wie immer bei Klaus und Sonja, später bei mir. Es ist immer schön, meine Nichten und Neffen gemeinsam zu erleben, was bei meinen Kindern leider nicht möglich ist. Die Kinder meiner Schwester leben auch alle mit ihren Familien hier in Dresden, meine jedoch verstreut und relativ weit entfernt. Aber das ist nicht der einzige Grund!

Zu meinem letzten Geburtstag hatte ich eine 2-tägige Reise nach Berlin mit dem Besuch des Neuen Museums geschenkt bekommen. Darüber hatte ich mich sehr gefreut, da ich schon länger nicht mehr in Berlin war. Es waren zwei wunderschöne, erlebnisreiche Tage Ende August. Diese hatte ich bis zur Erschöpfung genutzt. Das Highlight war der Besuch des Neuen Museums auf der Museumsinsel. Es war gerade, nach der

Renovierung fertig gestellt und man musste schon lange vorher die Karten bestellen, sonst hatte man keine Chance. Das tollste und berühmteste Exponat war die Nofretete – einfach unglaublich toll.

Für den zweiten Tag hatte ich geplant, das Dalí-Museum zu besuchen. Zwischendurch durch die Stadt bummeln und auch meine frühere Arbeitsstelle – das Institut für Post- und Fernmeldewesen – wiederzusehen, das Sony-Center und alle Bauten rund um den Potsdamer Platz, wo sich auch mein Hotel befand. Gegen Abend im Zug nach Hause. Meine Beine fühlten sich an, als hätte ich einen Marathon-Lauf hinter mir.

Anfang September flog ich wieder einmal nach Köln und verbrachte dort wie stets eine sehr turbulente Zeit. In der Douglas-Filiale, in der meine Tochter Simone beschäftigt war, arbeitete ich bei der Lagerinventur mit. Als Entlohnung gab es wieder eine große Tüte mit Kosmetika und Parfüms. An dem Abend fand, in einem großen Saal irgendwo am Stadtrand, eine Party statt. Gucci hatte eingeladen – Vertreter aller Verkaufsstellen in NRW – zur Präsentation eines neuen Duftes, *Guilty*. So ging ich mit Simone freudig zur Party. Es war eine ganz tolle Veranstaltung, das Parfüm gefiel mir auch sehr gut. Jeder Teilnehmer bekam am Ende einen Flakon davon geschenkt, außerdem wurden von allen Erinnerungsfotos gemacht und ins Netz gestellt. Dieses Parfüm benutze ich sehr selten, es steht, als Andenken an die schöne Party mit Simone, mitten auf meinem Regal im Bad.

Einige Tage später feierten wir den 15. Geburtstag meiner Enkelin Amanda.

Die schönen Tage am Rhein gingen wieder viel zu schnell zu Ende und ich flog am 30.09. wieder zurück nach Hause.

Anfang November fand wie jedes Jahr das Ensemble-Treffen und das Klassentreffen statt. Ich war viele Jahre während meiner Schulzeit und auch noch danach Mitglied des Kultur-Ensembles *Julian Marschlewski*.

Am 24.11. ging ich zu einem Filmdreh als Statist auf die Pferderennbahn. Es war sehr schlechtes Wetter, der Boden war völlig aufgeweicht. In dem Raum, in dem wir uns zwischendurch aufhielten, war es sehr kalt. Meine Schuhe waren völlig versaut, kaum noch zu brauchen. Und das alles für ein kleines Taschengeld. Allerdings war es sehr interessant, sich mit den anderen Statisten und den Mitarbeitern der Agentur zu unterhalten.

Mitte Dezember fuhr ich mit einem Reiseunternehmen für zwei Tage nach Hamburg, um das Musical *König der Löwen* zu besuchen. Es gefiel mir ganz ausgezeichnet. Es war übrigens auch ein Geschenk von Klaus und Gisela.

Heiligabend hatte ich, wie stets während der letzten Jahre, bei Nicole und Marc gefeiert. Die gleiche Gesellschaft, einschließlich Klaus und Gisela, hatte ich dann am 1. Feiertag zum Essen eingeladen. Silvester ins Jahr 2011 verbrachte ich ausnahmsweise allein zu Hause. Eine sehr gute Flasche Champagner, die ich irgendwann von Axel bekommen hatte, habe ich mir gegönnt und dazu ein leckeres Essen. Meine einzige Unterhaltung war der Fernseher, wobei das Programm nicht gerade umwerfend war. Frühmorgens, so gegen 3 Uhr, bin ich dann ins Bett und habe mir geschworen, nie wieder allein ins Neue Jahr zu gehen.

Die ersten Monate des Jahres 2011 verliefen so wie immer, keine besonderen Vorkommnisse und Höhepunkte. Für Ostern hatte sich Besuch aus Köln angekündigt. Axel kam als Erster, und zwar mit dem Auto. Simone wollte lieber mit der Bahn kommen, da fühlte sie sich sicherer. So konnte ich mit Axel schon eine ganze Menge unternehmen. Er kam schon am Karfreitag. Da er auch schon eine ganze Weile nicht mehr hier gewesen war, interessierte es ihn natürlich sehr, was sich während der letzten Jahre in seiner Heimatstadt verändert hatte.

So sahen wir das Haus an, in dem ich groß geworden bin und wir die Jahre danach sehr oft meine Mutter besucht hatten. Die Häuserzeile war total renoviert worden und einiges verändert. Die Rückseite, wo sich Rasenflächen zum Wäschetrocknen und zwei Spielplätze befanden, konnten wir nur durch ein geschlossenes Tor sehen. Da kam zufällig eine Bewohnerin, sie war sehr nett und erzählte uns, was sich alles verändert habe und wer eventuell von den Bewohnern aus Ostzeiten noch dort wohne. Es war sehr interessant. Von dort gingen wir durch die sich anschließenden Schrebergärten, bis zur »alten« Eisdiele, wo ich schon als Kind mein Taschengeld vernascht hatte. Zu unserer Überraschung existierte sie immer noch, allerdings waren es inzwischen andere Besitzer. So leisteten wir uns ein Eis und unterhielten uns über alte Zeiten mit der netten älteren Dame.

Weiter ging unser Spaziergang an der alten Messe vorbei, zu allen Sehenswürdigkeiten. Auch hier war während der letzten Jahre einiges verändert worden. Das Wetter war prächtig und wir sahen uns von oben ausgiebig die Stadt sowie das Umfeld an. Axel hatte vor inzwischen fast 25 Jahren seine Heimatstadt verlassen und war seither nur hin und wieder auf einen kurzen Besuch hier gewesen. Es war ein wunderschöner und interessanter Tag und ich hatte meinen Aki ganz für mich allein.

Am Samstag waren wir früh einkaufen, nachmittags gingen wir in die City und wollten Kaffee trinken. Bei dem Wetter ergatterten wir uns gleich am Markt einen sonnigen Platz im Freien und tranken statt Kaffee ein kühles Bier, oder zwei oder drei … Später kamen wir an einem Nachtclub vorbei, der zu Ostzeiten sehr angesagt war, später lange geschlossen war und genau an diesem Tag zum ersten mal wieder eröffnet wurde. Wir natürlich hinein! Die Lokalität war edel gestaltet, schöne Musik – wie für uns geschaffen. So setzten wir uns gemütlich an die Bar, tranken ein paar Gin Tonic und verbrachten einen schönen Abend.

Am Sonntag früh holten wir die beiden Damen von der Bahn ab und erzählten ihnen von den zwei erlebnisreichen Tagen. Simone und Amanda wollten auch die Stadt und den Zoo ansehen und so ging Axel mit den beiden hin und ich kochte inzwischen. Am Ostermontag kamen dann auch Nicole und Marc, Heidi leider nicht. Die Kölner blieben noch die ganze Woche bei mir und wir erlebten ein paar unvergessliche Tage zusammen mit den beiden Dresdnern. Tagsüber waren wir in der City bummeln und am Abend mit Nicole in einer Disco. Axel musste an dem nächsten Freitag wieder zurückfahren, ich ging mit meinen beiden Töchtern, Amanda und Marc in den Zoo. Es war ein sehr schöner Tag und für Amanda etwas ganz Besonderes, da die schöne Stadt Köln leider keinen so schönen Zoo besitzt. Marc kam danach mit zu mir und am nächsten Tag brachte er mit mir die beiden zum Zug.

Ich war wieder allein und die Tage vergingen in gewohnter Weise, auch in medizinischer Hinsicht; außer dass ich einmal den ärztlichen Notdienst angerufen hatte, da ich so wahnsinnige Bauchschmerzen hatte, als würden meine Eingeweide zermalmt. Das waren, nach Aussage des Arztes, Auswirkungen von inneren Verwachsungen durch die OP′s im Bauchraum. Das Beruhigende: Es kann immer mal wiederkommen! Die radiologischen Kontroll-Untersuchungen, die alle drei Monate durchgeführt wurden, brachten keine Auffälligkeiten zutage. Man könnte sagen, ich war gesundheitlich stabil.

Das Jahr neigte sich dem Ende zu. Dieses Weihnachten wollte ich mit meinen Kölner Kindern und Enkeln verbringen. So flog ich am 18.12. in die Rhein-Metropole. Heiligabend wurde bei Axel gefeiert. Als Weihnachtsgeschenk bekamen wir alle eine Einladung für die Silvesterparty von Axel. Zu meiner größten Freude kam am 27.12. Marc mit dem Zug angereist, er war natürlich auch mit von der Partie.

Den 30.12. verbrachte ich bei Axel. Bis spät abends unterhielten wir uns mit Niko und seiner Freundin Cinzia und sahen uns lustige Videos auf Axels Computer an.

Gegen 2.3o Uhr sagte Cinzia: »Axel, deine Mama ist eingeschlafen!«

Axel darauf: »Das kann nicht sein, meine Mutter schläft nie, wenn noch irgendwer munter ist!«

So versuchten meine Lieben, mich zu wecken. Vergebens – so riefen sie den ärztlichen Notdienst an, der sofort kam und Koma infolge von Unterzuckerung diagnostizierte. Ich hatte natürlich von alledem nichts gemerkt, auch nicht, dass ich weggetreten war. Die drei waren ganz schön erschrocken, erzählten sie. Das erste Lebenszeichen war ein lautstarkes »Aua!«, als die beiden jungen Männer vom Rettungsdienst mir eine Kanüle in die rechte Hand rammten. Das Erste, was ich wieder wahrgenommen hatte – Helligkeit, irgendwie blendete mich die »bengalische« Beleuchtung. Außerdem wurde ich an beiden Händen festgehalten, was mich maßlos störte, sodass ich vergebens versuchte, mich loszureißen. Allmählich wurde auch mein Geist wieder heller und ich bemerkte, dass rechts und links neben mir jeweils ein kräftiger junger Mann saß und mich festhielt. Ich hasse es, festgehalten zu werden, und beschimpfte deshalb die beiden aufs Energischste. Trotz meines Protestes ließen sie mich nicht los und meinten, dass sie mich erst einmal ins Krankenhaus bringen würden.

»Ich gehe in kein Krankenhaus, mir geht´s doch schon wieder gut, wir sollten lieber gemeinsam in eine Disco gehen!«, sagte ich den Sanitätern.

Da kam eine sympathische Dame ins Zimmer, die sich als Notärztin vorstellte. Endlich wurden die Schraubstöcke an meinen Unterarmen gelöst und ich konnte mich recht vernünftig mit der Ärztin unterhalten. Ich solle doch aber nur zur Stabilisierung ins Krankenhaus und für ein paar Stunden Überwachung. Schließlich war Silvester und ich hatte mich schon auf die Fete mit meinen Lieben gefreut. Brav, wie ich manchmal bin, ließ ich mich mit Tatütata ins Krankenhaus fahren. Am Nachmittag um 15 Uhr holte mich mein lieber Sohn wieder ab.

Letztes Silvester war ich ganz allein gewesen, dafür hatte ich dieses Jahr den größten Teil meiner zahlreichen Nachkommen um mich herum. Es war eine turbulente Feier und ich war froh, wieder unter den Lebenden zu sein.

Am 09.01.2012 musste Axel wieder zur Arbeit, Marc brachte ich am Vormittag mit Cinzia und Niko zur Bahn und flog um 17.1o Uhr nach Dresden.

Das neue Jahr zeigte sich nicht anders als das alte. Es wurde wieder Mai und ich bekam, damit es mir nicht langweilig wurde, Zahnprobleme. Schließlich kam ich nicht umhin, mir eine neue Brücke fertigen und ein Implantat einsetzen zu lassen. Ich ließ mir dazu zwei Kostenvoranschläge ausstellen, die sich erheblich voneinander unterschieden. Allerdings waren beide nicht von meiner kargen Rente bezahlbar und ich musste einen Bankkredit beantragen. Aber was sollte ich machen, schließlich konnte ich ja nicht auf den Felgen kauen! Anfang Juli hatte ich dann einen OP-Termin beim Kieferchirurgen.

Am 19.06. war ich beim Aquajogging, ging danach heim und machte mir Mittagessen, Linsen mit Zungenwurst. Danach ruhte ich, wie meistens nach dem Sport, auf dem Balkon. Alles war bestens. Ich wollte zur Toilette und mir Wasser nachschenken – Filmriss! Ich war weggetreten, der Kuckuck weiß wie lange. Als ich zu mir kam, lag ich quer auf dem Bett und war klitschnass. Meine Haare, der Pulli, der Rock und das Bett, als hätte jemand mir einen Eimer Wasser übergekippt. Ich wollte aufstehen, aber es ging nicht, ich fiel mit dem Hintern auf den Nachttisch. Ich riss mich zusammen und versuchte es wieder, ich konnte gar nicht richtig laufen und schleppte mich ins Bad. Die Toilettenbrille war hochgeklappt, der Deckel kaputt??? Ich zog die nassen Klamotten aus, konnte gar nicht richtig stehen und föhnte mir die Haare. Die Koordination war irgendwie durcheinander! Ich zog mir mühsam etwas an und verspürte riesigen Durst. Trank 1 ½ Glas Wasser auf einen Zug leer, setzte mich auf einen Sessel und versuchte mich zu sammeln.

Nachdem ich meinen Blutzucker gemessen hatte, aß ich ein Butterbrot, legte mich auf die Couch und bemühte mich, langsam ein- und auszuatmen. Es war deprimierend, ich konnte nicht darüber sprechen.

Am nächsten Tag war alles wieder okay. Anfang Juli sprach ich mit meinem Hausarzt darüber, er vermutete, es war ein kleiner Schlaganfall, und überwies mich zum CT des Kopfes und zum Neurologen. Die Diagnose bestätigte sich, ich bekam von da an ein Blutverdünnungsmittel.

Am 24. Juli flog ich dann endlich wieder nach Köln, um meinem Alltag zu entfliehen. Da meine Tochter nach langem Bemühen eine neue Wohnung bekommen hatte, hatte ich einen längeren Aufenthalt geplant, um sie zu unterstützen. Weil mein Sohn auf Montage arbeitete, hatte ich mich mit meinen Kindern geeinigt, dass ich die Wochenenden bei und mit Axel verbringe und an den Wochentagen bei Simone bin.

Meinen Geburtstag am 26. feierten wir im Garten von Simones alter Wohnung. Dabei wurde mir klar, wie schlecht das Verhältnis zwischen Simone und ihrem jüngeren Sohn, sowie dessen Freundin war. Man könnte sagen, es war total zerrüttet. Eigentlich sehr traurig!

Am 19.7. fand der Umzug statt, bei 33° C. Einen derartig chaotischen und völlig planlosen Umzug hatte ich bisher noch nicht erlebt. Trotzdem half ich so viel, wie ich konnte. Die neue Wohnung lag im dritten Stock, praktisch die oberste Etage und kein Aufzug.

Zwischen den Um- und Einräumarbeiten unternahmen wir auch angenehme Dinge, wie Kinobesuch, Altstadtbummel und anderes mehr. An den Wochenenden unternahm ich einiges mit Axel und seinen vielen Freunden und Bekannten und erholte mich in seiner angenehm kühlen Wohnung. Mein Sohn pflegte schon immer einen sehr engen Kontakt mit seinem Neffen Niko und auch seiner Cinzia, die gerade zwei Minuten von ihm entfernt wohnen. Auch ich war somit oft und gern mit den beiden zusammen. Irgendwie passte das meiner Tochter nicht, sodass wir uns mächtig überwarfen. Das erschütterte mich sehr; aber das Leben geht weiter … Ich musste mich damit abfinden.

Die restlichen zehn Tage meines Aufenthaltes verbrachte ich bei Axel. An dem letzten Wochenende waren Axel und ich zur Hochzeit, bei Axels guten Freunden aus seinem Karnevalsklub eingeladen. Es war eine echt klasse Feier und für mich ein schöner Abschluss. Am 29. August flog ich wieder nach Hause und hatte nach meiner Ankunft ein tolles Stelldichein mit meinem Ali. Wir hatten uns so viele Wochen nicht sehen können und waren beide glücklich, wieder zusammen zu sein!

Auch auf das Wiedersehen mit meiner jüngsten Tochter und meinem jüngsten Enkel freute ich mich riesig. Ich hatte sie auch sehr vermisst während der fast sechs Wochen meiner Abwesenheit.

Es ging wieder einmal auf Ostern zu und es hatten sich liebe Gäste aus Köln angemeldet. Axel, Niko und Cinzia kamen mit Cinzias Wagen am Karfreitag angereist. Am nächsten Morgen lagen fünfzehn Zentimeter Schnee auf dem Auto, es sah aus wie Weihnachten, nicht wie Ostern! An dem Samstag hatten wir einen gemeinsamen Zoobesuch geplant, aber die beiden Männer hatten keine Lust und wollten lieber in die City gehen. Auch gut, so ging ich eben mit Cinzia allein in den Zoo. Die Wege waren natürlich völlig aufgeweicht und mit Schneeresten versehen. Wir sahen beide um die Beine herum schweinisch aus. Nach dem Zoo-Rundgang bummelten wir ausgiebig durch den tropischen Teil. Cinzia war echt begeistert von der riesigen Tropenhalle und all den exotischen Tieren, so etwas hatte Köln nicht zu bieten.

Am Ostersonntag kamen Nicole, Marc und Nicoles neue Liebe zum Essen zu uns. Ich war sehr glücklich inmitten meiner Lieben. Am Montag mussten die drei Rheinländer wieder nach Hause fahren und ich blieb wieder allein, allerdings mit mächtigen Halsschmerzen.

Am 27. Mai stand endlich wieder ein Flug nach der Rhein-Metropole auf dem Plan, dazu dieses Mal nicht allein. Meine Nichte Bärbel hatte sich entschlossen, die schöne Stadt Köln kennenzulernen und vor allen ihren Cousin Axel zu besuchen. Es waren sehr schöne und erlebnisreiche Tage. Am 6. Juni flog Bärbel zurück, während ich noch ein paar Tage bei meinem Goldsohn blieb. Gleich am nächsten Tag war ich mit ihm in der City und später im *Coco de Brasil*. Wir tranken Caipirinha und tanzten zu toller brasilianischer Livemusik. Irgendwann hatte ich das Gefühl, dass ich genug getrunken und getanzt hatte, und sagte Axel, er könne ruhig noch dort bleiben, ich würde aber lieber nach Hause fahren.

»Nein, auf keinen Fall, ich komme natürlich mit nach Hause!«, sagte er und so gingen wir gemeinsam zum Taxi und ließen uns nach Hause fahren. Ich war super drauf und lustig, der Fahrer amüsierte sich. Wir stiegen aus und Axel brachte mich mit viel Mühe gerade bis zum Bett – da driftete ich wieder, zum zweiten Mal, ins Koma.

Notarzt, Krankenhaus – alles wie schon einmal gehabt!

Am 17.06. flog ich wieder zurück.

Unsere Klassentreffen fanden immer in der ersten Novemberwoche statt. Dieses Jahr hatte uns Margit, eine Klassenkameradin, die seit einigen Jahren in Berlin lebte, zu sich eingeladen. Ihren Mann kenne ich auch schon von Kindesbeinen an, er ging in die gleiche Schule und wir waren alle gemeinsam Mitglieder im Kultur-Ensemble. Sie besitzen am Rande von Berlin ein schönes Eigenheim mit großem Garten und Swimmingpool. Das war natürlich eine Super-Idee, zumal jetzt im Juli! So fuhr ich montags früh um 9.3o Uhr mit Britta nach Berlin. Moni kam von irgendwo unterwegs nach Berlin und Gretchen, die in Süddeutschland in der Nähe des Bodensees lebte, kam auch angereist. Zuerst begrüßten wir uns sehr freudig und kundschafteten danach das Grundstück sowie die nähere Umgebung aus. Für den Dienstag hatte Margit eine Schifffahrt auf dem Müggelsee organisiert. Es war ein ganz toller Tag und zum Abschluss waren wir alten Weiber splitternackt im Pool baden. Wir hatten sehr viel Spaß! Am Mittwoch fuhren wir nachmittags wieder nach Hause. Ich nahm Gretchen für ein paar Tage mit zu mir. So waren wir zusammen im Park, am Freitag im Zoo, der sich in den letzten zwanzig Jahren mächtig verändert hatte. Am Wochenende trafen wir uns mit Britta, machten einen ausgiebigen Citybummel und waren schließlich noch im *Stadtpark* am Musikpavillon. Am Montag brachte ich dann Gretchen noch zur Bahn.

Das nächste freudige Ereignis war ein Anruf von Andy, der seit einiger Zeit in Peking arbeitete und nach Dresden zu Besuch kommen wollte. Ich hatte ihn eine gefühlte Ewigkeit nicht gesehen und freute mich riesig auf seinen Besuch. Am Freitag, den 15.11., um 9.3o Uhr hatten wir uns an der Frauenkirche verabredet. Andy kam mit seiner Oma Elke (Großmutter mütterlicherseits) und wir gingen gemeinsam frühstücken. Andy kam danach mit zu mir. Wir aßen zusammen zu Mittag und er hatte viel Interessantes zu erzählen. Das war ein ganz besonderer Tag für mich. Davon müsste man viel mehr haben! Aber dann wären sie ja nichts Besonderes mehr. Nehmen wir die Tage so, wie sie kommen und gehen.

Vom 20.12. bis 09.01.2014 war ich wieder einmal Gast in Köln. Das Besondere dieses Mal: Andy hatte mit seiner Freundin in Rotterdam Silvester gefeiert und sie kamen am 2. Januar auf der Rückreise nach Köln, um das Wochenende mit uns und Niko zu verbringen. Für Axel war das eine ganz besondere Freude, er hatte seinen Sohn schon länger nicht mehr gesehen. Es war ein ganz tolles erlebnisreiches Wochenende, allerdings gab es auch einen Wermutstropfen: Cinzia war seit einiger Zeit im Krankenhaus, sie hatte eine sehr seltene neurologische Krankheit, von der keiner so richtig wusste, woher sie kam und wohin sie führen würde. Sie lag etliche Monate im UniKlinikum Bonn. Niko besuchte sie jeden Tag, er war echt bewundernswert in seiner liebevollen Art.

Am Sonntag Nachmittag fuhren Andy und seine Freundin wieder nach Hause, in Richtung Frankfurt. Axel musste am Montag früh wieder zur Arbeit und ich fuhr mit Niko und seinem Vater nach Bonn, um Cinzia zu besuchen. Allerdings spürte sie nichts von unseren Besuchen, sie lag seit Wochen im künstlichen Koma.

Ich hatte am Tag meiner Rückkehr einen Termin in der Nuklearmedizin der Uni Dresden und der Radiologie. Es waren turnusmäßige Untersuchungen, nichts Außergewöhnliches. Allerdings war meine Ohren-Speicheldrüse beim Kauen ein paarmal angeschwollen, bereits in Köln. Bei der üblichen CT-Untersuchung hatte ich gebeten, meinen Hals mit unter die Lupe zu nehmen. Darüber hinaus hatte ich mir einen Termin in der HNO-Kopfpraxis besorgt. Die Frau Professor meinte, dass derartige Entzündungen durch Verschluss des Kanals entstehen, die meistens durch kleine Steine oder Tumoren hervorgerufen werden. In meinem Fall tippte sie zu 99 % auf eine Metastase! Scheiße! Ich hatte natürlich schon im Internet recherchiert, was mich allerdings auch nicht glücklicher machte.

Endlich, am 21. Januar, hatte ich bei meiner Ärztin in der Uni einen Termin, wo ich auch über die Ergebnisse der radiologischen Untersuchungen informiert werden würde. Schlechtes Omen – der CT-Befund fehlte! Meine Frau Doktor, zu der ich seit unserer ersten Begegnung ein absolutes Vertrauen hatte, kümmerte sich und kam strahlend mit den Befunden zurück. Da war ich überglücklich, mir war sofort klar, dass soweit alles okay war. Sie war auch überzeugt, dass die Sache mit der Speicheldrüse nichts Bösartiges war. Bei meinem Besuch einer Fachärztin in der Kopfklinik war ich dann wieder glücklich und froh, es war sicherlich eine harmlose Ursache und es hatte sich schon wieder zurückgebildet. Jetzt konnte ich zufrieden das nächste Vierteljahr genießen, bis zur nächsten Runde Kontrolluntersuchungen.

Ein sehr trauriger Termin stand jetzt an: Mein Schwager, der Mann meiner verstorbenen Schwester, war gestorben. Seine zahlreichen Kinder hatten die Trauerfeier organisiert, zu der ich mit meiner Tochter Nicole ging. Sie hatte für uns beide einen sehr schönen Blumengruß besorgt. Es war ein ergreifender Abschied mit unendlich vielen Trauergästen. Bei der Gelegenheit machten wir einen Abstecher zum Grab meiner Mutter und meiner Schwester. Irgendwie hatte ich ein gutes Gefühl, nicht der Mittelpunkt dieser Feier zu sein. Anschließend speisten wir noch zusammen in einer Gaststätte im riesigen Familienkreis meiner Schwester und meines Schwagers, tranken und unterhielten uns sehr nett. Sie hatten immerhin sechs Kinder, dazu kamen deren Partner und eine stattliche Anzahl Enkel, die hatten wiederum Partner und Kinder – die Urenkel. So viele Familienmitglieder wie bei einer Beerdigung bekommt man zu anderen Anlässen leider nie zusammen.

XV.

Große Freude, großes Leid – c'est la vie! In wenigen Tagen stand bei mir wieder ein freudiges Ereignis an – mein Sohn feierte seinen 50. Geburtstag im riesengroßen Rahmen. Einen großen Saal im Schützenhaus hatte er gemietet, da der gesamte Karnevalsverein, seine »Saunameute«, Freunde vom Fußballverein, Kollegen mit Angehörigen und natürlich die Familie eingeladen waren. Er erwartete mehr als 60 Gäste! Am Tag zuvor hatten mein Axel und ich schon fleißig Vorbereitungen getroffen wie Einkaufen, Kochen, Braten, Salate bereiten. Darüber hinaus hatte er zwei halbe Ferkel schmorgeln lassen und einiges mehr bestellt. Von all den Speisen hätte er locker den ganzen Stadtteil satt bekommen, aber bei Axel muss immer zu viel da sein, dass ja nichts alle wird! So ist er eben, er ist von allen Menschen, die ich kenne, der großzügigste Gastgeber. Am 7. Februar um 0:oo Uhr haben Axel und ich auf seinen 50. eine Flasche Champagner vom Feinsten getrunken. Morgens, nach dem Frühstück gingen die Vorbereitungen weiter. Im Saal mussten Tische und Stühle aufgestellt, die Musikanlage installiert, alle selbst bereiteten Speisen und jede Menge Getränke – außer Bier, das gab es dort vom Fass – transportiert werden. Gegen 18 Uhr kamen der DJ mit seiner Frau sowie nach und nach die ersten Gäste. Seine »Narrenzunft« hatte eine ganz tolle Gratulation und ein spitzenmäßiges Kulturprogramm vorbereitet, flotte Tänze der Cheerleader, gesungene und gesprochene Vorträge und einiges mehr. Es war einfach großartig und Axel war glücklich.

Zur größten Freude vom Geburtstagskind und natürlich von mir kam, leider etwas verspätet, aber strahlend wie immer – Andy zur Tür herein. So viel Freude und so eine tolle Stimmung, wie man es leider nicht sehr oft erlebt! Das war aber noch nicht der Höhepunkt. Zur Krönung, im wahrsten Sinne des Wortes, kam das Dreigestirn der Stadt Köln mit seiner Garde, um meinem Sohn zu gratulieren. Er war sprachlos, konnte es gar nicht fassen, so viel Ehre für ihn!!! Bis weit in den nächsten Tag hinein tanzten, tranken und feierten wir – so eine tolle Geburtstagsparty hatte ich noch nicht erlebt.

Am nächsten Vormittag um 11 Uhr musste Axel den Saal im »Urzustand« übergeben. Während der paar verbliebenen Stunden hieß es aufräumen, Gläser spülen, das viele übrige Essen musste entsorgt werden, die restlichen Flaschen und unendlich vielen Geschenke in Wannen, Körbe und Taschen verstauen und nach Hause fahren. Ich hatte wenigstens ein paar Stunden geschlafen, aber Axel und Andy fast durchgehend geschuftet. In der Wohnung konnte man sich kaum noch bewegen, sie war zu einem riesigen Warenlager umfunktioniert worden! Das Ganze musste dann später weggeräumt werden, jetzt mussten wir uns erst einmal »schön« machen, da wir zu einer riesigen Karnevalsfete gehen wollten. Ich hatte mich schon sehr darauf gefreut, mit meinen beiden liebsten Männern auszugehen. Sie sind beide absolute »Partytypen« und dazu erstklassige Tänzer.

Gegen 18:oo wollte mein Sohn ein Taxi bestellen. Ich bekam ein komisches Gefühl im Bauch und ging noch einmal schnell zur Toilette. Dunkelroter Stuhl! Das fehlte mir gerade noch! Ich dachte, wird schon wieder weggehen, und bat Axel, noch zehn Minuten zu warten. Ein unangenehmes Ziehen spürte ich im Unterbauch und ging noch mal zur Toilette – wieder dunkelrot und irgendwie wurde es mir schwummrig. Ich sagte meinen beiden, dass ich Durchfall hätte und lieber zu Hause bliebe. Die beiden bedauerten es natürlich, aber ich noch viel mehr. So gingen sie allein in die Altstadt und ich zog mir ein bequemes Kleid an und legte mich aufs Bett. Ständig hatte ich das Gefühl, zur Toilette zu müssen und zu verdursten, und dazu wurde ich immer schwächer. Der Weg vom Bett zum Kühlschrank, circa fünf Schritte und zehn Schritte zum WC erschien mir zu weit; es fühlte sich an, als hätte jemand den »Stöpsel« gezogen, damit die Kraft entweicht. Ich dachte an »Rundfahrtoptimierung«, Wasserglas auf Theke – WC – Kühlschrank – Bett. Stelle Glas auf die Theke, sinke bewusstlos zusammen und bekotze mich dabei total. Ein starker Würgereiz bringt mich wieder zu Bewusstsein, ich kann nicht aufstehen und krieche auf dem Fußboden ins Badezimmer. Ich knie vorm Toilettenbecken und schon kommt ein riesiger Schwall, fast nur Blut – danach gleich noch einmal und dabei auch ungehindert hinten heraus.

Es sah aus wie im Schlachthaus. Mir war es ganz elend und ich fühlte mich total schwach, ich konnte weder aufstehen noch klar denken. Ich riss mich zusammen – nur nicht auf dem Klo sterben! – und robbte ins Wohnzimmer, zu meinem Handy. Es kostete mich Anstrengung, das Handy vom Tisch zu greifen. Ich rufe Axel an – hört nicht!! Rufe Andy an – er hebt sofort ab!! Gerettet!

»Bitte kommt sofort, ich verblute, und bringt den Notdienst mit!«

Kurz danach hielt ein Taxi, meine beiden kamen angestürzt und erschraken über mein Aussehen und das der Wohnung! Andy, ein sehr tüchtiges Mitglied der freiwilligen Feuerwehr, zog mir die völlig blutgetränkten Klamotten vom Leib und Axel brachte mir seinen Bademantel, einen weißen! Im selben Moment kam der Rettungsdienst mit einem Notarzt und brachte mich ins St. V. Krankenhaus, nicht in die Uni-Klinik, entgegen unserem Willen. Aber ich war ohnehin in einem Dämmerzustand und kaum noch in der Lage, etwas wahrzunehmen. Der Arzt in der Notaufnahme quälte mich mit tausend Fragen, ich konnte einfach nicht mehr. Hergang, Vorerkankungen, Medikamentenliste. Endlich Untersuchungen, als Erstes zum Röntgen – im Stehen, ich konnte nicht mehr und hielt mich krampfhaft an dem Gerät fest, dann zur Magenspiegelung. Ich kam zur Intensivstation und sollte eine Bluttransfusion bekommen, die ich allerdings im Hinblick auf den Zustand des Krankenhauses und die Art des Notarztes desselben ablehnte. Nachdem ich ihm von meinen vielen Operationen, besonders der vom Pankreas erzählt hatte, fragte mein Axel, ob er mein Insulin herbringen solle. Daraufhin der Doktor: »Wie zuckerkrank sind Sie wohl auch noch?«

Am nächsten Tag wurde noch eine Darmspiegelung durchgeführt. Man sagte mir, ich hätte zwei Geschwüre an der Naht zwischen Darm und Magen und diese hatten aufgehört zu bluten. Sicher eher, weil kaum noch Blut in mir war! »Erstaunlicherweise« hatte man eine Blutarmut festgestellt.

Kein Mensch hatte mir geholfen, meine mit Blut verschmierten Haare oder Körper zu reinigen, ich lag nach zwei Tagen immer noch in meinem »Dreck« und hatte natürlich außer meiner Krankenversicherungskarte nichts bei mir. Ich hatte die Schnauze voll und sagte, dass ich nach Hause wolle.

Mein Enkel Niko holte mich am zweiten Tag ab, nachdem ich eine Erklärung unterschrieben hatte. Axel war inzwischen schon wieder auf Montage und ich erholte mich in seiner Wohnung bis zu meiner Rückreise und ließ mich von Cinzia und Niko verwöhnen. Als ich dann wieder in Dresden gelandet war, holte mich Klaus vom Flieger ab und ich rief sofort bei meinem damaligen Hausarzt an, ihn aufzusuchen fühlte ich mich noch nicht in der Lage. Zu meiner Freude und Überraschung hatte ich einen ganz lieben Genesungswunsch und Pralinen von meiner ehemaligen Schwiegertochter Nadine bekommen. Auf so eine Idee waren meine Töchter noch nie gekommen! So sammelte ich noch ein wenig Kräfte, rief am folgenden Montag meinen Chirurgen an, der mich auch neben den OP´s stets gern und fachkundig beraten hatte, und schilderte ihm meinen letzten Krankenhausbesuch. Er konnte gar nicht glauben, dass man nichts gegen die Blutung getan hatte, nicht geklammert?

»Leider muss ich Ihnen sagen, dass das jederzeit wieder auftreten kann!«

Na toll!!

36 Stunden nach dem Anruf traten wieder Blutungen auf und ich wurde wieder mit dem Krankentransport eingeliefert. Hier erwartete mich allerdings eine andere Behandlung und Fürsorge als in Köln. Die Geschwüre wurden mit Clips verschlossen und ich ließ mir hier auch eine Bluttransfusion geben.

Am nächsten Tag kam ich auf die normale Station, die Tür ging auf – Sonja, Bärbel, Miez und deren Tochter Motte, die hier im Krankenhaus als Schwester arbeitete, besuchten mich. Das war so überraschend und ich freute mich maßlos darüber. So überstand ich locker die Woche, die ich noch in der Klinik bleiben musste.

Ich fühlte mich danach noch etwas schwach, aber glücklich, wieder zu Hause zu sein und meinen Interessen nachgehen zu können. Mich mit meiner Tochter und meinen Freundinnen zu treffen, und vor allem auf meine schönsten Stunden mit Ali.

In der Uni gab es im Hörsaal einen Vortrag über Tumore, den ich unbedingt besuchen wollte. Außerdem begann in der Woche die Buchmesse in Leipzig mit ihren zahlreichen Lesungen. Da konnte keinesfalls Langeweile aufkommen. Leider konnte man zur selben Zeit immer nur eine Veranstaltung besuchen und verpasste dadurch andere, die man auch gern besucht hätte. Die große Kriminacht war bei mir immer Pflichtprogramm!

Donnerstag vor Ostern hatte ich eine Einladung ins Kino *Regina* bekommen, zur Premiere eines jugoslawischen Films, *Circle*. Das Thema dieses Streifens war der Bürgerkrieg auf dem Balkan und natürlich die Verhaltensweisen der betroffenen Menschen. Es war ein sehr ernster und sehr realistischer

Film, den ich sehr gut fand, zumal bei den geringen Mitteln, die dem Team zur Verfügung stand. Zusammen mit vielen anderen hatte ich als Statist mitgewirkt und so wurden wir alle bei Sekt und Häppchen zur Erstaufführung eingeladen.

Eine Frau, die seitlich vor mir saß, schaute ständig zu mir, und am Schluss sprach sie mich an und fragte, ob *Axel B.* ein Begriff für mich sei?! Sie war die ehemalige Kindergärtnerin von meinem Sohn, den sie als besonderes Kind in Erinnerung behalten hatte, und mich erkannte sie nach 45 Jahren wieder! Das fand ich toll und sehr bemerkenswert.

Der 3. Mai war für mich ein ganz besonderer Tag, mein Andy hatte mich vormittags mit seiner Freundin und seiner Oma Elke mit dem Auto abgeholt. Wir fuhren nach Halle zum *Hotel Merkur*. Dort hatte uns mein Enkel zum Kaffee eingeladen, da wir auf die »anderen« warteten. Andys Mutter Nadine, deren Schwester Yvonne mit Töchterchen Stine sowie Yvonnes Familie trafen ein. Das Wetter war schön, kein Regen, aber kühl. Andy und sein Stiefvater stiegen aufs Dach des circa 30 Meter hohen Hotels, von dem die beiden, zusammen mit anderen Leuten, am Seil befestigt mit Blick nach unten die Fassade herunterliefen! Mir wurde schon beim Hinsehen schwummrig, aber ich fand das ausgesprochen super!

Anschließend fuhren wir zusammen nach Freyburg und sahen uns die schöne kleine alte Stadt an. Yvonne hatte für uns eine Führung durch die ehrwürdige Rotkäppchen-Sektkellerei bestellt. Es war sehr interessant. Danach aßen wir in der ältesten Gastwirtschaft. Nach dem erlebnisreichen Ausflug kam die gesamte Sippe mit zu mir auf einen Drink und eine Käseplatte. Es waren zwei sehr nette und unterhaltsame Stunden zum Abschluss dieses schönen Tages.

Eine Woche später stand die nächste Party auf dem Plan, der 75. Geburtstag von Klaus. Bei dieser Gelegenheit traf ich auch meine Jüngste sowie Marc. Da Klaus und auch Giselas Familie sehr nette und angenehme Menschen sind, konnte es natürlich nur eine schöne, harmonische Feier werden.

Noch eine schöne Fete stand an, Sonjas Geburtstag. Wie jedes Jahr trafen sich alle sechs Kinder meiner Schwester, ihre Partner, teils deren Kinder und natürlich ich, die liebe Tante, in Naunhof zur großen Gartenparty. Es ist immer wieder schön, mich mit all meinen Nichten und Neffen zu unterhalten, zu essen und zu trinken. Familienfeiern können eben auch sehr harmonisch sein!

Jetzt hieß es wieder einmal Koffer packen. Dieses Mal fuhr ich mit dem Fernbus nach Köln und zurück. Die Fahrtkosten desselben kamen meinem Budget entgegen.

Axel hatte mich abgeholt und wir verbrachten einen netten Abend mit Cinzia und Niko. An dem folgenden Wochenende traf ich mich mit Margit und Manfred, zwei alten Schulfreunden aus Berlin. Sie hatten eine Reise nach Köln gebucht und ich machte sie mit der schönen Stadt sowie mit meinem Sohn bekannt. Da ich schon so oft hier war, kenne ich die Stadt fast wie meine Westentasche. Danach waren hier, zu meiner großen Freude, vier Tage Jazz Festival. Das Wetter meinte es besonders gut, es waren hier jeden Tag mindestens 30° C, aber in der Nacht vom 9./10. Juni war hier ein unglaubliches Unwetter in NRW, besonders in Düsseldorf, Essen und Köln. Am späten Abend des 9. tobte ein heftiges Gewitter. Plötzlich gab es einen unwahrscheinlich lauten Knall – Zweige und heftiger Regen klatschten ans Fenster. Es war stürmisch wie verrückt! Axel und ich beobachteten das Treiben, so etwas hatte ich noch nie erlebt! Es war faszinierend und beängstigend, es war förmlich die Hölle los. Vor Axels Wohnhaus ist eine ziemlich große Anlage mit vielen alten, großen Platanen. Der Sturm hatte unter lautem Krachen die kräftigen Bäume einfach gespalten und riesige Teile abgetrennt. Diese krachten auf die parkenden Autos und beschädigten sie gewaltig. Die Straßen und Wege lagen voller umgestürzter Bäume, Äste und Blätter und standen dabei zehn Zentimeter unter Wasser. Kurios fand ich, dass fast ein halber Baum kopfüber an der Oberleitung der Straßenbahn hing!

Am nächsten Morgen war der schöne schattige Platz total kahl. Ich musste mittags zur Bushaltestelle. Es war absolut chaotisch, keine Straßenbahn konnte fahren, die Autos auch nur auf einigen Straßen. Ich astete mein Gepäck zur nächsten freien Straße und rief ein Taxi an. In Anbetracht der Situation hatte ich wenig Hoffnung, meinen Bus zu erreichen, zumal die Dame an der Zentrale meinte, dass es länger dauern könne. Nicht zu fassen, nach wenigen Minuten, viel schneller als erwartet, kam ein Wagen und brachte mich mehr als pünktlich zur Bushaltestelle; aber niemand wusste, ob der Bus überhaupt fuhr, denn auch auf der Autobahn in NRW herrschte totaler Chaos. Glück gehabt, der Bus fuhr und brauchte nur eine Stunde länger als gewöhnlich.

Am letzten Sonntag im August war ich zum Schulanfang bei lieben netten Bekannten eingeladen. Die Feier fand im Garten statt. Auf dem Rasen stand eine riesenlange Tafel. Jede Menge Gäste waren gekommen. Am Abend traf ich Axels Ex-Schwiegermutter. Mit ihr wollte ich demnächst vier Tage nach Prag fahren. Es war für mich sehr interessant, da ich seit der Wende nicht wieder dort gewesen war. Zu Ost-Zeiten war ich recht oft in Prag und fand es immer sehr schön. Auch in der tschechischen Hauptstadt hatte sich vieles getan während der letzten zwanzig Jahre. So verbrachten wir beide ein paar schöne Tage in Prag.

Inzwischen war es September und ich musste wieder eine Wirtschaft für das nächste Klassentreffen bestellen. Dann musste ich alle alten Damen anrufen, was mich manchmal viel Zeit kostete. Aber es ist immer wieder schön, wenn wir unseren gemeinsamen Nachmittag und Abend plaudernd bei einem Gläschen verbringen.

Eine Busfahrt mit dem Sportverein nach Meißen stand noch an, mit einem Besuch in einem Weingut.

Na ja, ansonsten wieder Alltag mit Sport, Sauna, ab und zu ein Konzert- oder Kabarettbesuch sowie ein paar schöne Stunden mit Nicole und Marc oder mit meinen Freundinnen. Die schönsten Stunden sind nach wie vor die mit meinem Ali. Mit ihm bin ich sehr glücklich. Also rundum alles paletti! Aber fühlt man sich ein paar Tage zu wohl, passiert wieder etwas Unangenehmes. Ich war auf dem Weg zu meinem Hausarzt, rempelt mich doch ein alter, unaufmerksamer Mann einfach um! Ich fiel mit Schwung auf die Fahrbahn und hatte mir dabei ein Knie erheblich aufgeschlagen. Ständiges Kühlen war angesagt und später Physiotherapie. Es dauerte einige Wochen, bis ich wieder schmerzfrei war.

Am 30. November war der 1. Advent. Nicole hatte mich zum Nachmittag eingeladen. Drei Tage später feierte Kathi ihren Geburtstag, zu dem einige interessante Gäste geladen waren.

Zahnarzttermin – meine gebrochene Brücke sollte baldigst entfernt werden. Der Kostenvoranschlag für eine neue hat mich mächtig erschrocken! Nicht bezahlbar bei meiner Rente. Also musste es erst mal so bleiben, das Teil war zwar gebrochen, aber es hielt noch fest. Nach Weihnachten wollte ich weitersehen. Ich hatte wieder einmal zwei Bewerbungen geschrieben, aber wenig Hoffnung.

Am 18.12. fuhr ich dann wieder nach Köln. Die Wiedersehensfreude mit Axel, Niko und Cinzia und vielen Freunden war wie immer groß. Wir besuchten gemeinsam den Weihnachtsmarkt und fuhren mit dem Riesenrad nahe der Rheinpromenade. Es war toll, von so weit oben den bunten, beleuchteten Weihnachtsmarkt, den Rhein, die Brücken und die City zu sehen. Zum Heiligabend waren wir bei Cinzias Mutter in Neuss eingeladen. Da lernten wir Cinzias große italienische Familie kennen: ihre Mutter mit ihrem Partner, ihre beiden Brüder mit Familien, ihre Großmutter sowie Cousine und Tante mit Angehörigen. Alles sehr liebenswerte Menschen und ein ganz süßes kleines Mädchen, die Tochter von Cinzias Cousine. Sie kam gleich zu mir auf den Schoß und spielte mit mir. Reizend, die Kleine, ich hätte sie am liebsten mitgenommen.

Am 1. Weihnachtsfeiertag hat mein ehemaliger Schwiegersohn uns vier eingeladen, bekocht und fürstlich bewirtet. Den zweiten Feiertag verbrachten Axel und ich mit dem »harten Kern« des Karnevalsvereins in deren Stammkneipe in der City. Anschließend waren wir noch in ein paar anderen interessanten Kneipen mit Vicky und Dieter. Dabei fing ich mir eine Erkältung ein.

Die Silvesterparty fand bei meinem Sohn statt. Er hatte ein köstliches Menü gezaubert. Wir waren zwölf Leute, weshalb Axel seine Möbel umgestellt hatte, damit wir genügend Platz hatten. Alles war toll und wir amüsierten uns alle super. Das Einzige, das mich störte, war die Qualmerei. Morgens gegen 5 Uhr gab es einen unverschämt lauten Knall – ein Gast war mit seinem Barhocker auf Axels tollen Couchtisch gestürzt. Die dicke Glasplatte zersplittert, das Gestell – ein italienisches Kunstwerk aus Marmorgips in Form eines römischen Streitwagens mit zwei Pferden und einem Legionär – in tausend Stücke! Axel war in diesem Augenblick gerade auf der Toilette – ich dachte, er würde explodieren! Aber nein: Er fragte, ob jemand zu Schaden gekommen sei. Eine Dame sammelte alle Teile und Teilchen zusammen und Axel baute einige Wochen später den Tisch wieder auf, und zwar ohne sichtbare Spuren. Ein absolutes Meisterwerk, ich konnte es kaum fassen. Er ist ein künstlerisch und handwerklich sehr begabter Mensch.

Wieder zu Hause, wir schreiben das Jahr 2015. Mein Gott, dabei war doch erst kürzlich die Jahrhundertwende?!
Einerseits ist es Wahnsinn, wie schnell die Zeit vergeht, an-

dererseits bin ich froh und glücklich, dass ich wieder ein Jahr gelebt habe! Es ist leider nicht alltäglich, dass man mit Nierenkrebs und vielen bösartigen Metastasen und mit allen daraus entstandenen Beeinträchtigungen und Krankheiten sich noch so viele Jahre seines Lebens freuen kann.

XVI.

Da meine Erkältung noch nicht abgeklungen war und ich deshalb weder zum Sport noch in die Sauna gehen konnte, beschäftigte ich mich mit meiner persönlichen Buchhaltung und mit den Kostenvoranschlägen der Zahnärzte. Ich hatte das komische Gefühl, in der Endsumme sei mein Geburtsdatum mit enthalten. Absolut nicht bezahlbar für mich! Also setzte ich mich an den PC und schaute mir die Angebote von Zahnarztpraxen in Budapest genauer an. Auf den ersten Blick schon viel interessanter!

Meine vierteljährliche radiologische Untersuchung stand wieder an – CT in Ordnung! Gott sei Dank, tief durchatmen und wieder ¼ Jahr sorglos leben!

Nun musste ich mich intensiv um ein Zahnimplantat und eine neue Brücke kümmern. Ich hatte mich für ein Schnupperangebot entschieden; zwei Tage nach Budapest mit Besichtigung der Zahnklinik. Da ich schon einige Jahre nicht mehr dort gewesen war, freute ich mich darauf, die wunderschöne Stadt endlich wieder einmal zu besuchen. Am Donnerstag, den 29.01.2015, ging es los, morgens um 8.45 Uhr mit dem Linienbus nach Berlin Südkreuz, von da mit der S-Bahn nach Schönefeld, vom Bahnhof Schönefeld zum Airport laufen, ohne Schirm bei starkem Regen. Das Flughafenterminal – eine riesige Halle voller Menschen. Wahnsinn! An eine der endlosen Schlangen zur Gepäckkontrolle (kleines Köfferchen, Kabinengepäck) musste ich mich anstellen. Irgendwann stand eine Maschine bereit und wir Passagiere mussten zu dieser laufen, laufen! Eben Billigflieger. Im Flieger konnte ich endlich sitzen. Es war für mich unheimlich anstrengend, das viele Laufen und Stehen. Flugzeit 115 Minuten. Ich schaute aus dem Fenster und traute meinen Augen nicht. Alles weiß, war ich in die falsche Maschine Richtung Nordpol gestiegen? Gegen 16 Uhr landeten wir in Budapest. Wieder laufen, gefühlte zehn Kilometer – endlos durch fünfzehn Zentimeter hohen Schneematsch! Scheiße, meine eleganten Wildlederschuhe! Solches Wetter hatte ich nicht erwartet, in Budapest schneit es eigentlich sehr selten. Endlich wieder eine Halle erreicht, wieder vollgestopft mit Menschen. Am Ausgang sah ich einen Mann mit einem Schild – HELGA HEUSCHKEL – wieder laufen, über einen riesigen Parkplatz. Allerdings muss ich zugeben, die Organisation der Reise durch die Zahnklinik klappte einwandfrei. Taxis standen bereit zum Abholen der Patienten vom Flughafen oder Bahnhof sowie vom Hotel zur Zahnklinik und zurück.

Von der Reise war ich ziemlich gestresst, außerdem hatte ich kaum etwas gegessen. Vom Airport ging es direkt in die Zahnklinik (circa eine Stunde Fahrzeit). Diese befand sich in einem schönen, alten und großen Jugendstilhaus in der Andrassy. Der Hausflur war noch halb verwahrlost, halb Baustelle. Die Praxisräume in der ersten Etage – alles ganz toll, hell, sauber und sehr modern. Das Personal jung, schön, nett und alle sprachen einwandfrei deutsch. In dem Toilettenraum befanden sich Gästezahnbürsten, sodass einer Untersuchung nichts im Wege stand. Danach zum Röntgen und zum Gespräch mit einem jungen Doktor. Im Anschluss bekam ich zwei unterschiedliche Angebote ausgehändigt. Dann wartete ich mit zwei weiteren Patienten, einem Schweizer und einem Bayern, auf das Taxi, das uns gemeinsam zum Hotel brachte. Das Hotel befand sich auf dem Burgberg. Es war eine wunderschöne Fahrt über die tolle Donaubrücke durch die märchenhaft verschneiten Budaer Berge. Die beiden Herren luden mich zu einem abendlichen Stadtbummel und zum Essen ein, was ich leider abschlagen musste. Meine Schuhe waren völlig durchnässt und ich hatte nur Badelatschen dabei. So blieb ich im Hotel, stopfte meine Schuhe mit Toilettenpapier aus und stellte sie unter die Heizung.

Das Hotelrestaurant war ein sehr schönes italienisches Ristorante, wo ich mir ein sehr gutes Essen und einen ausgezeichneten Rotwein zum Abschluss des Tages gönnte. Es war eine sehr angenehme Atmosphäre mit sehr zuvorkommenden Obern. Mir wurde schon bang, als ich an die Rechnung dachte, aber diese war nur halb so hoch wie eine vergleichbare in Deutschland – 15 €.

Da ich ziemlich müde war, legte ich mich schon gegen 23 Uhr schlafen. Um 2 Uhr war ich wieder putzmunter! Hab an dieses und jenes gedacht, gerechnet und schließlich aus dem Fenster geschaut. Gegen 6 Uhr bin ich endlich wieder eingeschlafen. Wache auf – 9.08 Uhr – fast das Frühstück verpennt. Ich bin schnell aus dem Bett gesprungen, Zähne geputzt, gewaschen, geschminkt und schließlich als Letzte am Frühstücksbuffet. Danach schnell Klamotten gepackt und ausgecheckt. Um 14 Uhr sollte das Taxi zum Flughafen kommen, sodass ich noch einen Spaziergang bei Nieselregen unternehmen konnte und in der Lobby einen Espresso trinken. Die Rückreise verlief ähnlich wie die Anreise und ich war 23 Uhr wieder zu Hause.

Am Wochenende hatte ich die Angebote genau unter die Lupe genommen, gerechnet und verglichen. Für das günstigere Angebot mit nur einem Implantat hatte ich mich entschieden und unterschrieben zur Post gebracht.

In der Zeitung las ich ein Stellenangebot im Zoo-Shop, zu dem Interessenten am kommenden Samstag ins Einstellungsbüro gebeten wurden. Als ich dort ankam, waren etwa 200 Leute da, die alle ihre Bewerbungsunterlagen abgegeben hatten und auf ein Gespräch warteten. Wahnsinn! Auch ich hatte meine Unterlagen abgegeben und bis zum Gespräch circa zwei Stunden Zeit, in denen ich bei herrlichem Sonnenschein einen Zoo-Spaziergang unternahm.

Ende Februar kam ein Anruf aus Budapest, der Termin für die Behandlung, der 12. April. Klasse, da war bestimmt schönes Wetter in Ungarn. Ich freute mich, dass endlich mein Gebiss wieder vollkommen in Ordnung kommt, und natürlich auch auf die Tage in Budapest. Allerdings war wieder solch eine anstrengende Flugreise gebucht wie im Januar. Sonntags, frühmorgens ging's los. Dieses Mal fuhr ich mit der Bahn nach Schönefeld. Die Organisation klappte wieder hervorragend, Taxi am Flughafen zum Hotel. Dort checkte ich ein und erhielt den Ablaufplan der Behandlung. Am Sonntagnachmittag machte ich noch einen Spaziergang zur Fischerbastei und Umgebung, wieder bei herrlichen Sonnenschein. Am Montag hatte ich um 14 Uhr den ersten Zahnarzttermin, bei dem eine CT-Aufnahme vom Kopf gemacht wurde und weitere Vorbereitungen zur OP, die am nächsten Nachmittag stattfinden sollte. Danach fuhr ich nicht mit dem obligatorischen Taxi ins Hotel zurück, sondern mit der Metro zum *Vörösmarty tér* und bummelte die *Váci utca* entlang, wobei ich an vergangene schöne Zeiten denken musste. Zum Abschluss kehrte ich im *Hard-Rock-Café* ein, wo ich bei toller Musik fürstlich speiste.

Die Behandlung war für 16 Uhr geplant, sodass ich wieder Zeit für einen ausgedehnten Spaziergang hatte. Dieses Mal stand ein Besuch des Millenium-Parks auf dem Plan. Dort aß ich auch zu Mittag und telefonierte ausgiebig mit Axel – ich fühlte mich pudelwohl und glücklich. Dann, um Punkt 4 Uhr, begann die Quälerei – der Kieferknochen musste aufgebaut werden. Tausend kleine Löcher wurden in meinen Kiefer gebohrt und mit Sinus-Lift gefüllt, anschließend genäht, genäht, genäht. Das Kiefergelenk tat mir weh, ich konnte kaum noch den Mund offen halten. Aber irgendwann war es vorbei und ich sah aus, als hätte ich mich mit einem Boxer angelegt; ungefähr wie der Glöckner von Notre Dame.

Als ich wieder im Hotel ankam, legte ich mich hin und kühlte den Kiefer. Die nette junge Dame von der Rezeption hatte mir aus dem Restaurant eine Menge Eiswürfel besorgt. Später, nachdem der Hunger sich bemerkbar machte, ging ich, trotz meines bunten, geschwollenen Gesichts, ins Restaurant. Die mitleidigen Blicke des Personals trafen empfindlich meinen Stolz. Aber der sehr nette Ober ließ für mich ein Menü für »Zahnlose« zubereiten, gewissermaßen vorgekaut.

Am nächsten Tag musste ich um 13 Uhr zur Kontrolle zum Zahnarzt – alles O. K., die dicke Backe und die Hämatome seien normal nach solch einer Prozedur. Wieder mit dem Taxi ins Hotel – kühlen! Am Donnerstag ging es wieder nach Hause. Die Unterblutungen hielten noch einige Tage an, aber es war immer wieder schön, wenn der Schmerz nachließ!

Damit ich mich nicht zu wohl fühlte, musste ich gegen Ende des Monats zu einer ambulanten OP, einer Abrasion. Es war zwar harmlos, aber unangenehm. Ich brauchte jemanden, der mich nach der Behandlung abholte und die Nacht über zur Sicherheit bei mir blieb. Meine liebe Nichte Barbara erklärte sich dazu bereit und wir machten uns zwei gemütliche Tage.

Da inzwischen schönes Frühsommerwetter vorherrschte, ging es wieder öfter in Biergärten und Parkanlagen. Zu Himmelfahrt war es wieder kühl und stürmisch, also blieb ich zu Hause und schnitt mir ein Kleid zu. Früher hatte ich fast alle Sachen für meine Kinder und mich geschneidert; aber ganz abgewöhnen konnte ich mir die Näherei nie.

So hatte ich mir wieder einmal Stoffe gekauft und wollte mir ein paar Kleider nähen, denen ich mit Sicherheit nicht noch mal auf der Straße begegnen würde.

Im Mai standen auch wieder einige Geburtstagsfeten an, und zwar von Klaus, Marc und Sonja. Zu meinem diesjährigen Geburtstag hatten sich bereits Gäste aus Köln angekündigt, Axel, Cinzia und Niko wollten nach Dresden kommen. Darüber freute ich mich sehr. Da mein Geburtstag auf einen Sonntag fiel und die drei montags wieder zur Arbeit mussten, sollte die Feier schon vorher, am Samstag, stattfinden. Wir feierten gewissermaßen rein.

Die Fete begann um 19 Uhr. Da Superwetter herrschte, fand sie auf dem Balkon statt. Wir waren insgesamt 14 Personen; wir saßen bis in die frühen Morgenstunden draußen, aßen, tranken, lachten und unterhielten uns. Ich fürchtete schon, dass mein Vermieter mir wegen nächtlicher Ruhestörung die Wohnung kündigen würde.

Der »Westbesuch« musste um 11 Uhr losfahren. Die Gelegenheit ließ ich mir nicht entgehen und fuhr mit meinen Lieben für ein paar Tage mit nach Köln.

Da Axel in der folgenden Woche in Duisburg arbeiten musste, kam er natürlich jeden Abend nach Hause. So konnte ich viel Zeit mit meinem Sohn verbringen. Am Freitag um 12 Uhr fuhren wir mit der Narrenzunft übers Wochenende nach Karlsruhe. Da ich sehr oft in Köln war und Axel mich immer und überall mitnahm, betrachteten mich dort alle als dazugehörig. Es war eine sehr nette Truppe und ich fühlte mich unter ihnen immer sehr wohl. Ein Karlsruher Verein hatte zum Sommerfest eingeladen. Es waren sehr erlebnisreiche, schöne Tage. Unter anderem hatten wir den Karlsruher Zoo besucht, bei brütender Hitze. Ansonsten wurde natürlich jeden Abend gefeiert und getrunken, bei Superstimmung!

Wieder zurück in Köln, musste Axel die folgende Woche in Baden Württemberg arbeiten. Ich hatte mich während der Zeit mit meiner zweiten Ex-Schwiegertochter getroffen und die meiste Zeit mit Cinzia und Niko verbracht. Am Abend vor meiner Heimreise hatten mich die beiden zum Abendessen eingeladen – mein Enkel Ici und dessen Freundin kamen auch. Darüber hatte ich mich sehr gefreut, Ici hatte ich ungefähr drei Jahre nicht gesehen.

Wieder in Dresden, standen turnusmäßige radiologische und nuklearmedizinische Untersuchungen an. Nach circa zehn Tagen bekam ich das Ergebnis – O. K. Toll, wieder ein

Vierteljahr sorglos leben können! Mich meiner jüngsten Tochter, Freundinnen und Freunden treffen, durch die City oder den Park bummeln, Konzerte oder Kino besuchen. Erfreulich!

Am 20.09. stand die nächste und vorläufig letzte Reise nach Budapest an. Dieses Mal wollte ich mir die Strapazen mit dem Billigflieger sparen und lieber mit dem Zug fahren. Dazu kam, dass die Strecke von Dresden durch die Tschechei und Slowakei landschaftlich sehr schön ist. Auch das Wetter war fantastisch. Leider war in Dresden ein Zug ausgefallen, sodass ich erst um 23.30 Uhr, zwei Stunden später als geplant, in Budapest – Keleti Pu ankam.

Montag früh um acht Uhr saß ich pünktlich in der Zahnklinik. Der Zahnarzt zog mir zuerst den hintersten Backenzahn – kein sehr angenehmes Gefühl, aber nichts im Vergleich mit dem letzten Mal. Danach ging es wieder mit dem obligatorischen Taxi zum Hotel. Drei bis vier Stunden ruhte ich mich aus und kühlte meine Backe. Vor dem Abendessen im Hotelrestaurant machte ich einen ausgedehnten Spaziergang auf dem Burgberg. Am Dienstag hatte ich keinen Termin, so fuhr ich nach einem ausgedehnten Frühstück mit der Metro zum Zoo. Der nächste Zahnarzttermin war am Mittwoch um 11 Uhr, wobei die Brücke angepasst wurde. Anschließend unternahm ich einen längeren City-Bummel. Am Donnerstag musste ich um 14.30 Uhr wieder zum Zahnarzt, es stand eine Stunde Behandlung an, dann konnte ich zwei Stunden spazieren gehen und schließlich wurde das Werk vollendet. Brücke eingepasst – hervorragend, Rechnung bar bezahlt und das war's! Anschließend fuhr ich noch einmal zum *Hard-Rock-Café* und speiste dort fürstlich. Als krönenden Abschluss meiner Budapest-Reise hatte ich am Abend eine Schifffahrt auf der Donau unternommen. Es war sehr schön, die tolle Stadt bei Nacht vom Fluss aus zu betrachten. Am nächsten Tag ging es wieder nach Hause. Die zahnmedizinische Behandlung fand ich super und rein optisch sah die neue Brücke wesentlich besser aus als die in Dresden gefertigte. Ich war sehr zufrieden, besonders wegen des Preises, der einschließlich der Reise- und Hotelkosten etwa 50 % der Preise in Deutschland betrug.

Anfang Dezember war der nächste CT-Termin, leider war das Ergebnis nicht sehr positiv – eine Metastase in der rechten Lunge. Belastend! Diesen Krebs würde ich nie loswerden.

XVII.

Am 10. Januar 2016 bin ich nach meinem erlebnisreichen, schönen Aufenthalt in Köln wieder zu Hause angekommen. Es ist immer schön und voller Erwartungen zu verreisen, aber nach Hause zurückkehren ist auch immer wieder schön. Alle geliebten Menschen wiederzusehen, wieder mit Freunden treffen; aber auch wieder die obligatorischen Arztbesuche und Untersuchungen.

Mitte März fand wie jedes Jahr die Leipziger Buchmesse statt mit all den zahlreichen Lesungen in der City und den vielen tollen Veranstaltungen. Wie fast jedes Jahr fuhr ich hin, um die interessanten Lesungen zu besuchen. Eine Woche später wurde es wieder ernst, Uni-Klinik stand auf meinem Programm. Ich hatte seit Längeren eine Metastase in der Lunge, die sich über viele Monate nicht verändert hatte, jetzt war sie gewachsen! Scheißkrebs – es hörte nie auf!! Etwas musste jetzt unternommen werden. Ich hatte meiner Ärztin gesagt, dass eine OP für mich nicht mehr in Frage komme. Schließlich hatte ich zahlreiche schwere OP's über mich ergehen lassen. Zu einer medikamentösen Behandlung, die das Wachstum der bösartigen Zellen einschränken soll, hatte ich auch keine positive Meinung. Die Nebenwirkungen dieser Medikamente sind so erheblich, dass die Lebensqualität dadurch wesentlich schlechter wird. Aber inzwischen hatte die Forschung neue Methoden entwickelt. Da ich mich schon seit Jahren über alles, was den Nierenkrebs und die ebenfalls bösartigen Metastasen betrifft sachkundig gemacht hatte, interessierte ich mich für eine neue Art der Behandlung. Mit meiner Frau Doktor, die ich sehr schätze, sprach ich über diese Möglichkeit. Hierbei handelt es sich um die Ablation, das heißt in dem Fall Verschmoren des Tumors, die nicht vom Chirurgen, sondern vom Radiologen durchgeführt wird. Sie hatte mit den entsprechenden Ärzten über meine Lungenmetastase gesprochen und so bekam ich kurzfristig einen Termin zur Radiofrequenz-Ablation – RFA.

Man liegt in dem CT oder MRT und bekommt eine Narkose. Der Radiologe sticht mit einer sogenannten Ablationsnadel in Richtung Tumor durch die Haut, die Muskeln und anderes Gewebe. Wenn die Nadel zu der Metastase vorgedrungen ist, werden mit Hilfe von Strom Radiofrequenz- oder Mikrowellen freigesetzt und verschmoren das Tumorgewebe. Einfach genial! Keine OP-Narben, nur ein winziger Einstich; kein wochenlanger Krankenhausaufenthalt, maximal zwei Tage, keine Schmerzen oder Nachbehandlungen. Ich war total begeistert und fühlte mich ausgesprochen glücklich, auf so wundersame Weise von dem gefährlichen Tumor befreit worden zu sein.

Die technische Entwicklung in der Medizin ist ganz einfach genial!

Bis zum nächsten CT-Termin in drei Monaten konnte ich wieder mein Leben sorglos genießen. Meinen Diabetes, auch wenn mir hin und wieder eine mächtige Unterzuckerung sehr zu schaffen machte, sah ich es eher als eine unangenehme Begleiterscheinung, nicht als Krankheit. Ebenso andere »Kleinigkeiten« wie mein zu hoher Blutdruck, Knieschmerzen oder Darmprobleme.

Am Samstag, den 22.04., war ich in der City unterwegs, als ich einen Anruf auf meinem Handy bekam – ich sollte bei einem Filmdreh wieder einmal als Statist mitwirken. Einzelheiten dazu bekam ich per E-Mail. Es handelte sich um einen Episodenfilm, der Drehort war für mich eine Straßenbahnhaltestelle in der Innenstadt. Ich bekam eine Kunstpelzjacke – Leodesign – an und war gewissermaßen die Kulisse für den bekannten

Schauspieler, der an der Straßenbahn hin und her lief und auf irgendwen wartete. Den Film habe ich nie gesehen, aber es waren ein paar interessante Stunden, und ein paar »Pfennige« bekam ich schließlich auch.

Mein in die Jahre gekommener Computer, einschließlich Drucker, verweigerte mir den Dienst. Er musste weg, ein neuer musste her. So begab ich mich auf die Suche zu Saturn, Media Markt und Conrad – schließlich ins Internet. Ich entschied mich für ein stationäres Gerät, für ein All-in-One. Dieser besaß natürlich ein wesentlich moderneres Betriebssystem, Windows 10 statt des alten XP. Ein Unterschied wie Tag und Nacht! Allerdings erforderte das eine ganze Menge Geduld. Der Unterschied zwischen dem alten und dem neuen Windows war gravierend. Es dauerte eine ganze Weile, bis ich mich daran gewöhnt hatte. Das Betriebssystem sowie auch der Computer waren natürlich wesentlich komfortabler. Ganz ohne PC geht es heutzutage überhaupt nicht mehr!

Am Donnerstag, den 26.5., hatte ich einen Termin beim Hausarzt. Danach war ich in der Apotheke und in der City einkaufen. Ich fuhr nach Hause, stieg aus der Straßenbahn, hatte in jeder Hand Taschen und Beutel. Plötzlich klingelte mein Handy, für das ich leider keine freie Hand hatte. Ich dachte, es sei Kathi, und ich wollte sie gleich von zu Hause zurückrufen. Drei Minuten später bog ich um die letzte Ecke, sah von meinem Haus vis-à-vis eine Frau – das war doch meine Nichte Barbara?! Ich war etwas verwundert, zumal ich merkte, dass sie recht aufgeregt war.

»Da bist du ja, wo kommst du denn her? Wir hatten schon Angst, dass dir etwas passiert sei! Du bist nicht ans Telefon gegangen, nicht ans Handy und Sonja hatte sich auch schon gewundert, dass du sie gestern nicht angerufen hattest, was du sonst immer getan hast an ihrem Geburtstag. Ich war mit Thomas auf dem Weg in den Garten und so sind wir umgekehrt, um nach dir zu sehen!«

Da kam Thomas, ein Freund von Bärbel, vom Baugerüst gestiegen, das zurzeit vor meinem Haus stand; er war auf meinen Balkon gestiegen, um durchs Fenster zu sehen, ob ich auf dem Fußboden lag oder so in der Art. Ich war völlig platt! Bärbel und Thomas waren sichtlich erleichtert, mich froh und munter zu sehen. Ich sagte, dass ich Sonja am Vortag telefonisch nicht erreicht und gedacht hatte, ich sähe sie ja sowieso zwei Tage später zum Gratulieren. Die beiden fuhren erleichtert in ihren Garten und ich rief Sonja an. Ich war erstaunt und erfreut darüber, dass es liebe Menschen gibt, die sich um mich sorgen. Meine engsten Angehörigen würden vermutlich erst nach Wochen merken, dass ich nicht erreichbar war!

Die nächsten Höhepunkte familiärer Art waren die Silberhochzeit meiner jüngsten Nichte Constanze und Andie sowie ein paar Wochen später die Hochzeit ihrer Tochter Stefanie mit ihrem Sebastian. Beide Feten fanden in der Gaststätte eines größeren Gartenvereins im äußeren Westen Dresdens statt. Es waren zwei sehr harmonische, schöne Feste mit jeweils sehr vielen Gästen, bei herrlichem Sommerwetter.

Im Juli waren auch wieder radiologische Untersuchungen fällig – wieder eine kleine, circa drei Millimeter große Metastase in der rechten Lunge! So eine große Scheiße! Etwas anderes kann man dazu nicht sagen. Schon wieder nagte der Krebs an meinem Körper! Es war manchmal zum Verzweifeln! Es war alles andere als ein schönes Geschenk zu meinem bevorstehenden Geburtstag.

Mit meiner behandelnden Ärztin war ich übereingekommen, die neue Metastase vorerst nur zu beobachten. Dazu kam ein suspekter Befund in der Leber. Frau Doktor schickte mich zu spezialisierten Kollegen in der Inneren, aber keiner konnte mit Bestimmtheit sagen, ob es nun eine Lebermetastase war oder nicht.

»Mein Gefühl sagt mir, dass es keine ist«, sagte ich zu ihr, und so sollte dieses suspekte Ding auch erst beobachtet werden.

Der Alltag ging weiter, Treffen mit meinen Freundinnen und Freunden, Aquajogging und Sauna. Die schönsten Stunden erlebte ich wie immer mit meinem tollen Lover. Wenn nichts Besonderes anlag, konnte ich meinem Hobby Lesen frönen. Ich lese leidenschaftlich gern, am liebsten Krimis. Meine Bibliothek wird ständig umfangreicher, obwohl meine Nicole mich von einem Tolido überzeugen wollte. Beim Lesen bin und bleibe ich altmodisch, ich liebe Bücher zum Umblättern aus Papier.

Trotz aller Handicaps fühlte ich mich sehr wohl und glücklich, bis auf meine Kniearthrose, die mich wieder einmal piesackte. In einer Zeitung stieß ich auf eine Anzeige von einer Nuklearmedizinischen Praxis, die eine sehr Erfolg versprechende Methode, die Radiosynoviorthese – RSO – zur Heilung von Gelenkproblemen anbot. Ich hatte mich sachkundig gemacht und fand es ganz toll. Dabei wird eine radioaktive Flüssigkeit ins Gelenk gespritzt, die nach einer bestimmten Einwirkungszeit die entzündenden Zellen abtötet. Das Positive für mich: Die Krankenkasse bezahlt diese Behandlung. Mein damaliger Hausarzt machte mir allerdings einen Strich durch die Rechnung und verweigerte mir die dazu notwendige Überweisung. Dafür schickte er mich zu einem sehr guten Physiotherapeuten und einer guten Orthopädin. Wenn alles nicht mehr helfe, könne ich ja immer noch zu einer RSO gehen. Na ja, Knieschmerzen waren zwar nicht gerade angenehm, aber es war noch niemand daran gestorben. Also mein kleinster Kummer!

Die nächste radiologische Kontrolle Mitte Oktober fiel leider sehr schlecht aus. Frau Doktor machte schon ein sehr besorgtes Gesicht, als ich ins Sprechzimmer kam. Sie zeigte mir am Computer die Aufnahme der Niere – Befund war ein kleiner

Tumor! Mist, damit hatte ich nicht gerechnet. Sie fand es sehr beunruhigend, schließlich hatte ich nur noch eine Niere; und wenn ich nicht damit leben möchte, könne sie mir den Tumor gleich operativ entfernen. Allerdings ginge es nicht minimalinvasiv, wegen Verwachsungen von den vielen OP's in meinem Bauchraum. Wamm!! Ich fühlte mich wie betäubt, beschissen, verlassen und konnte zunächst mit niemand darüber reden. Einen total leeren Kopf hatte ich und ich wollte erst mal darüber schlafen.

Am nächsten Tag stand ich immer noch neben mir und bekam am Nachmittag einen Heulanfall. Das erste Mal, so etwas hatte ich noch nie gehabt.

Ich hatte einen Termin bei der mir empfohlenen Orthopädin. Ich saß im Wartezimmer und bekam plötzlich starke Schmerzen im Unterbauch. Ich ging zur Toilette und merkte, dass Blut im Stuhl war. ›Es wird sicher wieder weggehen‹, dachte ich. Aber in der Nacht wurde die Blutung stärker und gegen Morgen bekam ich dazu Übelkeit und sah plötzlich Sternchen vor den Augen flimmern. Also rief ich die Notarztnummer 116117 an und schilderte meine Beschwerden.

»Da kann ich Ihnen nicht helfen, rufen Sie sofort bitte die 112 an, Sie müssen im Krankenhaus behandelt werden.«

Innerhalb weniger Minuten war ein Krankenwagen da und man versuchte vergebens, mir einen Venenzugang zu legen. So fuhren sie schnell in die Notaufnahme der Uni-Klinik, wo ich stundenlang auf der Notfallstation lag. Gegen Mittag ging's zur Endoskopie, wo mir Clips durch die Magensonde eingesetzt wurden. Tierquälerei! Wieder auf die Notfallstation, ein paar Stunden später ging es endlich auf die normale Pflegestation. Endlich bekam ich einen Schluck Wasser.

Später rief ich meine Tochter Nicole an, sie sollte mir Klamotten von zu Hause herbringen, ich durfte ja nur die Krankenversicherungskarte, die Schlüssel und das Handy mitnehmen. Sie sagte, dass sie selbst krank sei, so brachte mein Ex

Klaus mir die benötigten Sachen. Am nächsten Morgen bekam ich kein Frühstück, ich musste wieder zur Endoskopie. Wieder die Prozedur, aber diesmal mit Narkose. Gott sei Dank! Abends bekam ich dann einen Becher kalte Suppe und etwas Wasser.

Meine Freundinnen Kathi und Martina besuchten mich an diesem Tag. Bärbel kam am folgenden Mittwoch zu Besuch in die Klinik. Am Donnerstag, den 3. November, hatte ich Klassentreffen, wo ich unbedingt hingehen wollte. Ich hatte mit dem Stationsarzt darüber gesprochen, er meinte, ich solle am Mittwoch gegen Abend mit einem Taxi nach Hause fahren, mir Sachen bereitlegen und die Haare waschen. Falls die nächste Blutuntersuchung positiv ausfalle, könne ich ohnehin am Donnerstag nach Hause; falls nicht, könne ich zum Klassentreffen gehen und anschließend wieder ins Krankenhaus kommen.

Das Ergebnis war okay, ich wurde 14.3o Uhr entlassen! Zwar war ich noch etwas wackelig auf den Beinen, aber zum Klassentreffen konnte ich gehen. Kathi fuhr mich hin und eine Schulfreundin wieder nach Hause. Auf Sauna und Sport musste ich noch verzichten, weil ich noch ziemlich schwach war.

Am 1. Dezember musste ich zur Nachuntersuchung, das heißt in dem Fall zur Endoskopie. Ein Graus!

Am Samstag, den 3. Dezember, fand die Geburtstagsfeier meiner Freundin Kathi statt. Es war ihr 75. und dementsprechend hatte sie zahlreiche Gäste eingeladen. Unter anderen ihre Tochter Anja, mit der ich mich sehr nett vor allem über medizinische Probleme unterhielt – sie ist Radiologin. Außerdem hatte ich mich mit Kathis alter Schulfreundin, die ich bisher nur flüchtig kannte, näher bekannt gemacht, da wir gemeinsam auf Reisen gehen wollten.

Am folgenden Tag kam abends mein Ali mit seinem Freund M. mich besuchen. Er war übrigens der Einzige, der über unsere Beziehung Bescheid wusste. Wir tranken zusammen Kaffee und unterhielten uns sehr nett.

XVIII.

Eines schönen Tages fand ich ein günstiges Reiseangebot in meiner Post – Rundreise Zypern, Anfang Dezember ohne Saisonzuschlag! Das könnte mir gefallen. Da fiel mir ein, dass meine Freundin Kathi vor einiger Zeit dort gelebt hatte. So rief ich sie an und fragte, wie denn zu dieser Zeit das Wetter in Zypern sei. Sie meinte, recht angenehm, und wollte wissen, wieso mich das interessierte. So erzählte ich ihr von dem Angebot und dass es mich reizen würde.

»Ja das würde mich auch reizen, ich war schon einige Jahre nicht mehr dort.«

Wir beschlossen, die Reise zusammen zu unternehmen. Nach ein paar Tagen füllte ich das Anmeldeformular aus und rief sie an, weil mir noch eine persönliche Angabe von ihr fehlte.

»Ach, lass mich die Anmeldung vornehmen, ich würde gern noch meine Tochter und meinen Enkel mitnehmen. Es ist ja echt preiswert und die beiden haben auch so wenig Geld.«

›Auch gut‹, dachte ich und ließ sie die Formalitäten erledigen.

Zwei Tage später sagte sie mir, dass sie uns angemeldet habe, aber ihr Enkel wolle nicht mit. An dessen Stelle würde eine Freundin ihrer Tochter mitfahren. Auch gut. Wenige Tage vor der Abreise rief sie mich wieder an, die Freundin sei abgesprungen, ob ich nicht jemanden hätte, der mitfahren würde. Ich meinte, dass ich das nicht so auf Anhieb sagen könne, glaube aber, so kurzfristig eher nicht. Trotzdem wollte ich Bärbel und meine Freundin Martina fragen. Kurz darauf rief sie wieder an und sagte, dass zwei Tage vor ihrer bevorstehenden

Geburtstagsfeier ohnehin eine alte Schulfreundin zu ihr käme, die gern mitfahren wolle. Von mir aus, aber ich hätte lieber Kathi nichts sagen sollen und allein reisen. Auf der Fete hatte ich mich mit dieser Freundin näher bekannt machen können, da ich sie bisher nur sehr flüchtig gekannt hatte. Kathi teilte auch gleich die Zimmerbesetzung ein, sie würde sich mit ihrer Tochter zusammen ein Zimmer nehmen und mir würde es wohl nichts ausmachen, mit ihrer Freundin ein Zimmer zu teilen. Zunächst hatte ich keine Einwände, obwohl ich davon ausgegangen war, mit Kathi zusammen ein Zimmer zu nehmen. Da konnte ich auch noch nicht ahnen, was auf mich zukommen würde.

Am 6. Dezember ging's los. Die drei Damen holten mich mit Kathis Wagen ab. Sie bewunderten meinen schicken Koffer, den ich von meinem Axel zum Geburtstag geschenkt bekommen hatte. Wir checkten ein und flogen zunächst nach Antalya, dann nach längerem Warten weiter nach Ercan. Dort mussten wir in eine große Abfertigungshalle zur Zollkontrolle. Puh, es roch hier irgendwie nach Fäkalien! Wer weiß? Massenabfertigung, Gedränge. Dann suchte jeder nach seinem bereitstehenden Bus. Später, beim Aussteigen, war wieder dieser penetrante Gestank wahrzunehmen, unmittelbar vor mir! Das konnte doch wohl nicht sein. Vor mir ging Kathis Freundin, meine Zimmergenossin! Mit ihr sollte ich das Quartier teilen, das in der ersten Unterkunft aus kleinen Villen mit Veranda bestand. Ich hatte gleich das hintere Bett an der Verandatür belegt und die Tür sperrangelweit aufgesperrt. Außer dem Schlafraum hatten wir noch einen kleinen Wohnraum und ein kleines spärliches Bad. Meine Zimmergenossin jammerte, dass es ihr zu kalt sei, ich solle doch bitte die Tür schließen. Ich erwiderte, dass ich den Gestank nicht ertragen könne und frische Luft zum Schlafen brauche. Wenn es ihr zu kalt sei, könne sie ja im Wohnraum auf der Couch schlafen. Sie schlief doch im Bett, nachdem sie auf meine Bitte hin, ihre eingesauten

Klamotten auf die Veranda gebracht hatte.

»Das riecht doch gar nicht!«, sagte sie.

»Nein, es riecht nicht, aber es stinkt bestialisch!«, erwiderte ich.

Am nächsten Morgen wache ich auf und gehe ins Bad – kaltes Wasser! Na toll! Ich machte mich trotzdem fertig. Inzwischen war auch meine Bettnachbarin, nennen wir sie einfach »die Dame«, munter und stand auf. Sie trug ein sehr elegantes champagnerfarbenes Seidennachthemd mit Spaghettiträgern, das hinten einen braunen Fleck von etwa zwanzig Zentimeter Durchmesser zeigte. Puh! Ich dachte, sie würde ihn auswaschen, aber nein, sie warf das beschmutzte Nachthemd einfach neben das Bett, das übrigens auch einen solchen Fleck auf dem Laken hatte. Ich war sprachlos! Es war mir, nicht etwa ihr peinlich vor dem Personal. So gingen wir zusammen mit Kathi und deren Tochter zum Frühstück. Irgendwie tat mir die Dame leid.

Bei passender Gelegenheit erzählte ich Kathi von dem Dilemma. Sie wollte mit ihr reden. Na ja, jetzt stand erst einmal ein Ausflug auf dem Plan. Als wir zurückkamen, war ihr Bett frisch, aber das Nachthemd war natürlich noch versaut. Am nächsten Tag wieder dasselbe, sie hatte wieder eingemacht und dachte gar nicht daran, den Schaden zu beseitigen. Ich wollte in ein anderes Zimmer, es war unzumutbar. Wir drei redeten mit der Dame, sie sollte sich wenigstens Einlagen kaufen, aber sie kaufte nur Zigaretten und schiss weiterhin ins Bett und tagsüber in ihre Jeans. Sie versprach, nicht mehr einzumachen, sie wolle doch bitte im Zimmer mit mir bleiben. Ich sagte ihr, wenn sie wieder einmache, sei Finito!

Am nächsten Morgen früh war die Abfahrt in ein anderes Hotel auf der anderen Seite der Insel. Vorher ging es in eine Teppich-Manufaktur. Zweieinhalb Stunden mussten wir warten, bis es weiterging. Ich hatte, so wie viele andere Urlauber, keine Ambitionen, Teppiche zu kaufen. Die Vorgehensweise des Veranstalters war eine Unverschämtheit, es war ausdrücklich keine Verkaufsfahrt.

Unterwegs hatte meine Dame, die im Bus auch ihren Platz neben mir hatte, wieder ihre Hose feucht besch… Ich sagte ihr, dass sie sich so nicht auf den Sitz im Bus setzen könne, da nahm sie ihre maisgelbe Poncho-Jacke und legte sie dazwischen. ›Lecker!‹, dachte ich.

Endlich kamen wir zu der Hotelanlage, in der wir die kommenden drei Tage wohnen sollten. Diese war erstklassig, bestand aus einem riesigen Hotelkomplex, etlichen Villen, einem sehr großen Speisesaal, einem Spielcasino, einem riesigen Spa-Bereich sowie einigen Außenanlagen. Wir bekamen in dem Luxushotel wieder ein gemeinsames Zimmer. Kathi hatte mit der Dame gesprochen, sie wollte sich bemühen. Nada! Nach meiner Auffassung hätte Kathi sich intensiver um ihre langjährige Freundin kümmern müssen, schließlich wusste sie, dass sie in psychiatrischer Behandlung war. Das erklärte möglicherweise auch ihr Verhalten. Aber Kathi hat sie mitgenommen und mir aufgeschwatzt, anstatt sich um sie zu kümmern. Das hätte auch verhindern können, dass sich ihre Freundin derartig blamierte und mir den Urlaub versaute. Ich sagte der Dame, sie solle sich duschen, umziehen und die verkoteten Klamotten aus dem Zimmer bringen. Die stinkende Jeans brachte sie brav, aber uneinsichtig auf den Balkon. Allerdings schlief die feine Frau auch in dem luxuriösen Zimmer wieder im beschissenen Nachthemd. Am nächsten Morgen war das Bett nicht sichtbar versaut, aber das Nachthemd lag wie stets auf dem Bett. Als wir abends von unserer Bustour zurückkamen, ging ich sofort ins Bad duschen, mich umziehen und in den Speisesaal zum Abendessen. Das Essen war sehr opulent und vorzüglich.

An der Tür des Badezimmers fiel mir gleich der Wäschebeutel auf, der morgens leer im Schrank gelegen hatte und jetzt bestückt da hing. Das Zimmermädchen hatte offensichtlich das versaute Nachthemd hineingetan. Super peinlich! Ich lag am Abend im Bett und beobachtete, wie die Dame ihr Nachthemd suchte. Sie schaute unter die Kissen, unters Bett – nichts. Da ich verständlicherweise sauer auf sie war, unterhielt ich mich nicht mehr mit ihr. Es war auch nicht nachvollziehbar für mich, dass sie bei ihrem ständigen Durchfall täglich Rotwein trinken und rauchen musste. Letztlich legte sie sich in BH und Slip ins Bett, fing aber später wieder an zu suchen. Das nervte mich, so sagte ich ihr: »Wenn du dein beschissenes Nachthemd suchst, das ist in dem Wäschebeutel an der Badezimmertür!« Sie raus aus dem Bett, ins Bad und wieder das verschmutzte Teil angezogen. Ekelhaft!

Am nächsten Tag waren wieder Ausflüge sowie der Besuch einer Leder- und einer Goldmanufaktur geplant. Die vorgeführten und angebotenen Lederklamotten begeisterten mich sehr, da ich ein »Lederfetischist« bin. Ich liebe und besitze einige Ledersachen und konnte gar nicht anders, als mir eine superschicke, teure Lederjacke zu kaufen. Übrigens bekam ich ein Kompliment für mein sehr geschmackvolles Outfit von dem Verkaufspersonal; ich trug eine schmale schwarze Hose, einen schwarzen Pulli und eine auf Schlange getrimmte schikke Lederjacke.

Am Abend ging ich allein zum Essen, da ich meine Zimmergenossin nicht mehr ertragen konnte, und Kathi nebst Tochter hatten die Reise ohne Halbpension gebucht. Für den nächsten Tag stand eine schöne Ausflugstour auf dem Plan, die nicht zum Reisepaket gehörte. So gingen ich und die Dame, nachdem sie wieder ihr Nachthemd mit dem Kotfleck nach oben drapiert hatte, zum Bus. Die anderen blieben am Ort.

Ich freute mich auf die Fahrt, die einige interessante Sehenswürdigkeiten beinhaltete, und machte mich entsprechend flott. Neue weiße Jeans, tolles Shirt. Mein Outfit brachte mir beim ersten Halt einige Komplimente ein. Fragen und Bemerkungen über meine Dame und die anderen beiden überhörte ich geflissentlich. Zur Feier des Tages trug meine Nachbarin eine enge, knallbunte Caprihose und eine giftgrüne Bluse, dazu wieder ihre beschissene gelbe Jacke. Sie saß im Bus neben mir, aber ich sprach kein Wort mit ihr. Am nächsten Halt stiegen wir alle aus, um an einem Landgut Trockenfrüchte, frisch gepresste Säfte und Ähnliches zu kaufen und uns zu erfrischen. Es sah sehr einladend aus, Sonnenschein und bequeme Sitzgelegenheiten auf einer grünen Wiese. Allerdings die Toilette war – na ja! Eine gezimmerte Zelle und davor ein winziges Waschbecken unter einem alten gewöhnlichen Wasserhahn. Zum Abtrocknen diente Klopapier, von dem zig Rollen herumstanden. Ich ging frohgemut zur Theke und kaufte mir ein Getränk, das ich auf der Wiese in der Sonne mit netten Mitreisenden genießen wollte. Irgendwie hatte ich das Gefühl, dass ich komisch angeguckt werde, sehe an mir herab – ich denke, ich falle in Ohnmacht! Mein rechtes Hosenbein, vom Schenkel bis zum Knie, war an der Außenseite versaut und feucht. Es sah fast aus wie Rost – oder Schleppsch…! Rechts von mir saß die Dame im Bus dicht neben mir. Peinlich!! Ich stand auf und ging schnurstracks zur Toilette. Inzwischen war noch ein zweiter Bus angekommen – noch mehr Leute. Ein junger Mann kam mir entgegen und sagte: »Na, wohl ein Malheur passiert?« Ich war total am Ende, so hatte ich mich noch nie geschämt. Gedränge am Miniwaschbecken, wo ich versuchte, mit kaltem Wasser und Klopapier die Hose ein wenig zu säubern. Viel Erfolg hatte ich natürlich nicht, dafür war mein Hosenbein klitschnass und eiskalt. Der Tag war für mich gelaufen.

Weiter ging's. Im Bus hatte ich mir einen anderen Platz gesucht. So wütend, wie ich war, hätte ich die Frau am liebsten erschlagen! Am nächsten Highlight, einer alten Klosterkirche, hielten wir an einem etwas höher gelegenen Platz, an dem viele umgestürzte Marmorsäulen lagen. Ich sagte dem Reiseleiter, dass ich nicht mitgehe, sondern auf dem Parkplatz warte. So setzte ich mich auf eine Säule, in der Hoffnung, dass meine Hose trocknen würde. Die Säule war, obwohl die Sonne darauf schien, eiskalt. Mein Versuch, Kathi anzurufen und ein anderes Zimmer zu besorgen, scheiterte natürlich – kein Funksignal.

Inzwischen kam die Reisegruppe zurück, der Reiseleiter war umringt von zahlreichen Leuten, natürlich auch von der Dame. Sie setzten sich etwas abseits auf einen Stein, die Dame gleich neben ihn. Ich ging hin und fragte sie, ob sie ihn gerade um ein anderes Zimmer bitte. Er stutzte und fragte mich, um was es eigentlich gehe. Ich antwortete ihm, dass sie – die Dame – ihm das gleich selber sagen werde. Sie schaute mich entsetzt an, ich drehte mich um und stieg in den Bus. Weiter ging's. Im Bus schrieb ich Kathi eine SMS, dass ich keine Nacht mehr mit ihrer vornehmen Freundin in einem Zimmer verbringen werde. Sie möge sich bitte etwas einfallen lassen.

Ich war so sauer, alles war versaut: der Tag, die Hose und natürlich auch die Laune. Ich hätte die Frau umbringen können. Nach der Rückkehr ging ich sofort ins Zimmer und in die Badewanne und ließ fast eine Stunde heißes Wasser über meinen Körper laufen. Ich wollte das Ekelgefühl loswerden.

Kathi hatte inzwischen meine SMS erhalten und ein neues Zimmer bezahlt. Sie klopfte an die Tür, als ich beim Anziehen war. Sie hatte die neue Schlüsselkarte für ein anderes Zimmer dabei und half mir beim Umzug. Inzwischen kam auch die Dame und ich sagte ihr, dass sie mich nie mehr ansprechen und mir besser aus dem Weg gehen solle. In dem neuen Zimmer richtete ich mich ein und ging danach, irgendwie innerlich gelöst, zum Abendessen. Die folgende Nacht schlief ich fantastisch.

Am nächsten Tag stand eine Fahrt zu einem wunderschönen alten Kloster an, das sehr hoch in den Felsen gebaut worden war. Ich kraxelte zwar langsam, aber dennoch bis fast ganz nach oben und musste natürlich auch wieder hinunter! Dabei ruinierte ich wieder mein Knie. Aber ich war stolz und zufrieden, dass ich es geschafft hatte.

Am folgenden Tag, dem letzten vor der Heimreise, stand eine zusätzliche Tour in den Süden der Insel auf dem Plan, die wir alle vier nicht gebucht hatten. Ich wollte den Tag ganz allein für mich genießen und fuhr mit dem Linienbus in die nahegelegene Stadt Girne, um für meinen Sohn zollfreie Zigaretten zu kaufen. Für mich kaufte ich ein paar landestypische Kleinigkeiten und fuhr gleich wieder zurück, weil mein Knie sehr schmerzte. Von dem Städtchen hatte ich nicht viel gesehen. So ging ich in mein Hotelzimmer, legte mich ans offene Fenster aufs Bett gelegt und naschte getrocknete Aprikosen, Feigen, Nüsse und andere Köstlichkeiten. Danach entschloss ich mich, mir den Spa-Bereich anzusehen und natürlich zu nutzen. Er war riesig, hier gab es mehrere Saunen, Dampfbad, Hamam, Jacuzzi sowie ein Schwimmbad. Letzteres war inklusive, alles andere kostenpflichtig. An der Rezeption des Spa wollte ich zahlen, man sagte mir, dass dies hinterher erfolge. Ich bekam einen tollen Bademantel, ein Riesenhandtuch, Latschen sowie Showergel, Shampoo und Lotion. Damit begleitete mich eine nette Dame in die Garderobe. Ich zog mich aus und wollte als Erstes in die Sauna. Es war so riesig hier, ich hatte mich glatt verlaufen. Spitzenmäßig, ich war zwei Mal in der finnischen Sauna, drei Mal im Dampfbad, zwei Mal Hamam und zwischendurch in einem sehr angenehmen Ruheraum. Mein ganzer Ärger war wie weggeblasen, ich fühlte mich wohl und tief entspannt.

Schließlich hatte ich genug und wollte wieder in mein Zimmer. Ich zog mich an und ging zur Rezeption, um zu zahlen. Ich fragte die Dame, wieviel es kostet, sie meinte: »Nichts, ich schenke es Ihnen.« Klasse, ich bedankte und freute mich natürlich. Ich legte mich auf mein Bett und schlief sogleich ein. Ein toller Tag nach dieser ganzen Scheißerei.

Am letzten Tag fand ein Folklore-Abend statt, in einer Art Zirkuszelt – rammelvoll, hunderte Menschen! Die Preise waren wie in einer Apotheke: 1 Bier 6 €, 1 Glas Wein 8 €, 0,2 l Wasser 4 € oder man zahlte 12 € für Komasaufen. Ich saß mit sehr angenehmen Leuten am Tisch. Das Programm war erstaunlicherweise recht gut, teils orientalische Tänze und Künstler, teils Griechen mit Sirtaki. Am Schluss nahmen wir noch einige Weinflaschen mit und im Bus und in der Lobby des Hotels tranken wir weiter. Es war ein sehr schöner Abschluss der Reise, wir hatten sehr viel Spaß.

Das letzte Frühstück fand schon morgens 3.15 Uhr statt, um 4 Uhr war die Abfahrt Richtung Airport. Im Flugzeug, einem A320, ging es mir noch recht gut, mein Zucker war okay nach der Sause. Nach dem Aussteigen wurde es mir übel. Kathi fuhr mich nach Hause, was ich eigentlich nach dem Dilemma nicht wollte. Ich machte mir gleich etwas zu essen, legte mich danach hin und schlief.

Am darauffolgenden Freitag hatte ich mich mit Kathi verabredet, sie schuldete mir noch von der Reise knapp 40 €. Sie hatte ohnehin ihre Angestellte, Frau Z. an diesem Tag zum Glühweintrinken eingeladen. So wollten wir uns um 16.30 Uhr auf dem Markt an dem großen Weihnachtsbaum treffen. Ich kam pünktlich auf dem Weihnachtsmarkt an und wartete, und wartete und wartete. Mir wurde es langsam kalt und die Zeiger gingen auf 16.45! Da es um mich herum viel zu laut war, ging ich in einen Hausflur gegenüber, um Kathi anzurufen. Der Ruf ging hinaus, es rief und rief, aber niemand hob ab. So ein Mist! Langsam hatte ich vom Warten die Nase voll und beschloss, noch bis 17 Uhr auszuharren, aber das war das Höchste der Gefühle! Wo blieb sie nur? Die Rathausuhr schlug fünf Mal, ich drehte mich um, wollte sehr verärgert zur Straßenbahn. Plötzlich sehe ich die beiden auf mich zukommen.

»Entschuldige, ich habe mich etwas verspätet!«

»*Etwas* ist gut«, erwiderte ich, »eine halbe Stunde würde ich nicht einmal auf einen schönen jungen Mann warten!«

Sie erzählte, dass überall Stau sei und das Parkhaus überfüllt, es tue ihr leid.

»Na prima, wieso Parkhaus, du wolltest doch mit der Bahn kommen und wieso gehst du nicht ans Telefon?«

»Ich hab das Handy nicht gehört«, sagte Kathi; Frau Z. meinte, sie habe es ihr doch gesagt, dass es klingele! Na ja, ärgerlich!.

»Wir hatten noch am Telefon vorher ausgemacht, dass wir jeder unsere drei Haltestellen mit der Bahn fahren, zumal diese ganz nah bei deinem Haus fährt. Wieso kommst du auf die Schnapsidee, mit dem Auto zu fahren, an einem Freitagnachmittag, wo bekanntlich aus allen umliegenden Ortschaften tausende Besucher zum Weihnachtsmarkt kommen? Ich verstehe nicht, wie eine Frau, die stets intelligenter sein will als alle anderen, mit dem Auto zum Glühweintrinken fährt!«

Ich nahm mein Geld in Empfang, trank mit den beiden noch ein Glas Glühwein auf die bevorstehenden Festtage und ging nach Hause.

Das war das Ende einer langen Freundschaft. Ich war so sauer – erst der total versaute Urlaub und dann lässt mich die Frau eine halbe Stunde im Winter auf der Straße warten. Ich hatte die Nase gestrichen voll, ich wollte sie nie wiedersehen.

XIX.

Am 22. Dezember reiste ich, wie stets die letzten Jahre, nach Köln. Das Weihnachtsfest verbrachte ich zusammen mit Axel, Niko und Cinzia sowie deren italienischer Großfamilie in Neuss, einen Feiertag mit meinem ehemaligen Schwiegersohn, dem Vater von Niko. Die Silvesterparty fand in diesem Jahr bei Niko im Garten statt. Axel hatte ein Party-Zelt und Heizpilze besorgt und mit Niko aufgebaut und hergerichtet. Es war ein recht außergewöhnliches Fest mit jeder Menge Gäste. Bis morgens haben wir gefeiert. Andy und seine Freundin waren auch angereist. Mit den beiden und Axel machte ich am Neujahrstag nachmittags bei blendendem Sonnenschein einen Spaziergang durch die Kölner City bis zum Rheinufer. Wir fuhren mit dem Riesenrad und sahen uns Köln und den Rhein von sehr weit oben an. Anschließend lud mein Sohn uns in ein nobles Steakhaus ein. Es war ein unvergesslich schöner Tag. Am folgenden Samstag lud Axel seinen Neffen Niko, Cinzia und mich zum Brunch ein. Andy und seine Freundin waren leider schon abgereist.

Danach brachten mich die drei zum Bahnhof – bei Blitzeis! Gegen 23 Uhr war ich wieder zu Hause. In meiner Wohnung waren »mollige« 13° C, sodass ich nur eine Tasse Tee trank und ins Bett ging. Am nächsten Tag gönnte ich mir genüsslich ein heißes Bad, danach packte ich meinen Koffer aus und warf die Waschmaschine an. Irgendwann ging ich zur Toilette. Auf dem Korridor machte es plitsch platsch – bei jedem Schritt! Die Waschmaschine war ausgelaufen, das ganze Bad überschwemmt und ebenso schon der Korridor. So eine riesengroße Scheiße!! Ich bin fast verrückt geworden. Alle greifbaren

Handtücher und Bademäntel habe ich gleich auf das »Seebad« geworfen. Eine Ewigkeit musste ich tütschen. Der Teppichboden auf dem Flur war auch danach noch triefend nass. Am liebsten hätte ich geheult, aber das hätte den Schaden auch nicht beseitigt. Erst die wunderschönen Tage in Köln – jetzt der Schlamassel!

Der nächste »Höhepunkt« stand auf dem Plan – Uni-Klinik, Magen spiegeln. Dafür, als positiver Ausgleich kam am übernächsten Tag mein Ali und die Welt war wieder schön!

Nach zehn Tagen kam der Servicetechniker von AEG, brauchte nur fünf Minuten und die Maschine war wieder okay. Innerhalb der Maschine war ein Zulaufschlauch abgegangen. Kleine Ursache, große Wirkung.

Aus mehreren Gründen brauchte ich einen neuen Hausarzt, den ich auf Empfehlung meiner Nichte Sonja auch gefunden hatte. Ich hoffte, dass mein erster, sehr guter Eindruck sich beim nächsten Mal bestätigen würde, da ich mit meinen vielen Krankheiten einen Arzt brauchte, dem ich absolut vertrauen konnte. Außerdem war er für mich problemlos zu erreichen.

Als Nächstes stand eine Italienreise auf meinem Programm. Ich hatte mir ein halbes Doppelzimmer gebucht, da ich allein, ohne eine Freundin fahren wollte. Meine Nichte Bärbel brachte mich netterweise zum Busbahnhof und ab ging´s nach Rimini. Das Doppelzimmer musste ich mit einer älteren Dame teilen. Sie war eine Art Eigenbrötler und machte ihr Ding für sich. Im Speiseraum setzte ich mich zu zwei Schwestern aus Colditz an den Tisch. Sie waren sehr nett und wir haben viel zusammen unternommen. Das einzig Nervige: Meine Bettnachbarin schnarchte wie ein preußischer Grenadier. Während der Woche lernten wir eine ganze Menge kennen, wir waren in Assisi, Santarcangelo, dem Zwergstaat San Marino, Venedig, Florenz und an anderen lohnenswerten Zielen.

Da mein jüngster Enkel Marc am 18. Mai Geburtstag hatte, ging ich nachmittags in die City, ein Geschenk für ihn zu besorgen. Eingeladen hatte er zum Kaffee am Samstag bei seiner Mutter. Als ich meine Einkäufe beendet hatte, ging ich zur Straßenbahn. Da es sehr warm war, trug ich sehr leichte Sandaletten. So ging ich zur Haltestelle, lief über die Gleise und stürzte sehr heftig auf meine ohnehin gestressten Knie. Das tat entsetzlich weh und sah ganz furchtbar aus. Unterhalb der linken Kniescheibe bildete sich sofort eine riesige Bluteinlagerung, die aussah wie eine halbe Tomate. Mühsam stand ich auf. Kein Mensch war in der Nähe, es wäre mir sehr peinlich gewesen. Da kam auch schon meine Bahn. Es kostete mich sehr viel Mühe, einzusteigen und dann nach Hause zu laufen. Der Teer unmittelbar an den Schienen war durch die Hitze geschmolzen und ich war mit der Sohle darin hängengeblieben. Jetzt hieß es nur noch kühlen, kühlen, kühlen! Am Sonnabend holte mich deshalb Marcs Vater ab und nach der Feier fuhr ich mit einem Taxi in die Notfall-Klinik. Das Knie wurde geröntgt – kein Bruch. Ich bekam einen festen Verband und eine Bandage und musste weiterhin ständig kühlen. Es dauerte einige Wochen, bis ich einigermaßen schmerzfrei laufen konnte.

Am 31.5. kam Heidi mit einer jüngeren Freundin nach Dresden. Ich hatte schon fast sieben Jahre keinen Kontakt mehr zu meiner ältesten Tochter gehabt. Sie hatte ein paar Tage zuvor angerufen, wir wollten uns endlich wieder etwas annähern. Ich holte die beiden morgens vom Zug ab. Heidi hatte ihre brünetten Haare blond gefärbt, was ihr Aussehen sehr veränderte. Aber ich erkannte sie natürlich trotzdem sofort. Wir bummelten gemeinsam durch die City und besuchten ein Eiscafé. Durch mein verletztes Knie hatte ich noch erhebliche Schwierigkeiten beim Laufen. Trotzdem war es für mich ein sehr schöner Tag und ich war froh, dass meine Tochter und ich unsere Beziehung wieder etwas normalisiert hatten.

Im Juni musste ich wieder zur CT- und MRT-Kontrolluntersuchung. Das Ergebnis des CT der Lunge war unverändert; im MRT war die Metastase in der Niere auch nicht größer geworden. Frau Doktor machte sich Sorgen wegen des diffusen Befundes in der Leber (im Arztbericht stand immer wieder »Metastase«), ich war fest überzeugt, dass es keine Metastase war. Ich machte mir viel mehr Sorgen wegen der Metastase in meiner noch verbliebenen Niere, denn ganz ohne Niere kann man nicht leben. Sie meinte aber, die Metastase lasse sich problemlos operativ entfernen, das Problem seien die vielen Verwachsungen in meinem Bauchraum.

»Ich sagte bereits, dass eine OP für mich nicht mehr in Frage kommt! Im Internet habe ich recherchiert, in der Berliner Charité werden Ablationen, speziell an der Niere, vorgenommen.«

»Das können unsere Radiologen auch, ich werde mich mit ihnen beraten und Sie danach anrufen, ob es bei Ihnen machbar ist oder nicht.«

Zwei Tage später rief sie mich an und berichtete mir, der Radiologe sei der Meinung, dass der Befund in der Leber keine Metastase sei, sondern eine eingeblutete Zyste, die übrigens kleiner geworden sei. Bezüglich der Niere hatten wir uns geeinigt, diese weiterhin zu beobachten und zu hoffen, dass sie sich nicht veränderte.

Für das Wochenende vom 25.-27. August hatte mich meine ehemalige Schwiegertochter Nadine eingeladen. Ein paar Tage zuvor war ich bei ihrer Schwester Yvonne zum Haareschneiden. Sie fragte mich, ob sie mich mit nach Seeheim nehmen solle, und erzählte mir, dass sie und ihre Mutter Elke auch zu Nadine fuhren. Das freute mich sehr, zumal ich da meinen Andy und Marina sehen würde. Wie schön, mit lauter so lieben Menschen das Wochenende zu verbringen! Ich hatte Blumen und ein paar kleine Aufmerksamkeiten besorgt.

An dem Freitagnachmittag holte Yvonne mich ab, dann

fuhren wir zu Elke und los ging's in Richtung Frankfurt. Bisher war ich nur ein einziges Mal bei Nadine gewesen, als wir vor ungefähr zwanzig Jahren Andy nach Hause gebracht hatten. Er war während seiner Schulferien in seiner Heimatstadt, seine Omas sowie viele Verwandte und Freunde besuchen. Nadine und ihr zweiter Ehemann hatten sich damals ein kleines Häuschen gekauft und inzwischen umgebaut. Ich hätte es nie wiedererkannt, es war total verändert. Super, einfach umwerfend! Auch die Ausstattung und Einrichtung – großartig und sehr geschmackvoll.

Nadine, ihr Mann und ihr zweiter Sohn Jean Paul begrüßten uns sehr herzlich. Andy und Marina kamen später. Wir verbrachten einen sehr angenehmen Abend miteinander. Nach Mitternacht wurden die Betten aufgeteilt – Elke und Yvonne schliefen bei Nadine – und ich hatte bei Andy und Marina Quartier bezogen. Die beiden hatten sich eine sehr schöne geräumige Wohnung in Seeheim eingerichtet. Sie erwarteten ein Baby! Wir schwatzten noch ein wenig und gingen kurz vor 2 Uhr schlafen.

Am nächsten Tag hatten wir viel vor. Ausgerechnet während dieser Nacht ging es mir furchtbar schlecht. Kurz nach dem Einschlafen wachte ich wieder auf, war klitschnass, besonders die Haare, und dazu war es mir übel. Am späten Vormittag kamen die anderen zum Frühstück zu Andy und anschließend wollten wir nach Frankfurt zu einem riesigen Open-Air-Fest am Mainufer. Ich hatte keinen Appetit, trank nur eine Tasse Kaffee und aß ein trockenes Brötchen, damit meine üblichen morgendlichen Tabletten sich wohlfühlten. Irgendwie war ich sehr schwach und hoffte, dass es unterwegs besser würde. Das Wetter war wunderschön und mein Zustand besserte sich zum Glück allmählich.

In der Innenstadt an beiden Ufern des Mains gab es zahllose Buden aller Art, Musik aller Couleur und viele Attraktionen. Es war ganz einfach toll und ich war glücklich, dass es mir wieder gut ging und ich den schönen Tag genießen konnte. Am Sonntag trafen wir uns alle wieder bei Nadine und Rony zu einem fürstlichen Frühstück vor unserer Heimfahrt.

Am 9. Oktober hatte ich wieder einmal einen Komparseneinsatz. Es ist meistens sehr interessant und man bekommt dafür ein paar Euros. Dieses Mal war es sehr anstrengend, die TV-Serie *Tierärztin Dr. Mertens*. Gedreht wurde vor dem Leipziger Zoo, am Eingang und im Foyer der Kongresshalle. Hin und her laufen – stehen, in ständiger Wiederholung. Wir waren rund 60 Komparsen während der Zeit von 19 Uhr bis 6.15 Uhr. Die ganze Zeit trug ich hochhackige Pumps und am nächsten Tag hatte ich heftige Knieschmerzen. Spaß hatte es trotzdem gemacht.

Am Donnerstag, den 26.10., war wieder im Internet eine Anfrage für einen Drehtag *SOKO Leipzig*, dieses Mal klappte es leider nicht. Dafür ging ich am Abend in eine namhafte Buchhandlung zur »Kriminacht«. Es war eine tolle Veranstaltung mit Rotwein und Snacks, Lesungen von vier Autoren. Sehr spannend! Zum Schluss bekam jeder am Ausgang ein sehr scharfes Küchenmesser mit der Aufschrift: »LUDWIG Kriminacht 2017«. Eine tolle Idee.

Ende November streikte mein in die Jahre gekommener Fernseher beziehungsweise Receiver. Er wurde zappenduster und gab keinen Mucks mehr von sich. Auch das noch, und ausgerechnet vor Weihnachten! Ein neuer musste her, natürlich ein großer moderner. Dieser passte dann auch nicht mehr in die Schrankwand, also musste ich auch einen TV-Rack bestellen. So setzte ich mich an den PC und bestellte beides.

Am Samstag vor dem 1. Advent kamen Nadine und ihre Familie nach Dresden. Sie rief mich an und wir trafen uns mit Yvonnes Familie und Elke auf dem Weihnachtsmarkt. Wie schön, alle zusammen durch die weihnachtlich geschmückte City zu bummeln und Glühwein zu trinken! Mit meiner Familie war so etwas leider gar nicht möglich. Yvonne hatte uns alle am Sonntag zum Frühstück eingeladen. Elke hatte mich zu Hause abgeholt und wir fuhren gemeinsam zu ihrer jüngeren Tochter. Nach einem köstlichen Frühstück in großer Runde spielten wir am Damentisch Rommé, die Herren spielten an einem anderen Tisch auch irgendwelche Spiele. Es war sehr schön – in Gesellschaft von Elke, ihren Töchtern und deren Familien fühle ich mich immer sehr wohl und dazugehörig.

Weihnachten und Silvester verbrachte ich wieder in Köln mit meinem Axel sowie Verwandten und Freunden.

XX.

Schon wieder ein Jahr vorbei! Wie immer während der letzten Jahre war mein Terminkalender voller Termine, meistens bei Ärzten. Regelmäßige Arztbesuche und radiologische Untersuchungen, Sport, Sauna und hin und wieder etwas Kultur. Letzteres war aufgrund meiner finanziellen Situation leider viel zu selten. Am Samstag, den 17. Februar, gönnte ich mir etwas Besonderes: *Ballett Revolución* im Opernhaus. Es war echt klasse! Im März, zur Leipziger Buchmesse gab es wieder zahlreiche Veranstaltungen, die meistens kostenlos waren. Wie jedes Jahr verbrachte ich da einige Tage in der Messestadt. Ich hatte ich mir eine Menge ausgesucht, unter anderem die »Kriminacht« im Krematorium des Südfriedhofs. Tolle Atmosphäre, aber unheimlich kalt.

Ende April hatte sich Andy mit seiner kleinen Familie angekündigt. Am Sonnabend hatte Elke mich angerufen, dass die jungen Leute bei ihr eingetroffen waren. Da Elke allein in ihrem Haus lebt und daher über viel Platz verfügt, hatten Andy, Marina und der kleine Oskar bei ihr Quartier bezogen. Am Sonntag hatten wir uns mit Yvonne und deren beiden Kindern bei Elke zum Kaffee getroffen.

Das Wetter war toll und wir verbrachten sehr schöne Stunden in Elkes Garten. Oskar war inzwischen fünf Monate alt – ein ganz süßer Fratz! Am nächsten Vormittag holte Andy mich mit seinen beiden Liebsten ab und wir fuhren in den Zoo. Wir verbrachten etliche schöne Stunden zwischen allen möglichen exotischen Tieren. Eine ausgiebige Mittagspause legten wir ein, da nicht nur wir Erwachsenen Hunger und Durst bekommen hatten, sondern Oskar nach der Mutterbrust und trockenen

Windeln verlangte. Es war für mich ein unvergesslich schöner Tag mit meinen drei Lieben. Anschließend fuhren wir zu mir nach Hause zum Kaffeetrinken. Andy hatte noch schnell seine Oma Elke abgeholt und ich rief Nicole an, ob sie nicht Lust habe, mit uns Kaffee zu trinken und die Frau und das Baby ihres Neffen kennen zu lernen. Leider sagte sie ab.

Knapp vierzehn Tage später sah ich sie zu Klaus' Geburtstag und auch ihren Sohn Marc. Leider sehe ich meinen jüngsten und einzigen hier ansässigen Enkel viel zu selten. Am Mittwoch, den 16. Mai, machte ich einen ausgedehnten Citybummel, bei herrlichem Wetter. Danach war ich ziemlich groggy und aß etwas zu Abend, trank ein Bierchen und guckte ein bisschen Fernsehen. Wie meistens ging ich gegen 24 Uhr ins Bett.

So gegen 2.15 Uhr wachte ich auf und merkte, dass ich wieder einmal aus dem Darm blutete. So ein Mist!! Ich rief die 112 an und wurde in die Notaufnahme der Uni-Klinik gefahren. Hier war mächtig viel los – Hochbetrieb. Von 3 bis 11 Uhr musste ich in der Notaufnahme liegen und warten. Während dieser Zeit musste ich natürlich hin und wieder zur Toilette, wobei ich zweimal ohnmächtig auf dem Gang landete. Endlich, gegen 11.2o Uhr, brachten sie mich in die Endokrinologie, wo die blutende Wunde mit Clips mittels einer Magensonde verschlossen wurde. Ein sagenhaftes Gefühl! Gleich danach wurde ich wieder in die Notaufnahme gebracht und endlich, gegen 16 Uhr, kam ich auf eine normale Pflegestation. Ich rief Nicole an, weil sie mir Waschzeug und ein paar Klamotten bringen sollte, da man bei dem Krankentransport außer Handy, der Versicherungskarte und dem Schlüssel nichts mitnehmen durfte. Am nächsten Morgen war ich zu schwach, mir die Zähne zu putzen und das Gesicht zu waschen, mir wurde es laufend drehend. Essen durfte ich auch noch nichts, aber wenigstens ein paar Schlucke Wasser trinken. Am folgenden Tag bekam ich eine Bluttransfusion, wonach es mir zunehmend besser ging. Bärbel hatte mich besucht; Nicole hatte keine Zeit, sie musste Kuchen backen für Marcs Geburtstag. So musste ich Pfingsten allein im Krankenhaus verweilen.

Mein Axel rief mich an und fiel aus allen Wolken, dass seine Mama schon wieder im Krankenhaus lag. Als sein Anruf mich erreichte, hatte ich gerade einen Rundgang in und um das Klinikgelände gemacht, bei herrlichem Sonnenschein. Wir schwatzten sehr lange. Mein Sohn ist ein sehr herzlicher und lieber Mensch, was ich leider von meinen Töchtern nicht immer sagen kann. Die folgenden Tage waren sehr einsam – kein Besuch, kein Anruf; so setzte ich mich in die Anlage mit dem kleinen Springbrunnen im Krankenhaus und las.

Den folgenden Mittwoch wurde ich entlassen und fuhr mit dem Taxi nach Hause. Mein Schatz rief an, er wusste gar nicht, dass ich im Krankenhaus gewesen war, wünschte mir alles Gute und freute sich auf unser nächstes Treffen, das allerdings noch ein paar Tage warten musste. Sonjas Geburtstagsfete fand an dem nächsten Wochenende statt. Es war eine tolle Gartenparty, alle meine Nichten und Neffen sowie deren Partner waren anwesend.

Nicole hatte sich lange Zeit nicht ein einziges Mal bei mir gemeldet, was mich unglaublich traurig machte. Ich konnte es mir gar nicht erklären, warum sie sich so weit von mir entfernt hatte – mental.

Dienstag, den 7. August – 36° C – rief Cinzia an, sie und Niko kämen am späten Abend. Sie wollten sich hier in der Nähe ein Auto ansehen, das sie eventuell kaufen wollten. Um 1.3o Uhr kamen sie endlich an. Der großen Hitze wegen vergammelten wir die meiste Zeit ihres 3-tägigen Besuches auf dem Balkon, aßen und schwatzten. Am Freitag fuhren sie nach dem Frühstück wieder nach Köln. Am Nachmittag hatte ich Ali kurz gesehen, er hatte seinen Besuch für Sonntag angekündigt. Es war wie immer fantastisch mit ihm.

Am Mittwoch, den 29.8., hatte ich ein Klassentreffen organisiert, bei super Wetter am Musikpavillon im Stadtpark. Es war ein sehr schöner Nachmittag und Abend unter freiem Himmel. Irgendwann bekamen wir Hunger und außerdem kann man ja nicht nur trinken. Die Gastronomie bot eine ganze Menge Speisen an; die meisten von uns bestellten am Tresen Flammkuchen. Hier war Selbstbedienung. Die Letzte von uns brachte auf dem üblichen großen Brett ihren Flammkuchen zum Tisch – mit der einen Hand machte sie sich Platz dafür frei und in der anderen hielt sie die leckere Mahlzeit. Das Brett kam in Schieflage – alle schauten gebannt hin – bis ratsch, der Flammkuchen unter den Tisch klatschte! Es sah so ulkig aus und wir kamen nicht mehr aus dem Lachen heraus. Nachdem wir unser auf dem Tisch befindliches Essen mit den Betroffenen aufgeteilt hatten, räumten wir das schmutzige Geschirr ab und brachten es zur Ablage. Unsere Margit brachte den aufgesammelten, schmutzigen Flammkuchen ebenfalls dorthin, worauf der junge Mann, der das Geschirr entgegennahm sie fragte, ob es denn nicht geschmeckt habe. Sie erzählte ihm von dem Missgeschick und er gab ihr kostenlos einen frischen Flammkuchen. Das war sehr nett. Wir hatten uns wirklich köstlich amüsiert.

Am 1. November, beim nächsten Treffen erzählten wir es denen, die im Sommer nicht dabei gewesen waren. So haben wir noch einmal über das Missgeschick herzlich gelacht.

Am Freitag, dem 30. November, wurde Oskarchen 1 Jahr alt. Die große Feier fand am 1. Dezember in Seeheim statt, zu der alle Omas, Opas, Tanten, Uromas und viele Bekannte und Verwandte eingeladen wurden. Yvonne holte mich morgens mit ihrem Sohn Mika ab, dann ging's zu Elke und ab in Richtung Frankfurt. Um 10.45 Uhr kamen wir schon bei Nadine in Seeheim an, so früh hatten sie uns noch gar nicht erwartete. Dann begrüßte uns Rony, Jean Paul schlief noch. Nach der Begrüßung gab es Sekt und Kaffee mit frischem Gebäck aus

Blätterteig. Auch Suppe und Brot tischte Nadine noch auf. Wir aßen, tranken und schwatzten. Später, so gegen 14 Uhr, zogen wir uns um und machten uns flott. Die Feier fand in einem Ort namens Hähnlein in einer Schule statt. Hier sollte nicht nur die Familie des kleinen Oskar feiern, sondern noch weitere fünf oder sechs Mäuschen mit ihrer Sippe. Der Raum war sehr groß, an der Seite waren alle möglichen Kuchen aufgestellt und dazu Kaffee. Als Erstes nach unserer Ankunft hatten wir Oskar gratuliert und Andy und Marina begrüßt. Wir alle – Andys Sippe – saßen an einem großen Tisch; Marinas Sippe, der wir kurz vorgestellt wurden, saß an einem ebenso großen Tisch neben uns. Die 5 oder 6 jungen Paare verteilten sich an weiteren Tischen und die Kleinen spielten alle friedlich im vorderen Teil des Raumes.

So gegen 16 Uhr kamen endlich auch die Kölner Gäste, Opa Axel und Onkel Niko, mit riesigen Geschenken. Axel brachte seinem Enkelchen unter anderem einen Schaukeldrachen mit, der nicht nur bei Oskar großen Zuspruch fand. Ein tolles Teil, früher gab es nur Schaukelpferde! Trotz der vielen Menschen aller Altersklassen in dem Raum war es verhältnismäßig ruhig; die Kleinen waren sehr sanft und friedlich, man hörte sie kaum. Meine beiden Lieben aus Köln begrüßten mich sehr herzlich. Ich war sehr glücklich inmitten meiner lieben Kinder, Enkel, Urenkel und Freunde. Nach der Kinder-Geburtstagsfeier mussten leider Axel und Niko wieder zurückfahren. Aber ich hatte sie wenigstens wieder einmal gesehen und mich mit ihnen unterhalten können, was doch eine andere Dimension hat als ein Telefonat.

Wir, der Rest von Andys Sippe, sind anschließend nach Lorsch gefahren und haben einen sehr schönen Weihnachtsmarkt besucht. Leider hat es ziemlich stark geregnet, sodass wir bald wieder zurück zu Nadine nach Hause gefahren sind. Die Männer – Rony, Mika und Jean Paul – spielten zusammen Monopoli und wir vier Damen – Elke, Nadine, Yvonne und ich – spielten so eine Art Rommé. Dabei wurde natürlich Bier und Sekt getrunken, gegessen, geknabbert und natürlich viel geschwatzt. Es war eine sehr angenehme Atmosphäre, ein sehr schöner Ausklang eines erlebnisreichen Tages. Dieses Mal schliefen wir Dresdner alle bei Nadine und Rony.

Am Sonntagvormittag kamen zu einem fürstlichen Frühstück Marina sowie Andy und Klein-Oskar. Wir beiden Uromas konnten noch ausgiebig mit Oskarchen spielen und laufen üben – er war ein ausgesprochen süßer Fratz. Dann hieß es wieder Abschied nehmen und Yvonne brachte Elke und mich wieder nach Hause. Das war ein tolles Wochenende!

Im Auto unterwegs fragte mich Yvonne, ob ich Weihnachten wieder in Köln sei. Wenn nicht und ich allein sei, könne ich am 24.12. und 25.12. gern zu ihr kommen, sie lädt mich herzlich ein! Das war mir richtig peinlich, ich wagte es kaum, anzunehmen. Wie lieb von Yvonne! Elke sagte gleich: »Klar, sag Bescheid, ich hole dich da ab!«

Am Nikolaustag wachte ich zeitig auf und fühlte mich völlig am Boden. Das ist eigentlich überhaupt nicht meine Art, ich denke immer positiv, zumal ich am Vortag noch maßlos glücklich war, nach einer unbeschreiblich schönen Schäferstunde. Um 9.3o Uhr hatte ich einen Termin bei meiner Frau Doktor D. Ein sehr flaues Gefühl hatte ich bei dem Gedanken an meinen schlechten Gesundheitszustand. Dazu kamen einmal mehr die Geldsorgen. Manchmal glaubt man, es geht nicht mehr weiter. Meine Waschmaschine hatte einen Schaden, 200 € Reparaturkosten musste ich einplanen. Dazu bereitete mir mein Kühlschrank große Sorgen, er war jetzt zeitweise derartig laut, dass ich ihn hin und wieder ausschaltete. Die Reparatur für diesen würde nach Aussage eines Fachmannes etwa 1000 € kosten. Woher nehmen und nicht mausen?!

Dieses Mal saß ich 1 ½ Stunden im Wartebereich der Urologie, bis mich meine Ärztin aufrief. Die Metastase in der Niere war gewachsen, es musste etwas getan werden. Sie sagte, ich solle vielleicht über eine medikamentöse Behandlung nachdenken, da ich ja eine OP ablehnte. Aber da solche Krebs-Medikamente erhebliche Nebenwirkungen haben und somit die Lebensqualität wesentlich verschlechtern, wollte ich solch eine Behandlung, wenn überhaupt, so spät wie möglich. Sie kannte meine Einstellung – lieber kürzer und gut leben als länger unter schlechten Bedingungen. So kamen wir wieder zum Thema Radiologie. Meine Superärztin wollte sich mit ihren entsprechenden Kollegen beraten und möglichst zeitnah mit mir über das Ergebnis telefonieren. Sie rief bereits am selben Nachmittag zurück und teilte mir mit, dass die Radiologen die Ablation an meiner Niere vornehmen wollten. Der Termin stand auch schon: am 18.12. morgens 8 Uhr Vorabsprache, allgemeine Untersuchungen, Labor und tausend Fragebögen sowie Einweisung. Am 19.12. früh mit Zahnbürste etc. auf der Station melden und als Erste zur Durchführung der Ablation in der Radiologie. Dass es so schnell klappte, freute mich natürlich, so hatte ich Chancen, noch einige Zeit über der Erde zu verweilen.

Endlich kam ein Anruf von dem Waschmaschinen-Service, die Kosten würden auf 270 € steigen! Das fand ich äußerst unverschämt, so entschied ich mich für eine neue. Aber im Moment wollte ich mich erst einmal um meinen Körper kümmern. Axel hatte mich am Tag, bevor ich ins Krankenhaus ging, angerufen und ich hatte ihm mitgeteilt, was mir bevorstand. Auch Nicole wusste darüber Bescheid.

Am 19. Dezember verlief alles wie geplant. Nach dem Eingriff fühlte ich mich blendend, gegen Abend telefonierte ich mit meinen Angehörigen und war auch schon durch die Station gelaufen. Ich rechnete damit, nach zwei Tagen nach Hause zu dürfen. Am nächsten Tag musste ich zur Radiologie, zur Kontrolle eine Ultraschall-Untersuchung durchführen zu lassen. Alles war okay, also ging ich glücklich und zufrieden nach Hause.

Dort angekommen, stellte ich meine Tasche auf den Küchentisch und hatte plötzlich das Gefühl, dass meine Kraft entschwindet. Mir wurde schlecht, so legte ich mich ins Bett. Jeden folgenden Tag ging es mir schlechter, ich hatte keinen Appetit, war ständig müde und kaputt. ›Vielleicht ein grippaler Infekt‹, dachte ich. Dann konnte ich gar nichts mehr essen, hatte starke Bauchschmerzen und ständig starke Übelkeit. Ich blieb das Wochenende zu Hause und pendelte zwischen Bett und Couch in der Hoffnung, dass es am Montag wieder besser sein würde.

Am Sonntag telefonierte ich mit Nicole, da ich den Heiligabend bei ihr, zusammen mit Marc, Marcs Vater, Nicoles Freund sowie Klaus und seiner Gisela verbringen wollte. Ich sagte ihr, dass ich vielleicht nicht kommen könne; wenn es mir weiterhin so mies gehe, sei mir der Weg von der Haltestelle bis zu ihr zu weit. Klaus nahm mich dann von unterwegs mit.

Yvonnes Einladung hatte ich am 25. gern angenommen; Elke holte mich also am 1. Feiertag ab und brachte mich abends auch wieder nach Hause. Es war ein sehr schöner Tag. Yvonnes Mann hatte die Weihnachtsgans gebraten – erstklassig! Leider hatte ich noch immer keinen Appetit. Nach dem Essen machten wir gemeinsam einen Spaziergang und danach Spiele. In dieser harmonischen Atmosphäre vergaß ich meinen – zur Zeit sehr miesen – Zustand etwas.

Am zweiten Feiertag wollte ich eigentlich Bärbel in der Kunsthalle, wo sie auch an diesem Tag arbeitete, besuchen. Da es mir noch schlechter ging, musste ich leider absagen. Am nächsten Tag war ich kurz ein paar Kleinigkeiten einkaufen und kochte mir danach etwas zu essen. Umsonst, mir wurde noch übler und ich bekam keinen Happen runter. Klaus wollte mich am liebsten wieder in die Klinik fahren, aber ich wollte nicht. Schließlich begann ich in der Nacht zum 28. alles, selbst Wasser wieder zu erbrechen und auch meine Tabletten. Dazu bekam ich Fieber, Schüttelfrost und ich fühlte mich außerordentlich elend. Am ganzen Körper hatte ich Schmerzen, konnte nicht aufstehen, nicht sitzen, mich überhaupt nicht mehr rühren. So versuchte ich ein paar Sachen zusammenzupacken, denn inzwischen war mir klar, ich musste ins Krankenhaus. Gegen Abend rief ich die 112 an und wurde wieder einmal in die Notaufnahme gebracht. Nachdem ich mühsam meine Beschwerden geschildert hatte, fuhren sie mich gleich in die Urologie, von wo ich vor einigen Tagen entlassen worden war. Hier wurde ich untersucht und sofort in den OP gebracht. Der Arzt sagte, dass momentan kein Anästhesist greifbar sei, der Eingriff aber sofort gemacht werden müsse – also ohne Narkose.

In dem Moment war mir das völlig egal, Hauptsache, mir wurde geholfen. Am nächsten Morgen sagte der Arzt, dass es eine Nierenkolik war – der Harn hatte sich in der Niere gestaut und konnte nicht ablaufen. Dazu kamen eine Harnwegsinfektion und eine Blutvergiftung. Ich bekam eine Schiene, einen sogenannten Ureteral-Stent in die Harnröhre eingesetzt, die nach 5 bis 6 Monaten immer gewechselt werden musste. Der Eingriff war sehr schmerzhaft, aber danach ging es mir immer besser. Besonders krass war für mich, Silvester mutterseelenallein im Krankenhaus verbringen zu müssen.

Vom Fenster aus habe ich mit einem Glas Wasser das Feuerwerk betrachten können. Na toll!

Am 5. Januar 2019 durfte ich die Klinik wieder verlassen.

XXI.

Ich war froh, wieder zu Hause zu sein. Mein Leben ging in gewohnter Weise weiter, nur noch ein wenig im Schongang. Mein Schatz hatte mich gleich wieder besucht, ich war sehr glücklich und hatte wieder Auftrieb. Der Sport und die Sauna mussten noch eine Woche warten, aber dann lief alles wieder wie vorher.

Ende Januar hatte ich einen Termin beim Hausarzt, der mich lobte wegen meiner »Steh-auf-Männchen«-Mentalität und weil ich nach solch einer Blutvergiftung schon wieder lachen konnte.

»Wenn ich nicht mehr lachen kann, kann ich auch gleich den Deckel schließen«, antwortete ich.

Am Wochenende hatte Klaus´ Partnerin Gisela anlässlich ihres Geburtstages zum Brunch bei einem Italiener eingeladen. Es war eine sehr schöne Feier und das Angebot an Speisen und Getränken ließ keine Wünsche offen. Axel feierte am 7. Februar seinen 55. Geburtstag, wie immer mit sehr vielen Gästen. Auch Andy kam aus Frankfurt angereist, nur ich konnte nicht kommen. Darüber war ich sehr traurig. Aber ich fühlte mich eben noch ziemlich schwach und außerdem hatte ich wieder einmal erhebliche Knieprobleme. Diese machten mir nicht nur Schmerzen, ich konnte auch seit meinem Kniesturz vor 1 ½ Jahren nicht mehr in meinen eleganten hochhackigen Schuhen gehen. Das ärgert mich maßlos. Flache Schuhe musste ich mir kaufen und lernen, darin zu gehen.

Vom 21. bis 24. März war wieder Buchmesse in Leipzig, sodass ich einige Tage nach Leipzig fuhr. Leider war es mir nicht möglich, mit meinen Knieschmerzen die Messe zu besuchen.

Allerdings war ich an drei Tagen zu interessanten Lesungen in der City. Zum Abschluss besuchte ich die Buchhandlung *Ludwig* im Hauptbahnhof, Tatjana Meissner stellte in ihrer lockeren, lustigen und etwas frivolen Art ihr neues Buch vor. Es war absolut klasse!

Schon wieder war es Ostern. Ich hatte keine Pläne, auch keine Lust nach Köln zu fahren. Nadine rief an, sie war in Dresden und hatte zum Frühstück in die City eingeladen. So trafen wir uns am Ostersonnabend in Anbetracht des schönen Wetters auf dem Freisitz mit ihrer Mutter. Es war recht angenehm, mit den beiden Damen zu plaudern und natürlich Kaffee zu trinken. An dem Nachmittag besuchte Nicole mich für ein Stündchen. Am Sonntag besuchte ich dann meine Nichte Bärbel im Krankenhaus.

Mit meinem Knieproblem war ich bei der Orthopädin gewesen, sie hatte mir Physiotherapie verordnet. So ging ich wieder brav zu dem Therapeuten, der mir schon einige Male geholfen hatte. Nach dieser Verordnung hatte ich die ganzen Sommermonate – bis zum September – keine Schmerzen!

Am Montag, den 6. Mai, war ich wie fast jeden Montag in der Sauna. Martina, mit der ich seit Jahren befreundet war, lag auf der Liege neben mir im Ruheraum. Sie war trotz ihres Alters ein sehr lebhafter Typ, sie konnte die ganze Truppe unterhalten. Ihre Tochter, die in Berlin lebt, war ein paar Tage bei ihr zu Besuch. Sie wollte sich nach der Sauna mit ihr treffen und zum Stadthaus gehen, um aus der Kirche auszutreten. Zwei Tage später rief mich eine andere Sportfreundin aus der »Saunameute« an und teilte mir mit, dass Martina in der Nacht zum Dienstag eingeschlafen sei! Das traf mich völlig unerwartet, am Montag war sie noch fit und super drauf gewesen! Das tat mir unendlich leid, sie würde nicht nur mir sehr fehlen. Wenigstens war sie friedlich eingeschlafen, sie hatte ja auch ein stolzes Alter – sie war 93 Jahre alt geworden. Vor einigen Wochen hatten wir noch ihren Geburtstag gefeiert.

Klaus war am 8. Mai 80 Jahre alt geworden, es war nicht zu glauben! An dem folgenden Montag hatte er zur Feier eingeladen. Es ist nicht zu glauben, wie schnell die Zeit vergeht!

Am 27. Mai musste ich in die Urologie, um die Schiene in der Harnröhre wechseln zu lassen. Wenn ich dazu eine Narkose beanspruchen würde, müsste ich eine Nacht in der Klinik bleiben, also verzichtete ich darauf. Die Prozedur dauert nur wenige Minuten, das kann man schon aushalten. An was der Mensch sich alles gewöhnen kann!

Ich brauchte wieder etwas Abwechslung. Da ich schon lange nicht mehr in Köln gewesen war, beschloss ich, wieder einmal hinzufahren und meinen lieben Sohn zu besuchen. In Anbetracht meiner finanziellen Situation suchte ich am PC ein günstiges Ticket. Die angebotenen Flüge waren relativ günstig, aber bei genauen Hinsehen ohne Gepäck! Toll, aber mit Gepäck waren sie mir dann doch zu teuer. Der Fernbus war zwar recht günstig, aber die Fahrzeit lag noch mehr als eine Stunde über der der Bahn. Da dachte ich mir: ›Der Zug ist doch recht bequem, er verfügt über eine Klimaanlage und man kann durchaus ein paar Schritte hin und her laufen.‹ Also suchte ich nach einem Super-Sparpreis-Ticket. Da ich weder an einen bestimmten Tag noch an eine Tageszeit gebunden war, fand ich auch ein recht günstiges Angebot. Die Hinfahrt war am 25.07. um 13.33 Uhr, einen Tag vor meinem Geburtstag. Meine ständigen Geburtstagsgäste hatte ich informiert und nach meiner Rückkehr eingeladen. Die Rückreise war am 15. August, für ein paar Tage früher war kein so billiges Ticket zu haben.

Der Tag meiner Abreise war der heißeste Tag des Jahres. Ich freute mich, im klimatisierten Zug zu sitzen und ein spannendes Buch zu lesen. Umsteigen sollte ich in Frankfurt Flughafen. Alles klappte – bis Frankfurt Hauptbahnhof. Dort hielt der Zug, stand ewig und fuhr nicht weiter. Ich wurde unruhig, denn ich fürchtete meinen Anschlusszug nicht rechtzeitig zu erreichen. Plötzlich eine Durchsage: »Aus technischen Gründen …« Na prima! Wieder eine Durchsage, dass Reisende, die nach Frankfurt Flughafen wollten, den Zug nehmen könnten, der in wenigen Minuten am Gleis gegenüber einfahren werde. Mit meinem schweren Koffer, der Reisetasche und der Handtasche stieg ich aus – auf dem Gleis waren inzwischen 42° C und jede Menge Menschen, die ebenso in diesen Zug wollten. Endlich rollte er ein, an jeder Tür bildete sich eine Schlange. Ich wuchtete meinen Koffer auf einen voll besetzten Perron und quälte mich hinterher. Die Dame mit der roten Mütze und der Kelle kam auch noch hinter mir herein. Wie und wann ich denn nach Köln weiterkäme, fragte ich sie. Sie schaute in ihr schlaues Buch und meinte, ich könne den Zug nehmen, den ich ohnehin gebucht hatte, dieser habe auch 45 Minuten Verspätung. Ein echt tolles Unternehmen, die Deutsche Bahn!

Auf dem Bahnhof Flughafen standen noch mehr Menschen und das gleiche Spiel von vorn. Dieser Zug war noch voller als der vorherige. Mein Koffer landete diesmal auf den Füßen eines jungen Mannes, der direkt vor der Tür stand. Ich fand kaum Platz für meine Füße! Inzwischen war ich so nass, als hätte man mich aus dem Main gefischt. Zwischen Koffern, Taschen und Menschen stand ich eingepfercht, keine Chance, auch nur in die Nähe meines bezahlten Sitzplatzes zu kommen. Es war nicht einmal genügend Platz, um wenigstens richtig zu stehen und sich festzuhalten, es war katastrophal! Diese Strapaze, diese Hitze, die unbequeme Stellage – ich hatte Angst, mich ins Koma zu verabschieden! Meinen Zucker konnte ich nicht messen, nicht einmal einen Schluck Wasser trinken oder gar zur Toilette gehen. Zum Glück bin ich ja Löwe und habe es doch noch bis Köln geschafft.

Amandas Vater holte mich ab und fuhr mit mir zu Axel. Ich war völlig am Ende. Meine Füße waren maßlos geschwollen, sie sahen aus wie Elefantenfüße. Als Erstes ging ich ins Bad und ließ eine halbe Stunde kaltes Wasser über mich laufen. Danach fühlte ich mich langsam wieder wie ein Mensch und konnte meinen Sohn begrüßen. Desgleichen Kevin, den ich sehr lange nicht mehr gesehen hatte und der gerade bei seinem Vater zu Besuch war. Niko kam kurze Zeit später und wir aßen gemeinsam Gulasch mit Spirelli, dazu gab es eiskaltes Jever – herrlich! Irgendwann gingen die Besucher und ich konnte mit meinem Sohn schwatzen, bis 0:oo Uhr, da tranken wir beide eine Flasche Sekt auf meinen Geburtstag. ›Unfassbar‹, dachte ich, ›nächstes Jahr werde ich schon 80 Jahre. Ich kann es gar nicht glauben, schon so viele Jahre gelebt zu haben – wo sind sie hin?‹

Nachdem ich ein paar Stunden geschlafen hatte, bekam ich zig Anrufe und WhatsApp-Gratulationen. Meine dicken Füße hatte ich entweder hochgelegt oder in einen Eimer kalten Wassers gestellt. Axel hatte inzwischen einen großen, wunderschönen Blumenstrauß herbeigezaubert und mich mit Geschenken und seiner Fürsorge verwöhnt.

Gegen Abend machten wir uns flott, ich musste leider eine Art Flipflops tragen, und spazierten durch die City zur Rheinpromenade. Zufällig wollte gerade ein Party-Schiff ablegen. Axel war gleich begeistert – eine Restkarte war noch zu haben und ein Mann wollte eine Karte zurückgeben. Klasse, schnell die beiden Karten gekauft, rauf aufs Schiff und schon ging's ab! So einen tollen Geburtstag hatte ich schon lange nicht mehr gehabt. Das Schiff war super, die Musik spitzenmäßig, die Getränke inklusive. Wir tranken einige herrlich kalte Jever vom Fass. Die Fahrt auf dem schönen Rhein, dazu ein herrlich warmes Lüftchen, tolle Musik – da hatte ich meine Klumpfüße fast vergessen! Die Party ging bis 23.3o Uhr, danach gingen wir noch etwas essen und trafen in der Stadt ein paar Freunde und Freundinnen von der Narrenzunft. Mit ihnen gingen wir noch in dieses und jenes Lokal und tranken da und dort noch etwas. Viel zu viel Alkohol für mich, aber die Zuckerwerte waren am nächsten Morgen sehr gut. Dafür waren meine Beine noch dicker, sodass ich die folgenden zwei Tage nur kühlte und das Haus nicht verließ. Trotz des Handicaps hatte ich noch viele schöne erlebnisreiche Tage in der Rheinmetropole.

Besonders zu erwähnen wäre noch, dass ich mich mit meiner Tochter Simone nach sieben Jahren »Sendepause« ausgesprochen und wieder vertragen habe. Es ist immer sehr belastend, wenn man im allerengsten Familienkreis zerstritten ist und kein Wort miteinander spricht. Deshalb bin ich froh, dass wir wieder normal miteinander umgehen. Sie hat mir ihren neuen Partner vorgestellt, mit dem sie offensichtlich sehr glücklich ist. An einem Tag habe ich sie von der Arbeit abgeholt, wobei sie mich ihren Kolleginnen vorgestellt hat. Warum ist es nur manchmal so schwer, aufeinander zuzugehen?!

Am folgenden Samstag fand das Sommerfest von Axels Karnevalsverein vor dem Kölner Rathaus statt. Es war ganz toll, Musik, Tanz und Unterhaltung bei Superwetter, und dazu gab es natürlich jede Menge zu essen und zu trinken – für jeden Geschmack, für Groß und Klein. Ich traf viele nette alte Bekannte und lernte neue kennen.

Die turbulente Zeit ging wieder zu Ende, ich musste wieder nach Hause fahren. Leider lief die Zugfahrt wieder nicht normal ab, der Zug von Köln nach Frankfurt hatte wieder Verspätung. Der Anschluss war natürlich weg! Mit dem schweren Gepäck, bei wieder mehr als 30° C musste ich durch den Bahnhof irren, um mich nach dem nächstmöglichen Anschluss zu erkundigen. Noch gut eine Stunde hatte ich Zeit, ich setzte mich auf dem Bahnsteig auf eine Bank und wartete geduldig auf meinen Zug. Was kann man da noch sagen außer »Scheißbahn«.

Ende August waren wieder meine vierteljährlichen radiologischen Untersuchungen angesagt. Einige Tage danach ließ ich mir den Befund faxen, bevor ich zur Auswertung zu meiner Ärztin musste. Mist, die Metastase in der Lunge war gewachsen! Da ich eine medikamentöse Behandlung nicht wollte, schlug Frau Doktor vor, wieder über eine Ablation mit dem Radiologen zu sprechen. Ich hätte sie ohnehin darauf angesprochen, aber wir verstanden uns eben sehr gut. Am Montag, den 3. September, rief sie an und nannte mir schon einen Termin: am 17.09. Vorbereitung und am 18.09. der Eingriff. Ich kann es kaum mit Worten ausdrücken, wie froh und dankbar ich meinen behandelnden Ärzten gegenüber war.

Am Mittwoch, dem 18. wurde die Ablation gegen 13 Uhr vorgenommen, danach musste ich ungefähr zwei Stunden in den Aufwachraum. Da ich dort das Bett nicht verlassen durfte, war ich gezwungen, sieben Mal den Schieber zu verlangen! Peinlich. Endlich wurde ich in die normale Station verlegt. Meine Bettnachbarin hing an einer Pumpe, die entsetzlichen Krach machte. Nachtruhe Fehlanzeige! Am nächsten Vormittag musste ich zur Nachuntersuchung in die Radiologie, um meine Lunge röntgen zu lassen. Als ich danach in meiner Station ankam, traf ich meine Ärztin auf dem Gang.

»Ach, Frau Heuschkel, ich habe mir gerade Ihren Befund angesehen – alles okay! Fieber haben Sie nicht und Sie fühlen sich doch sicher wohl? Also wenn Sie wollen …«

»Klar, ich will doch immer!«, antwortete ich und ging meine Sachen packen.

Ich setzte mich in ein Taxi und fuhr nach Hause. Klasse, ich hatte mit Freitagnachmittag gerechnet. So rief ich Bärbel an, die mich im Krankenhaus besuchen wollte, und sagte ihr, sie könne mich zu Hause besuchen, ich sei soeben eingetroffen! So kam sie am Nachmittag und brachte mir ein SUDOKU-Heft mit und einen sehr schönen Rosenstrauß. Ich war happy. Wir unterhielten uns nett und tranken zur Feier des Tages eine

Flasche Secco. Am Samstag besuchte mich Nicole ein Stündchen, den Sonntag verbrachte ich in Anbetracht des schönen Wetters auf dem Balkon. Am Montag kam Ali zu einem zauberhaften Schäferstündchen.

Am nächsten Mittwoch rief Axel an. Er war in Gotha und musste am Donnerstag nach Riesa. Da konnte er selbstverständlich seine Mama besuchen und von da aus an seinen nächsten Arbeitsort fahren. Klasse, ein spontaner Besuch meines lieben Sohnes. Ich freute mich riesig! Er kam erst am späten Nachmittag, wegen lauter Baustellen und Umleitungen. Er brachte einen riesigen Lilienstrauß und eine wunderschöne weiße Orchidee sowie Riesling-Sekt und Mon Chérie mit. Wir saßen auf dem Balkon, tranken Bier und quatschten. Aki wollte mit mir in die City bummeln gehen und da bei mir zurzeit keine Straßenbahn fuhr, wollten wir ein Taxi nehmen. Ich wählte die erste Taxi-Rufnummer – der Teilnehmer sprach gebrochenes Deutsch, er wollte wissen, wohin wir wollten. Nach einer ganzen Weile sagte er: »Tut mir leid. Habe keine Wagen für Sie!« Wahrscheinlich war ihm die Strecke nicht weit genug, also nicht sehr lukrativ. Ich wählte eine zweite Taxi-Nummer und wieder war ein Ausländer am anderen Ende, der Mühe hatte, mich überhaupt zu verstehen. Er wollte mich weiterverbinden und ich wurde aus der Leitung geschmissen! Ich rief dieselbe Nummer noch einmal an, diesmal versprach er mir, in acht bis zehn Minuten käme ein Wagen.

Wir gingen also langsam hinunter auf die Straße, warteten eine halbe Stunde, aber es kam kein Taxi. Superservice, oder zu gut deutsch: Scheißladen! Wir ließen uns aber die Laune nicht verderben und liefen langsam ins Zentrum. Letztlich landeten wir in einem netten kleinen Restaurant in einer Passage. Dort aßen wir eine Kleinigkeit, tranken noch ein, zwei Bierchen und schwatzten. Bei dieser Gelegenheit bestellte ich in diesem Restaurant gleich einen Tisch für mein nächstes Klassentreffen.

Am 19. Oktober hatten sich Nicole und Heidi, die ich schon länger nicht mehr gesehen hatte, bei mir zum Frühstück angemeldet. Das war eine gute Idee, über die ich mich sehr freute. Wir unterhielten uns reichlich drei Stunden, Heidi erzählte von ihren vier Enkeln und kündigte das fünfte an.

An diesem Nachmittag bekam ich eine E-Mail von der Komparsen-Agentur, ich durfte wieder einmal mitwirken und ein paar Euro verdienen. Der Film, der gedreht wurde, spielte in einem abgelegenen Nest in Weißrussland. Es war ziemlich anstrengend, machte aber viel Spaß. Man konnte sich zwischendurch mit recht netten Leuten unterhalten.

Am 3. November war dann das Klassentreffen und einen Tag später das Ensembletreffen. Beides war immer sehr interessant und unterhaltsam, man traf jede Menge alte Bekannte aus der Schulzeit. Das Ensembletreffen war dieses Mal ein ganz besonderes, wir feierten den 70. Jahrestag der Gründung desselben.

Wieder stand ein Höhepunkt in meinem Leben bevor – mein Enkel Andy hatte seinen Besuch mit seiner Marina und seinem süßen kleinen Oskar angekündigt. Den Kleinen hatte ich fast ein Jahr nicht gesehen und Andy ist ohnehin immer etwas Besonderes für mich! Den Freitag waren die drei bei ihrer Oma Elke, und am Sonnabend kamen sie zu Mittag zu mir. Oskarchen war inzwischen ganz schön groß geworden, er wurde ja immerhin bald zwei Jahre alt. Er war ein allerliebster, süßer kleiner Kerl – aufgeweckt und fröhlich. Ich beschäftigte mich ausgiebig mit ihm. Irgendwann wurde er müde, konnte aber keinen Schlaf finden. So legten wir ihn in seinen Sportwagen und gingen spazieren, in der alten Wohngegend von Andy, seinen Eltern und mir. Wir zeigten Marina alles Mögliche und erzählten aus unserer vergangenen Zeit, Oskarchen schlief inzwischen. Es war ganz toll, einige glückliche Stunden mit der lieben, jungen Familie verbringen zu dürfen.

Wieder einmal stand eine größere Familienfeier an, meine Nichte Christine, genannt Miez, wurde 70 Jahre. Da es für Henry und Ingrid der kleinste Umweg war, rief ich sie an und fragte, ob sie mich mit zur Geburtstagsparty nehmen würden.

»Selbstverständlich holen wir dich ab, machen wir doch gern!«

Kurz darauf rief mich Sonja an, um mir zu sagen, dass sie mich abholen und mitnehmen wollten. Ich sagte, dass es sehr lieb sei, aber ich hätte mit Ingrid und Henry gesprochen, sie holten mich ab, für sie liege es fast am Weg. Zu guter Letzt rief mich auch Bärbel an, sie hätten mich ebenfalls mitgenommen. Meine Nichten und Neffen sind eben alle sehr lieb und hilfsbereit, worüber ich mich sehr freue und wofür ich ihnen sehr dankbar bin. Die Kinder meiner leider viel zu früh verstorbenen Schwester sind für mich nach wie vor meine große Familie, auf die ich mich immer verlassen kann.

Die Feier ließ keine Wünsche offen, Live-Musik, Unterhaltung, Superessen und -getränke. Der Clou – Miezes erstes Urenkelchen, ein gerade wenige Tage altes Mädchen, war natürlich der liebste Gast.

Jetzt standen wieder ein paar weniger schöne Termine bei mir an, am 21.11. Radiologie und am 25.11. Urologie – Wechsel der Schiene. Des Weiteren ein Vorgespräch und Voruntersuchungen für eine ambulante gynäkologische OP am 9. Dezember. Am 5.12. hatte ich einen Termin bei meiner für mich wichtigsten Ärztin, bei welcher die radiologischen Untersuchungen ausgewertet wurden – erwartungsgemäß dieses Mal ohne Befund, also ein paar Wochen sorglos leben.

Für das bevorstehende Weihnachtsfest hatte ich keine Pläne, ich wollte nur dieses Jahr nicht nach Köln reisen, das hatte ich für Anfang Februar geplant.

Bei meinem letzten Telefonat mit meinem Axel hatte ich ihm vorgeschlagen, dass er ja auch einmal wieder das Weihnachtsfest in seiner alten Heimat verbringen könne. Ein paar Tage später rief er mich an und teilte mir mit, dass er Weihnachten zu mir kommen wolle. Darüber freute ich mich riesig! Er wollte schon ein paar Tage vorher kommen und ein paar dringende handwerkliche Arbeiten bei mir erledigen. Klasse, etwas Besseres hätte ich mir nicht wünschen können. Nach den Feiertagen wollte er mich mit nach Köln nehmen, und die Silvesterparty hatte er auch schon für uns beide gebucht. Super, toll, ich war vollkommen glücklich!!

Mein Sohn kam am Samstag, den 21., und brachte mir wie stets wunderschöne Blumen mit, darüber hinaus auch Champagner und Mon Chérie. Wir bummelten zusammen durch die weihnachtlich geschmückte City und über den Weihnachtsmarkt; wir verbrachten ein paar wunderschöne Tage. Heiligabend fuhren wir mit der Straßenbahn zu Nicole, da ich der Meinung war, es genüge, auf der Heimfahrt ein Taxi zu nehmen. Wir stiegen aus der Bahn aus, da fing es an zu nieseln – daraus wurde sogleich ein regelrechter »Landregen«! Dazu blies uns ein eisiger Wind ins Gesicht. Während der reichlich zehn Minuten Fußmarsch waren wir beide völlig durchnässt, da wir keinen Schirm dabeihatten. Zum Glück waren wir die ersten Gäste, da konnten wir uns in aller Ruhe die Haare föhnen.

Es war ein schöner Weihnachtstag und -abend mit meiner Nicole, ihrem Schatz und Marc sowie dessen Vater. Einen ganz besonderen Höhepunkt konnten wir dabei erleben – auf dem Gang der Wohnanlage sangen am Abend einige junge Männer des weltberühmten Kreuz-Chores Weihnachtslieder.

Wie zu befürchten, konnte ich zwei Tage später kein Wort mehr sprechen – ich war total heiser und bekam eine mächtige Erkältung. Diese versuchte ich mit aller Macht einzudämmen, da ich ja in wenigen Tagen nach Köln reisen wollte. Ich hatte mich zu früh gefreut auf die Silvesterparty und ein paar Tage im »Westen«, ich war nicht in der Lage mitzufahren! Ich habe mich wahnsinnig geärgert. So fuhr mein lieber Sohn allein und ich musste zu Hause bleiben und meine Grippe pflegen. Keine tolle Silvesterparty feiern, sondern mich allein vorm Fernseher bei Tee mit Zitrone und einem »Piccolöchen« langweilen. Darüber war ich sehr traurig, aber ich sagte mir, besser als letztes Jahr – im Krankenhaus.

Einen kleinen Trost hatte ich: Mein Ali konnte mich besuchen.

XXII.

Jetzt schreiben wir das Jahr 2020, das vermutlich alle Bewohner dieser unserer Erde nicht vergessen werden.

Es begann für mich nicht sehr erfreulich. Nach der einsamen »Silvesterfeier« musste ich meine Erkältung noch einige Tage pflegen. Zu allem Überfluss entzündeten sich meine Augen so sehr, dass ich einen Augenarzt aufsuchen musste. Am Montag, den 13.1., fühlte ich mich so weit ganz gut, sodass ich endlich wieder zum Sport und in die Sauna gehen konnte. Den folgenden Dienstag ging ich auch wieder zum Aquajogging. Die 45 Minuten Bewegung im warmen Wasser strengten mich ziemlich an und ich schlief anschließend zwei Stunden wie ein Murmeltier. Am nächsten Tag musste ich wieder husten, mit anderen Worten, die Erkältung hatte mich wieder fest im Griff. In der Apotheke kaufte ich mir etliche Mittelchen, ich musste ja schnell gesund werden, damit ich im Anfang Februar nach Köln zu Axels großer Geburtstagsparty reisen konnte.

Am Samstag, den 25. Januar, um 22.53 Uhr ging's mit dem ICE nach Frankfurt und nach etwa 1 Stunde hatte ich Anschluss nach Köln. Pünktlich um 6.3o Uhr traf ich ein und fuhr gleich mit dem Taxi zu meinem Sohn. Die Wiedersehensfreude war natürlich wie immer riesengroß. Den ganzen Sonntag haben wir beide zusammen gemütlich vergammelt.

Am Montag fuhr ich zu Simone in den Laden, wo sie mich durchs Kaufhaus führte – sie arbeitet bei Breuninger – und einigen ihrer Kolleginnen und Kollegen vorstellte. Auch Amanda, die im selben Haus bei einem französischen Modelabel arbeitet, begrüßte ihre Oma ganz lieb. Einschließlich der gemeinsamen Mittagspause mit Simone und Amanda ließ ich mich ein paar Stündchen verwöhnen.

Einen Nachmittag verbrachte ich bei einer lieben Freundin aus Axels Karnevalsverein. Wir hatten viel zu bequatschen und suchten ein paar Sachen aus ihrem Fundus für die am nächsten Tag stattfindende »Brauereisitzung« aus.

An dem Donnerstag hatte meine Tochter ihren freien Tag, den ich mit und bei ihr verbrachte. Sie lebt in einer sehr glücklichen Beziehung mit ihrem Partner sowie ihrer Tochter zusammen. Es war ein sehr schöner Tag und ich bin froh, dass wir wieder ein so harmonisches Verhältnis haben.

Am Freitag, den 31. Januar, war die große Brauerei-Sitzung. Es war ganz einfach super! Ich traf dort viele nette Bekannte, manche erkannte ich gar nicht gleich in ihren Kostümen. Es ist eine liebenswerte, sympathische Gemeinschaft, in der ich mich stets sehr gut aufgenommen und »sauwohl« fühle. Eine unglaubliche Stimmung herrschte im Saal; kein Wunder, dass mein Axel, der Partylöwe, sich hier so wohl fühlte. Da am nächsten Tag im selben Saal die Damensitzung stattfinden sollte, waren wir schon 2.3o Uhr im Bett. Auch diese Fete war wieder spitzenmäßig. Anschließend gingen wir noch in eine andere Kneipe in der Altstadt. Endlich konnte ich mir ein anderes Getränk als das obligate Kölsch bestellen. Leider hatte ich nicht viel Freude an meinem Gin Tonic, denn er landete fast postwendend auf dem Tisch und auf meinem Rock. Es fühlte sich eklig nass und klebrig an, die Laune war hin und ich wollte nach Hause. Inzwischen war es 5.3o Uhr und so ging Axel mit mir zum Taxi. Um 6.3o Uhr frühstückten wir bei Aki und gingen anschließend zu Bett.

Der nächste Tag war Sonntag, den haben wir verpennt und uns ausgeruht. Axel musste ja am Montag wieder zur Arbeit fahren. Ich bin dann gegen Mittag in die City zu Breuninger gefahren, um mit meiner Tochter und meiner Enkelin gemeinsam deren Mittagspause zu verbringen. Am Dienstag machte ich einen Spaziergang zur Rheinpromenade, ich konnte schließlich nicht nach Köln fahren, ohne am Rhein gewesen zu sein. Es wehte ein lausiger kalter Wind am Wasser, sodass ich doch bald meinen Spaziergang beendete. Wie nicht anders zu erwarten, bellte ich wieder wie ein Schlosshund. So viele Hustenbonbons wie während der Zeit hier bei meinem Sohn hatte ich in meinem ganzen bisherigen Leben nicht gelutscht! Bis auf den Husten fühlte ich mich sehr wohl, aber den bekam ich einfach nicht in den Griff. Statt Rotwein und Bier trank ich literweise Tee mit Zitrone und Honig, schließlich wollte ich bis zur großen Geburtstagsparty wieder fit sein. Axel hatte am 7. Februar Geburtstag und eine liebe Freundin, Kirsten, hatte am 6. Februar; zusammen wurden sie 111 Jahre alt und luden die ganze Meute ein, und zwar am Abend des 7. Februar.

Am Donnerstag abends ging Aki mit mir in die Altstadt in eine kleine Kneipe. Hier war es proppevoll, aber eine tolle Stimmung. Kirsten mit ihrem Mann und eine Menge Bekannte waren auch hier. Zu meiner großen Freude wurde hier Jever vom Fass ausgeschenkt. Langsam ging es auf Mitternacht zu, als mein Goldsohn mich hinaus und in ein Lokal gegenüber führte. Es war ein Jazz-Keller, wo ich Jazzmusik über alles liebe! Einfach toll! Der Wirt hatte irgendwie mitbekommen, dass wir gegenüber Geburtstag feierten, und gratulierte Axel mit einem Extraständchen und mir zu meinem tollen Sohn. Axel spendierte natürlich eine Runde Bier für alle!

Die richtige geplante Feier fand in einem Gartenverein um 18 Uhr statt. Jede Menge Freunde und Bekannte waren eingeladen und zur größten Freude von Axel kam dann irgendwann das Dreigestirn der Stadt Köln mit seiner Prinzengarde. Es war eine sehr turbulente Feier, es wurde viel getanzt, gelacht und getrunken, und Fotos und Videos wurden gemacht. Ich genoss es in vollen Zügen – als hätte ich geahnt, dass es für mich für lange Zeit die letzte große Fete sein würde ...

Da es Karnevalszeit war, fand am nächsten Tag schon wieder irgendein Fest statt, aber ich fühlte mich nicht wohl und so ging mein Goldstück eben allein hin. Ich hatte mit meinem Husten zu tun. Am nächsten Morgen um 6.52 Uhr ging mein Zug, so packte ich am Samstag meinen Koffer und ruhte mich aus. Trotzdem ging es mir am Sonntag Früh sehr elend. Es kostete mich viel Mühe, mit meinem Gepäck in den Zug zu kommen. In Hannover musste ich umsteigen; mit Sack und Pack einen endlosen Bahnsteig entlang, bis ich endlich den Zug in Richtung Dresden und den gebuchten Wagen erreichte. Ich bekam kaum Luft und fühlte mich total kraftlos. Als ich endlich in meiner Heimatstadt angekommen war, fühlte ich mich so schlecht, dass ich fürchtete umzukippen. Der Weg vom Bahnsteig zum Taxi kam mir endlos vor und strengte mich maßlos an. So absolut kraftlos hatte ich mich bisher noch nie gefühlt. Zu Hause angekommen stellte ich meinen Koffer und die Taschen ab, hängte die Jacke darüber und legte mich in voller Montur aufs Bett. Ich dachte, mein letztes Stündchen habe sich angekündigt. Ein Glas Wasser holte ich mir noch und zog wenigstens die Jeans aus, danach schlief ich ein bis irgendwann mitten in der Nacht.

Am nächsten Morgen wollte ich gleich zeitig zur Akutsprechstunde zum Hausarzt. Im Bad beim Zähneputzen fühlten sich meine Knie an, als wären sie aus Gummi. Mir wurde übel. Es ging nicht, ich musste mich wieder ins Bett legen und rief später beim Arzt an. Er meinte, ich solle ein Taxi nehmen und unbedingt am nächsten Morgen in die Praxis kommen.

»Lungenentzündung, Sie müssen schnellstmöglich zum Röntgen!«

Mit einer Überweisung fuhr ich umgehend in die radiologische Praxis. Dort verpasste man mir gleich eine Gesichtsmaske und setzte mich in einen isolierten Wartebereich. Zwei Stunden musste ich warten und fuhr danach wieder mit dem Taxi nach Hause. Ich war echt geschafft und hatte inzwischen auch Hunger.

Für diesen Abend hatte ich mir schon Wochen zuvor eine Opernkarte für das kubanische Ballett *Revolución* gekauft. Die Vorstellung musste aber zu meinem großen Ärger ohne mich stattfinden. Die ganze folgende Woche bemühte ich mich intensiv, meine starke Erkältung endlich in den Griff zu bekommen. Mein lieber Hausfreund versorgte mich mit dem Nötigsten. Am 21. Februar war ich erstmals wieder in der City einkaufen.

Allmählich ging es mir besser und ich konnte in der ersten Märzwoche endlich zum Sport, in die Sauna und zum Aquajogging gehen. Am folgenden Donnerstag war ich einkaufen, kochte für die nächsten beiden Tage vor und bügelte Wäsche – ich fühlte mich topfit.

Am späten Nachmittag bekam ich plötzlich Bauchschmerzen, die immer heftiger wurden. Da ich durch die inneren Vernarbungen von den vielen OP's öfter mal Bauchschmerzen habe, dachte ich: ›Das kriege ich schon wieder hin.‹ Ich brühte mir einen Tee und nahm Buscopan ein. Aber nichts half, die Schmerzen wurden immer heftiger und mir wurde es übel. Mein Leib war wie aufgebläht, ich sah aus wie im achten Monat. Mein Leib krampfte sich zusammen und ich musste mich heftig übergeben. Jede Menge dunkles Wasser. Dennoch wurde es mir kein bisschen besser, ich würgte immer mehr Wasser aus mir heraus. Ich konnte mich kaum noch auf den Beinen halten. Jetzt hatte ich nur zwei Möglichkeiten: entweder Deckel schließen/Gnadenschuss oder 112 anrufen. Ich entschied mich für Letzteres.

Wieder einmal landete ich in der Notaufnahme der UKL. Dort bekam ich per Tropf ein Schmerzmittel eingeflößt und man legte mir eine Magensonde durch die Nase, damit das Erbrechen aufhörte. Ein Pfleger brachte mir ein »Büßerhemd« und entsorgte meine verschmutzten Sachen. Langsam fühlte ich mich wieder menschlich. Man machte eine CT-Untersuchung, durch die eine Nierenbeckenentzündung diagnostiziert wurde. Das kam mir irgendwie unlogisch vor, aber ich bin ja auch kein Arzt.

Schließlich kam ich in ein schönes Einzelzimmer auf die normale Station, wo ich nicht völlig unbekannt war. Am nächsten Tag, es war der 14. März, rief ich meine Nicole an, sie möge mir bitte ein paar Sachen aus meiner Wohnung holen. Diese musste sie beim Pförtner abgeben, da seit diesem Tag keine Besucher mehr in Krankenhäuser durften, wegen eines Virus, das eine Lungenkrankheit namens Covid-19 auslöste. Dieser Corona-Virus, der vor einigen Wochen erstmals in China aufgetreten war, breitete sich allmählich auch in Deutschland aus. Man fürchtete eine Pandemie. Aber ich sah es zu diesem Zeitpunkt noch als eine Art Grippevirus, der ja jedes Jahr in einer anderen Form auftritt. ›Mir kann nichts passieren, ich bin ja geimpft!‹, dachte ich.

Per WhatsApp kamen ständig neue Bildchen und Videos mit dem tollen Thema »Klopapier«. Anfangs fand ich es ganz witzig, aber inzwischen wurde es doch recht geschmacklos. Welcher vernünftige Mensch würde denn auf die Idee kommen, Klopapier zu hamstern! Zumal es in unserer BRD noch nie Engpässe oder Versorgungslücken bei solchen Artikeln gab. ›Alles blöde Witze‹, dachte ich.

Am Freitagabend entfernte eine Schwester die lästige Magensonde und ich bekam etwas Süppchen. Ergo – es ging aufwärts. Am nächsten Morgen zum Frühstück durfte ich wählen zwischen Puddingsuppe und Spargelsuppe. Am Nachmittag rief mich meine »Kleine« an und schimpfte, dass es im Drogeriemarkt nicht einmal Damenbinden gab; Klopapier, Flüssigseife und viele Hygieneartikel waren aus den Regalen verschwunden. Nicht zu glauben! Sie erzählte mir unter anderem, dass die Buchmesse in Leipzig abgesagt worden sei, so eine Sche...! Ich hätte ja nun ohnehin die Lesungen und Veranstaltungen leider nicht besuchen können. Es bahnte sich eine sehr ernst zu nehmende Lage an. Hier auf der Station waren Medizinstudenten eingesetzt, um das Personal tatkräftig zu unterstützen. Corona schien uns alle zu bedrohen. Eine spezielle Corona-Station wurde eingerichtet, aber hier in der Uni noch nicht. Nur, wie schon erwähnt, keine Besucher durften ins Klinikum.

Da das Wetter sehr schön war und die liebe Sonne lachte, ging ich raus und unternahm meinen ersten Spaziergang seit meiner Einlieferung. Ein kleines bisschen schwach fühlte ich mich zwar noch, aber es war herrlich, den lauen Wind im Gesicht zu spüren.

An Entlassung war noch nicht zu denken und mein Buch hatte ich bereits ausgelesen. Langweilig! Meine Nichte Bärbel rief an, da sie mich nicht besuchen durfte. Ich berichtete ihr, wie entsetzlich langweilig es sei, da ich nichts mehr zu lesen hätte und momentan nicht wisse, wie ich an ein Buch kommen könne. Da sie ebenfalls eine Leseratte ist, konnte sie meinen Frust verstehen und hatte eine tolle Idee: »Ich werde die Motte (Tochter ihrer Schwester Miez) anrufen und bitten, dir etwas zu Lesen vorbeizubringen.« Klasse, darüber freute ich mich sehr. Motte ist übrigens Krankenschwester in der Uni-Klinik, allerdings in einem anderen Haus.

Am nächsten Nachmittag ging die Zimmertür auf und meine Motte kam strahlend auf mich zu. Sie brachte mir eine Flasche Sauerkirschsaft, der mir hier im Krankenhaus neben dem obligaten Wasser besser als erlesener Wein schmeckte, und zwei Krimis. Es war wie Weihnachten und Ostern an einem Tag! Obendrein konnte ich noch das Privileg, Besuch zu empfangen, genießen. Meine »Großnichte« ist eine ganz liebenswerte junge Frau und wir unterhielten uns eine ganze Weile. Kurz nachdem sie gegangen war, rief mich mein Allerliebster an. So ein toller Tag, selbst im Krankenhaus kann man sich glücklich fühlen!

An dem folgenden Freitag durfte ich wieder nach Hause.

Herrlich! Am Samstag ging ich etwas einkaufen und musste feststellen, die Welt hatte sich völlig verändert, besser gesagt, Corona hatte die Welt verändert. Vor Supermärkten musste man, natürlich mit Abstand von 2 Metern zum vorherigen Kunden, anstehen. Die Anzahl der Kunden, die in den Laden durften, war begrenzt, Gesichtsmasken waren hier Pflicht und anfangs wurden die Einkaufswagen mit Desinfektionsmittel besprüht. Bestimmte Artikel waren während der ersten beiden Wochen der Pandemie kaum oder gar nicht vorrätig, zum Beispiel neben Hygieneartikeln auch Nudeln, Mehl und anderes. Einfach krass. In jedem Bundesland gab es andere Bestimmungen, wie viele Menschen sich zusammen aufhalten durften, ob Maskenpflicht oder nur Empfehlung. Dann wurden alle Kitas und Schulen geschlossen. Gaststätten, Kinos, Sporteinrichtungen sowie Friseure und Geschäfte mussten geschlossen bleiben, nur Apotheken und Supermärkte waren geöffnet und in einigen Bundesländer auch Baumärkte. Auf die Straße durfte man nur zum Einkaufen, zu Arztbesuchen oder um zur Arbeit zu gehen. Gespenstisch leer waren die Städte, auch der Verkehr war eingeschränkt. In Bahnen und Bussen wurde das Tragen von Mund- und Nasenschutz ebenfalls zur Pflicht. Da sich dieses Virus global ausbreitete, wurden die Landesgrenzen, die EU-Außengrenze und sogar die Grenzen innerhalb des Schengenraumes geschlossen. Ohne triftigen Grund durfte man nicht einmal in ein anderes Bundesland fahren. Es herrschte ein absoluter Ausnahmezustand! Von den Medien wurde man permanent mit den neuesten Zahlen der Infizierten in Deutschland, Europa und der gesamten Welt konfrontiert. Auf allen Kanälen hörte man ständig »Covid-19« oder »Corona«! Viele Menschen konnten nicht mehr zur Arbeit gehen und arbeiteten zum Teil von zu Hause aus – Home Office war angesagt. Andere wiederum, besonders im Gesundheitswesen, wurden bis zur Belastungsgrenze gefordert. In Alters- und Pflegeheimen durften keine Besucher zu ihren Angehörigen, wegen der zu hohen Ansteckungsgefahr. Dadurch wurden die alten Menschen völlig isoliert. Alle Singles waren ebenfalls meistens einsam und allein, da sie keine Besuche empfangen oder andere besuchen durften, besonders wenn sie zur Risikogruppe gehörten.

Ein Glück, dass es das Internet gibt! Da ich in vieler Hinsicht zur Risikogruppe gehöre – Krebs, Diabetes, Bluthochdruck, entfernte Milz und Schilddrüse, dazu mein biblisches Alter –, hätte ich nicht einmal allein einkaufen gehen dürfen. Aber ich gehe, natürlich mit Maske, selbst einkaufen und hin und wieder in die City oder einfach ums Karree. Meinen Liebsten konnte ich wochenlang nicht sehen, wir telefonierten nur ab und zu.

Mein Sport und die Sauna fehlten mir sehr und auch die sozialen Kontakte im Verein. Am 1. April hatte ich frühmorgens einen Labortermin in der UKL und anschließend war ich bei der medizinischen Fußpflege. Eine kleine Abwechslung! Einige Arzttermine waren ebenfalls wegen Corona ausgefallen. Allerdings konnte ich wie gewohnt die Radiologie-Termine wahrnehmen, da der Krebs keine Rücksicht auf den Virus nimmt. Auch beim Kardiologen bin ich erstmals gewesen, da ich seit meiner Rückkehr aus Köln im Februar Luftprobleme habe und beim Hausarzt letztens das EKG nicht ganz in Ordnung war.

Inzwischen scheint öfter die Sonne und auch die Temperaturen erinnern schon an den Sommer. Sooft es das Wetter zulässt, sitze ich stundenlang auf dem Balkon und lese oder träume vor mich hin. Mit meinen Kindern, Freunden und Bekannten telefoniere ich sehr oft und lange. Die Netzanbieter sind wahrscheinlich fast die Einzigen, die durch Corona profitieren. Für viele Menschen, nicht nur für mich, ist es die einzige Kontaktmöglichkeit mit den Lieben. Man telefoniert und verbringt viel mehr Zeit am PC als vorher.

Ende April bekam ich wieder einmal eine E-Mail von der Komparsen-Agentur. Ich sollte eine von etlichen vorgegebenen Fragen an einen bekannten Satiriker stellen, für eine TV-Sendung. Der Drehort war wegen der Pandemie in meiner Wohnung, der Kameramann natürlich mit Maske. Das war während dieser tristen Zeit wieder eine kleine und interessante Abwechslung; darüber hinaus eine Aufbesserung des Taschengeldes.

Inzwischen sind die Zahlen der Infizierten rückläufig und der Shutdown ist etwas gelockert worden. Viele Geschäfte sind wieder geöffnet, allerdings unter entsprechenden Vorgaben. Abstand halten und Hände waschen sind überall die erste und wichtigste Voraussetzung für das Miteinander. Auch Schulen haben begonnen, den Unterricht wenigstens teilweise wieder aufzunehmen. Unser Zoo ist auch wieder geöffnet, allerdings nur das Freigelände. Die Häuser sind nach wie vor geschlossen. Die Tickets bekommt man nur per Internet, für eine bestimmte Zeit. Aber ich konnte endlich den Löwen und seine drei süßen Kinder besuchen, die inzwischen schon ziemlich groß geworden sind.

Bei uns in Deutschland gehen die Zahlen der Neuinfektionen ständig weiter zurück, was leider noch nicht überall auf dieser Welt so ist. Deshalb werden bei uns auch Restaurants, Kulturstätten, Sportvereine und vieles mehr wieder geöffnet, allerdings unter Einhaltung von Abstands- und Hygienevorschriften. Die erste Zeit fand ich es furchtbar, mit einer Gesichtsmaske herumzulaufen, aber mit der Zeit gewöhnt man sich eben an vieles. Auch Urlaubsreisen können wieder geplant und gebucht werden, zumindest innerhalb von Europa. Von Entwarnung kann aber noch keine Rede sein. Ich kann nur hoffen, dass ich bis zur Zulassung eines Impfstoffes durchhalte, schließlich habe ich genügend andere Krankheiten. Aber da ich ein positiv denkender Löwe bin …

Inzwischen ist es Juli und die Pandemie hat unseren Planeten weiterhin fest im Griff. Mit diesem Virus werden wir uns noch eine ganze Zeit beschäftigen müssen. Überall auf der Welt gibt es tausende Tode, besonders in Brasilien und in den USA und vielen anderen Ländern. In Europa hat es Großbritannien, Italien und Spanien am härtesten getroffen, wir hingegen sind durch frühzeitige Hygiene- und Vorsichtsmaßnahmen relativ glimpflich weggekommen. Trotz aller Lockerungen aufgrund der niedrigeren Infektionsrate ist der Zustand belastend. Dazu kommt der enorme wirtschaftliche Schaden auf der ganzen Welt. Unsere Regierung und auch die EU schüttet zwar jede Menge Gelder aus, um die Wirtschaft wieder anzukurbeln, aber da die Wirtschaftsleistung eingebrochen ist und damit der Staat auch weniger Einnahmen hat, kann das nach meiner Ansicht nur in einer Inflation enden. Das Ende der Pandemie und deren Folgen ist noch immer nicht absehbar und auch bei uns in der BRD befürchtet man eine zweite Welle. Unsere armen Kinder, Enkel und Urenkel müssen das wieder richten!

Da nach meinem letzten Krankenhausaufenthalt meine Nierenwerte sehr schlecht waren, musste ich Mitte Juli zur Kontrolle. Das Ergebnis war sehr mies, sodass ich einen Termin in der Nephrologie bekam. Eine Woche vorm Arzttermin musste ich ins Labor, wo ich einen 4-seitigen Fragebogen ausgehändigt bekam, den ich ausgefüllt zur Sprechstunde mitbringen sollte. Ein flüchtiger Blick darauf sagte mir, dass es sich um irgendwelche Bestimmungen zum Datenschutz handelte. Zu Hause legte ich ihn beiseite und kümmerte mich erst mal um die Vorbereitungen für meine Geburtstagsfeier.

Trotz der angespannten Zeit konnte ich meinen 80. Geburtstag feiern, im Kreise meiner Liebsten und ohne Masken!!

Da ich als allein lebende Rentnerin immer recht knapp bei Kasse bin, musste ich die Feier in meiner – allerdings recht großen – Einraum-Wohnung durchführen. Ein Glück, dass ich zu dieser Jahreszeit den Balkon nutzen kann, auf dem zehn bis zwölf Personen bequem Platz finden.

Ich habe vier Kinder und acht Enkel, die wiederum Partner haben, sowie sieben Urenkel; dazu vier Nichten, zwei Neffen, ebenfalls mit Partnern, sowie ganz liebe Freunde – und nicht zu vergessen meinen Noch- oder Ex-Mann mit seiner lieben Partnerin. Um alle einzuladen, hätte ich die Kongresshalle mieten müssen! So war es einerseits schade, dass die Nachkommen meiner Schwester wegen Corona abgesagt hatten, aber andererseits des Platzes wegen positiv.

Mein Sohn hatte sich schon für Freitag, den 24.7. angekündigt, um mich tatkräftig zu unterstützen. Meine Tochter Simone war auch schon am Freitagmittag mit ihrem Partner und ihrer Tochter angereist. Sie hatten ein Hotelzimmer ganz in meiner Nähe. Die drei hatten für diesen Tag einen Zoobesuch geplant. Marc, mein einziger in Dresden ansässiger Enkel, begleitete sie. Am späten Nachmittag kam mein Axel an und brachte jede Menge Geschenke und Blumen mit sowie zwei Kisten Sekt, natürlich den guten von Rotkäppchen.

Am Samstag fuhren wir beide einkaufen und bereiteten alles so weit fürs große Fest vor. Simone und ihre beiden Lieben kamen am Abend zu uns, außerdem Andy, seine Mutter Nadine und deren Schwester Yvonne. Die letzteren beiden sind mir genauso lieb wie meine eigene Familie. So machten wir acht Leutchen Party und feierten in den Geburtstag hinein. Es war absolut toll! Frühmorgens fuhren die sechs Gäste heim und Axel und ich gingen so gegen 3 Uhr zu Bett.

Die Kaffee-Gäste erwarteten wir gegen 15 Uhr. Zu meiner größten Freude kam mein Enkel Andy mit seiner Marina und seinen zwei süßen Kleinen. Der Jüngste war gerade mal 5 Wochen alt und ich war total happy, den winzigen Ole auf den Arm nehmen zu können. Oskar, der Größere, war inzwischen über zweieinhalb Jahre und ein goldiger kleiner Knirps, der zwischen den vielen Erwachsenen stundenlang brav durchgehalten hat. Jede Menge Blumen und die tollsten Geschenke, das Schönste war jedoch für mich, dass meine Kinder nach langer Zeit endlich wieder einmal alle zusammengekommen waren. Ich denke, es war für Heidi, Simone, Aki und Nicole, sowie natürlich für mich, das Allerschönste. Ich denke und hoffe, dass wir uns noch öfter gemeinsam treffen werden.

Im Hinblick auf die Mühe und Anstrengung für die Geburtstagsfeier hatte ich gesagt: »Wenn ich diesen 26. Juli überlebe, kann ich getrost 100 Jahre alt werden!«

Nachwort

Manchmal frage ich mich, wo die Zeit geblieben ist! Ich habe vier Kinder zur Welt gebracht und fast allein großgezogen, die mir inzwischen acht Enkelkinder geschenkt haben. Diese wiederum machten mich bislang zum siebten Mal zur Urgroßmutter.

In diesem Jahr wurde ich 80 Jahre – nicht zu fassen. Dabei fühle ich mich gar nicht so alt (an!) und ich interessiere mich nach wie vor für die schönen Dinge des Lebens. Da fällt mir der schöne Satz von Franz Kafka ein: »Jeder, der sich die Fähigkeit erhält, Schönes zu erkennen, wird nie alt werden!«

Mit meinem Krebs habe ich mich arrangiert, ich habe mich ausgiebig über alle medizinischen Gegebenheiten informiert und mich ständig über neue Behandlungs-Methoden und Medikamente kundig gemacht. Als die Ärzte fünf Jahre nach der ersten Krebsdiagnose und der operativen Entfernung einer Niere von »Heilung« sprachen – da ich bis dahin keine Metastasen bekommen hatte –, weckten sie falsche Hoffnungen in mir. Umso größer war dann, wiederum fünf Jahre später, die Enttäuschung. Heute weiß ich, dass ich diesen Krebs nie loswerde, er kommt immer wieder. Aber da ich ein Löwe bin, habe ich immer die Kraft, mich nicht von ihm bezwingen zu lassen. Er zwickt und piesackt mich zwar immer wieder, aber ich habe ihn, natürlich mit Hilfe meiner hervorragenden Ärzte, immer wieder in die Schranken verwiesen. Was will denn so ein hässlicher kleiner Krebs gegen einen großen starken Löwen ausrichten!

Ich kann nur hoffen, dass es noch ein paar Jahre so weitergeht.

Trotz der vielen Handicaps, die diese bösartige Krankheit mir beschert hat, fühle ich mich nicht nur wohl, sondern glücklich. Mein Leben habe ich mir so eingerichtet, wie ich es wollte; meine absolute Freiheit genieße ich ebenso wie die schönen Stunden mit meinem geliebten Ali.